NUESTRA AMERICA

Facsimile de una hoja del fragmento del discurso pronunciado por Martí en el *Club del Comercio*, de Caracas, el día 21 de marzo de 1881.

(Archivo de Gonzalo de Quesada y Miranda).

NUESTRA AMERICA

José Martí

Tomo II

Fredonia Books
Amsterdam, The Netherlands

Nuestra América:
Tomo II

by
José Martí

ISBN: 1-4101-0779-5

Fredonia Books
Amsterdam, The Netherlands
http://www.fredoniabooks.com

INDICE

ÍNDICE

NUESTRA AMERICA

Volumen 4

Comisión Monetaria

Internacional Americana

INFORME [1]

Presentado el 30 de marzo de 1891, por el Sr. José Martí, delegado por el Uruguay, por encargo de la Comisión nombrada para estudiar las proposiciones de los delegados de los Estados Unidos de Norte América, en la Comisión Monetaria Internacional Americana, celebrada en Washington.

---

[1] Este informe fué leído por Martí, primero en castellano, y después en inglés. Para más detalles sobre la actuación de Martí como Delegado del Uruguay en la *Comisión Monetaria Internacional Americana*, véase el folleto publicado por el Ministerio de Relaciones Exteriores de ese país, bajo el título: *La República del Uruguay y el Prócer Cubano José Martí.* Montevideo. 1917.

La Comisión nombrada para estudiar las proposiciones presentadas por la delegación de los Estados Unidos a la Comisión Internacional Americana, reunida en virtud del acuerdo de la Conferencia Internacional Americana, congregada en Washington por invitación de los Estados Unidos, para tratar sobre el establecimiento de la Unión Monetaria Internacional Americana, con la base de una o más monedas internacionales, ha examinado con profunda atención las proposiciones que la delegación de los Estados Unidos somete al acuerdo de la Comisión, para que ésta declare inoportuna la creación de una o más monedas internacionales, opine que el establecimiento del doble padrón de oro y plata, en proporción universalmente acatada, facilitaría la creación de aquellas monedas, y decida recomendar que las repúblicas representadas en la Conferencia conviden juntas, por el conducto de sus respectivos Gobiernos, a una Conferencia Monetaria Universal, en Londres o en París, para tratar del establecimiento de un sistema uniforme y proporcionado de monedas de oro y plata.

Cumple a la Comisión comenzar declarando que recibe con agrado la expresión del aprecio profundo con que el pueblo y el Gobierno de los Estados Unidos estiman la respuesta de los pueblos latinos de América a la invitación del Gobierno norteamericano. Es tan grato ver reconocidos los móviles de nuestra participación en esta Conferencia, como penoso hubiese sido que se la supusiese determinada por ligereza o ignorancia. Los países representados en esta Conferencia no vinieron aquí por el falso atractivo de novedades que no están aún en sazón, ni porque desconociesen ninguno de los factores que precedían y acompañaban el hecho de su convocatoria; sino para dar una muestra, fácil a los que están seguros de su destino propio y su capacidad para realizarlo, de aquella cortesía cordial que es tan grata y útil entre los pueblos como entre los hombres, de su disposición a tratar con buena fe lo que se cree propuesto de buena voluntad, y del afectuoso deseo de ayudar con los Estados Unidos, como con los demás pueblos del mundo, a cuanto contribuya al bienestar y paz de los hombres.

A su vez toca a la Comisión congratular muy sinceramente a la delegación de los Estados Unidos, por la sana doctrina que inspira sus proposiciones y el reconocimiento oportuno que en ellas se hace de la verdadera función de los pueblos de América en las relaciones económicas universales. El oficio del continente americano no es perturbar el mundo con factores nuevos de rivalidad y de discordia, ni restablecer con otros métodos y nombres el sistema imperial por donde se corrompen y mueren las repúblicas. El oficio del continente americano no es levantar un mundo contra otro, ni amasar con precipitación elementos diversos para un conflicto innecesario e injusto, sino tratar en paz y con honradez, como propone noblemente la delegación de los Estados Unidos, con los pueblos que en la hora dudosa de la emancipación nos enviaron sus soldados, y en la época revuelta de la reconstitución nos mantienen abiertas sus cajas.

Las proposiciones de la delegación de los Estados Unidos no han podido causar sorpresa a la Comisión Monetaria Internacional, porque ellas vienen a ser el reconocimiento discreto de una situación que vieron siempre claramente los delegados latinoamericanos, por más que en "su deseo de contribuir", según la frase elocuente del honorable Presidente de la Conferencia, "a unificar las instituciones e intereses de las repúblicas americanas, a costa de cualquier esfuerzo razonable", no quisieron llevar tan lejos su previsión que pudiera parecer resistencia sistemática a una mejora en que se requería su concurso. Ni podrán desconocer los delegados latinos, porque era su deber conocerlas, las hondas excisiones que señalaron los debates de la delegación de los Estados Unidos sobre el dictamen de la Comisión Monetaria ante la Conferencia Internacional Americana.

No extraña, pues, la Comisión de estudio, que los delegados de una nación sincera, suspensa hoy entre los mantenedores del padrón del oro, y los de la amonedación ilimitada de la plata, reconozcan ante la Comisión Monetaria Internacional las verdades que ésta se hubiera visto obligada a reconocer por sí, como que resultan con fuerza invencible de la masa de opiniones contradictorias, que sin alteración esencial vienen buscando ajuste desde los años que precedieron al advenimiento de la América republicana. Ni puede la Comisión de estudio, en el seno de la Comisión que desde sus primeras sesiones oyó ideas semejantes a sus miembros, rechazar por nuevas las opiniones de la delegación de los Estados Unidos, convencida hoy, como los delegados latinos, de que no puede aspirarse a la creación de una moneda internacional que no sea aceptada igualmente en todos los pueblos del globo; de que la moneda internacional es un "sueño fascinador", en tanto que no se llegue a un acuerdo universal sobre la relación fija del oro y la plata; de que "hay otro mundo", y un mundo muy vasto del otro lado del mar, y la insistencia de este mundo en no elevar la plata a la dignidad del oro es el obstáculo grande e insuperable que se presenta hoy para la adopción de la moneda de plata internacional.

No es lícito dejar de desear la creación de un sistema de monedas uniformes, que harían más morales y seguras las relaciones económicas de los pueblos y mantendría en poder de la mayoría activa del comercio, con la ventaja consiguiente del comprador de los productos abaratados, las sumas que hoy aprovechan a los agentes y especuladores del cambio. El valor común de la moneda no sólo facilitaría las transacciones, tanto como las estorba e intimida un cambio inquieto, sino que permitiría crear sobre una suma de necesidades conocidas, o fáciles de prever, una corriente de negocios más estable y serena, que la que hoy estremecen e interrumpen de súbito, por caprichos criminales a veces, las especulaciones del cambio. Y no se puede negar un valor político, tanto internacional como

doméstico, a la adopción de una moneda fija y común, que removeria de los tratos entre pueblos el
recelo peligroso con que se disputan la soberanía
monetaria, y en lo interior, por la quietud y contento que da al portador la mayor seguridad de recoger el fruto de sus productos, completaría la libertad política. Los pueblos no se rebelan contra las
causas naturales de su malestar, sino contra las que
nacen de algún desequilibrio o injusticia. Fijar los
cambios es robustecer la libertad.

Todo acto equitativo en provecho de la masa laboriosa contribuye a afirmar la seguridad pública.
Pero por apetecible que sea la creación de un sistema monetario uniforme, no puede olvidarse, mientras no se obtenga, que la moneda, sobre todo en
su aspecto internacional, es esencialmente relativa.
Toda alteración en una especie de moneda que sirve para comerciar se ha de hacer en acuerdo con
los países que comercian en la moneda de esa especie. La moneda que cubre los saldos de comercio
ha de ser mutuamente aceptable a los países que
comercian. Ningún país puede aceptar una moneda
que no sea recibida, o se reciba con depreciación y
desagrado, por los países que le abren crédito y le
compran sus frutos. Ningún vendedor puede ofender gratuitamente a sus compradores. Ningún
vendedor debe alarmar siquiera a sus compradores.
La uniformidad de la moneda es una empresa digna
de las naciones democráticas, conveniente a la paz
internacional e indispensable para el goce completo
de la libertad doméstica. Pero si esa uniformidad
se ha de obtener, sea—como quiere la delegación de

los Estados Unidos— por el acuerdo confiado y
sincero de todos los pueblos trabajadores del globo, para que tenga base que dure, y no por los recursos violentos del artificio llevado a la economía,
que fomentan rencores y provocan represalias, y no
pueden durar.

No es menos deseable que la uniformidad monetaria, el establecimiento de una relación fija entre las
monedas de oro y plata, que ha de preceder a todo
proyecto de uniformidad. Ni el oro cede, ni basta.
La insuficiencia de la cantidad de oro conocida y
probable, la determinación de los pueblos a no aceptar por substancia monedable la que no tenga valor
constante y propio, aparte del valor legal del cuño, y el carácter meramente fiduciario y convencio-
nal de la moneda de papel, dan a la plata un valor
real como medio de circulación, y un puesto firme
en todos los sistemas. La moderación en su uso be-
neficiaria más, a la larga, a los productores, que el
consumo artificial y excesivo. La plata no tiene,
acaso, más enemigo que las pretensiones desmedi-
das de los productores, empeñados en echar sobre
el mundo, con un valor inseguro—puesto que el
valor se ha de fijar en parte por la producción—
una producción incalculable. Pero parece permitido
esperar que con la buena fe y la producción prudente de los países argentíferos llegarán las naciones que hoy discuten sobre la elevación de la plata
a acordar, por lo menos, un período de prueba franca y limitada de la moneda doble con relación fija.

La persistencia del metal como moneda en los mercados del mundo, la necesidad patente que hay de

él, por la producción escasa de oro, y el mismo carácter popular que asume, como el vehículo de uso
mayor entre las masas, acercan más cada día la
moneda de plata y la de oro. La nación que más
la combatía, ya la acepta a medias. La producción
inconsiderada es un obstáculo a la relación fija, pero los productores impacientes habrán de ceder por
su interés ante el daño que su tenacidad causa a su
propio producto. Otro obstáculo es el tipo vario
de la relación entre el oro y la plata en diversos
países; pero se nota una disposición creciente a unificar el tipo, y es para la Comisión motivo de com-
placencia que sea una república hermana, la República de México, el país que haya dado el último
ejemplo de esta sensata actitud, proponiendo en su
nuevo plan monetario que la relación de la plata y
oro sea de 15½ a 1, en vez de 16½ a 1, como era;
lo que deja la moneda de plata a mucha mejor luz.
Ya el bimetalismo no es la "utopía" de Goschen,
ni un suceso práctica y materialmente irrealizable;
y es de desear que se cumplan los votos que hace
por su establecimiento la delegación de los Estados
Unidos. La América ha de promover todo lo que
acerque a los pueblos, y de abominar todo lo que
los aparte. En esto, como en todos los problemas
humanos, el porvenir es de la paz.

En lo que difiere un tanto la Comisión de estudio,
por razón de oportunidad, de las proposiciones de
la delegación de los Estados Unidos, es en la de
invitar a las potencias del mundo a una conferencia
monetaria en Londres o en París, para estudiar el
bimetalismo, la relación de la plata y el oro y la

asimilación universal y circulación legal internacional de tipos monetarios. La Comisión acata, como es de justicia rudimentaria, el principio de someter a todos los pueblos del Universo la proposición de fijar las substancias y proporciones de la moneda en que han de comerciar los pueblos todos. Jamás pudiera llegar la locura de una nación hasta prescindir, al fijar la moneda que le sirve para tratar, de las naciones con que ha de hacer los tratos. Sueño sería también, impropio de la generosidad y grandeza a que están obligadas las repúblicas, negarse, directa o indirectamente, con violación de los intereses naturales y los deberes humanos, al trato libérrimo con los demás pueblos del globo.

Las puertas de cada nación deben estar abiertas a la actividad fecundante y legítima de todos los pueblos. Las manos de cada nación deben estar libres para desenvolver sin trabas el país, con arreglo a su naturaleza distintiva y a sus elementos propios. Los pueblos todos deben reunirse en amistad y con la mayor frecuencia dable, para ir reemplazando, con el sistema del acercamiento universal, por sobre la lengua de los istmos y la barrera de los mares, el sistema, muerto para siempre, de dinastías y de grupos. Pero, en este caso concreto, cree firmemente la Comisión que no existiendo condiciones nuevas, ni nuevos argumentos, con que influir de un modo natural en el ánimo de una conferencia de los países del mundo, sobre puntos que se debatieron, por peritos en gran parte vivos, en dos conferencias recientes, se correría el peligro, con una invitación no bastante justificada, de alar-

mar con temores, no por infundados menos ciertos,
a los poderes, que pudiesen ver en la convocatoria
cierto empeño, aunque hábil y disimulado, de precipitarlos a una solución a que de seguro llegarán
antes por sí propios, caso que quieran llegar, que
si se les excita la suspicacia o se lastima su puntillo, con una insistencia que no tendría la razón de
allegar al problema un solo factor nuevo de importancia, ni un solo dato desconocido.

Y acontecería que el recurso propuesto por la
delegación de los Estados Unidos para acelerar la
solución del problema contribuiría a retardarla. Cree
esto firmemente la Comisión; pero en el caso de que
esta Conferencia Universal fuese convocada por alguna de las naciones en ella interesadas particular-
mente, bien de Europa, o de América, es la Comisión de parecer que no habría ya la menor causa
de objeción, y deberían las repúblicas americanas, si
lo tienen a bien, concurrir a defender, en el caso
probable de su asentimiento, las soluciones que la
delegación de los Estados Unidos recomienda, y
que la Comisión estima conciliadoras y sensatas.
No ha de haber prisa censurable en provocar, ni
en contraer entre los pueblos compromisos innecesarios que estén fuera de la naturaleza y de la realidad. Ni han de negarse los pueblos, por reparos
pueriles, a tratar unidos cuantos asuntos tiendan a
fomentar, por el cambio amistoso de las ideas y
el creciente conocimiento y respeto mutuos, los intereses legítimos, cuyo comercio natural asegura, en
vez de comprometer, la paz de las naciones.

Con este espíritu y con cordial aprecio del que

visiblemente anima las proposiciones de la delegación de los Estados Unidos, la Comisión de estudio, conservando integras la primera y segunda de ellas, y alterando sólo la tercera, tiene el honor de someter a la Comisión Monetaria, en cumplimiento de su encargo, las siguientes proposiciones:

I.

Que reconociendo plenamente la gran conveniencia e importancia que vendría al comercio de la creación de una moneda o monedas internacionales, no se cree por ahora oportuno recomendarla, vista la actitud de algunos de los grandes poderes comerciales de Europa hacia la plata, como uno de los metales en curso, y los diversos tipos de relación establecidos entre el oro y la plata por los varios países representados en la Comisión.

II.

Que muchas de las dificultades para el establecimiento de una moneda o monedas internacionales podrían desaparecer con la adopción del bimetalismo y el establecimiento de una relación común entre el oro y la plata por los grandes poderes comerciales.

III.

Que sería conveniente que se reuniese, en Londres o en París, una Conferencia Monetaria Universal, con asistencia de los países americanos; y que la Comisión recomienda la asistencia a ella de todas las repúblicas.

LA CONFERENCIA MONETARIA

DE LAS

REPUBLICAS DE AMERICA

El 24 de Mayo de 1888 envió el presidente de los Estados Unidos a los pueblos de América, y al reino de Hawaii en el mar Pacífico, el convite donde el Senado y la Cámara de Representantes los llamaban a una Conferencia Internacional en Washington, para estudiar, entre otras cosas, "la adopción por cada uno de los gobiernos de una moneda común de plata, que sea de uso forzoso en las transacciones comerciales recíprocas de los ciudadanos de todos los Estados de América".

El 7 de Abril de 1890, la Conferencia Internacional Americana, en que eran parte los Estados Unidos, recomendó que se estableciese una unión monetaria internacional; que como base de esta unión se acuñasen una o más monedas internacionales, uniformes en peso y ley, que pudiesen usarse en todos los países representados en esta Conferencia; que se reuniese en Washington una Comisión que estudiase la cantidad, curso, valor y relación de metales en que se habría de acuñar la moneda internacional.

El 23 de Marzo de 1891, después de un mes de prórroga solicitado de la Comisión Monetaria Internacional reunida en Washington, por la delegación de los Estados Unidos, "para tener tiempo de conocer la opinión pendiente de la Cámara de Representantes sobre la acuñación libre de la plata", declaró la delegación de los Estados Unidos, ante la Conferencia, que la creación de una moneda común de plata de curso forzoso en todos los Estados de América era un sueño fascinador, que no podía intentarse sin el avenimiento con las demás potencias del globo. Recomendó la delegación el uso del oro y la plata para la moneda, con relación fija. Deseó que los pueblos de América, y el reino de Hawaii que se sentaba en la Conferencia, invitasen unidos a las potencias a un Congreso Monetario Universal.

¿Qué lección se desprende para América de la Comisión Monetaria Internacional, que los Estados Unidos provocaron, con el acuerdo del Congreso, en 1888, para tratar de la adopción de una moneda común de plata, y a la que los Estados Unidos dicen, en 1891, que la moneda común de plata es un sueño fascinador?

•

A lo que se ha de estar no es a la forma de las cosas, sino a su espíritu. Lo real es lo que importa, no lo aparente. En la política, lo real es lo que no se ve. La política es el arte de combinar, para el bienestar creciente interior, los factores diversos u opuestos de un país, y de salvar al país de la enemistad abierta o la amistad codiciosa de los demás pueblos. A todo convite entre pueblos hay que buscarle las razones ocultas. Ningún pueblo hace nada contra su interés; de lo que se deduce que lo que un pueblo hace es lo que está en su interés. Si dos naciones no tienen intereses comunes, no pueden

juntarse. Si se juntan, chocan. Los pueblos menores, que están aún en los vuelcos de la gestación,
no pueden unirse sin peligro con los que buscan un
remedio al exceso de productos de una población
compacta y agresiva, y un desagüe a sus turbas inquietas, en la unión con los pueblos menores. Los
actos políticos de las repúblicas reales son el resultado compuesto de los elementos del carácter nacional, de las necesidades económicas, de las necesidades de los partidos, de las necesidades de los
políticos directores. Cuando un pueblo es invitado
a unión por otro, podrá hacerlo con prisa el estadista
ignorante y deslumbrado, podrá celebrarlo sin juicio
la juventud prendada de las bellas ideas, podrá re-
cibirlo como una merced el político venal o demente, y glorificarlo con palabras serviles; pero el que
siente en su corazón la angustia de la patria, el que
vigila y prevé, ha de inquirir y ha de decir qué
elementos componen el carácter del pueblo que con-
vida y el del convidado, y si están predispuestos a
la obra común por antecedentes y hábitos comunes,
y si es probable o no que los elementos temibles del
pueblo invitante se desarrollen en la unión que pretende, con peligro del invitado; ha de inquirir cuá-
les son las fuerzas políticas del país que le convi-
da, y los intereses de sus partidos, y los intereses
de sus hombres, en el momento de la invitación. Y
el que resuelva sin investigar, o desee la unión sin
conocer, o la recomiende por mera frase y deslumbramiento, o la defienda por la poquedad del alma
aldeana, hará mal a América. ¿En qué instantes se
provocó, y se vino a reunir, la Comisión Monetaria

Internacional? ¿Resulta de ella, o no, que la política internacional americana es, o no es, una bandera de política local y un instrumento de la ambición de los partidos? ¿Han dado, o no, esta lección a Hispano América los mismos Estados Unidos? ¿Conviene a Hispano América desoírla, o aprovecharla?

Un pueblo crece y obra sobre los demás pueblos en acuerdo con los elementos de que se compone. La acción de un país, en una unión de países, será conforme a los elementos que predominen en él, y no podrá ser distinta de ellos. Si a un caballo hambriento se le abre la llanura, la llanura pastosa y fragante, el caballo se echará sobre el pasto, y se hundirá en el pasto hasta la cruz, y morderá furioso a quien le estorbe. Dos condores, o dos corderos, se unen sin tanto peligro como un condor y un cordero. Los mismos condores jóvenes, entretenidos en los juegos fogosos y peleas fanfarronas de la primera edad, no defenderían bien, o no acudirían a tiempo y juntos a defender, la presa que les arrebatase el condor maduro. Prever es la cualidad esencial, en la constitución y gobierno de los pueblos. Gobernar no es más que prever. Antes de unirse a un pueblo, se ha de ver qué daños, o qué beneficios, pueden venir naturalmente de los elementos que lo componen.

Ni es sólo necesario averiguar si los pueblos son tan grandes como parecen y si la misma acumula-

ción de poder que deslumbra a los impacientes y a
los incapaces no se ha producido a costa de cualidades superiores, y en virtud de las que amenazan
a quienes lo admiran; sino que, aun cuando la grandeza sea genuina y de raíz, sea durable, sea justa,
sea útil, sea cordial, cabe que sea de otra índole y
de otros métodos que la grandeza a que puede as-
pirar por sí, y llegar por sí, con métodos propios,
—que son los únicos viables— un pueblo que concibe la vida y vive en diverso ambiente, de un modo diverso.   En la vida común, las ideas y los hábitos han de ser comunes.   No basta que el objeto
de la vida sea igual en los que han de vivir juntos,
sino que lo ha de ser la manera de vivir; o pelean, y
se desdeñan, y se odian, por las diferencias de manera, como se odiarían por las de objeto.   Los países que no tienen métodos comunes, aun cuando tuviesen idénticos fines, no pueden unirse para realizar su fin común con los mismos métodos.

Ni el que sabe y ve puede decir honradamente,
—porque eso sólo lo dice quien no sabe y no ve, o
no quiere por su provecho ver ni saber —que en
los Estados Unidos prepondere hoy, siquiera, aquel
elemento más humano y viril, aunque siempre egoísta y conquistador, de los colonos rebeldes, ya se-
gundones de la nobleza, ya burguesía puritana; sino
que este factor, que consumió la raza nativa, fo-
mentó y vivió de la esclavitud de otra raza y re-
dujo o robó los países vecinos, se ha acendrado,
en vez de suavizarse, con el ingerto continuo de la
muchedumbre europea, cría tiránica del despotismo
político y religioso, cuya única cualidad común es

el apetito acumulado de ejercer sobre los demás la
autoridad que se ejerció sobre ellos. Creen en la
necesidad, en el derecho bárbaro, como único derecho: "esto será nuestro, porque lo necesitamos".
Creen en la superioridad incontrastable de "la raza
anglosajona contra la raza latina". Creen en la
bajeza de la raza negra, que esclavizaron ayer y
vejan hoy, y de la india, que exterminan. Creen
que los pueblos de Hispano América están forma-
dos, principalmente, de indios y de negros. Mientras no sepan más de Hispano América los Estados
Unidos y la respeten más,—como con la explicación
incesante, urgente, múltiple, sagaz, de nuestros elementos y recursos, podrían llegar a respetarla,—
¿pueden los Estados Unidos convidar a Hispano
América a una unión sincera y útil para Hispano
América? ¿Conviene a Hispano América la unión
política y económica con los Estados Unidos?

Quien dice unión económica, dice unión política.
El pueblo que compra, manda. El pueblo que vende, sirve. Hay que equilibrar el comercio, para asegurar la libertad. El pueblo que quiere morir, vende a un solo pueblo, y el que quiere salvarse, vende
a más de uno. El influjo excesivo de un país en
el comercio de otro, se convierte en influjo político.
La política es obra de los hombres, que rinden sus
sentimientos al interés, o sacrifican al interés una
parte de sus sentimientos. Cuando un pueblo fuerte da de comer a otro, se hace servir de él. Cuan-

do un pueblo fuerte quiere dar batalla a otro, compele a la alianza y al servicio a los que necesitan de él. Lo primero que hace un pueblo para llegar a dominar a otro, es separarlo de los demás pueblos. El pueblo que quiera ser libre, sea libre en negocios. Distribuya sus negocios entre países igualmente fuertes. Si ha de preferir a alguno, prefiera al que lo necesite menos, al que lo desdeñe menos. Ni uniones de América contra Europa, ni con Europa contra un pueblo de América. El caso geográfico de vivir juntos en América no obliga, sino en la mente de algún candidato o algún bachiller, a unión política. El comercio va por las vertientes de tierra y agua y detrás de quien tiene algo que cambiar por él, sea monarquía o república. La unión, con el mundo, y no con una parte de él; no con una parte de él, contra otra. Si algún oficio tiene la familia de repúblicas de América, no es ir de arria de una de ellas contra las repúblicas futuras.

Ni en los arreglos de la moneda, que es el instrumento del comercio, puede un pueblo sano prescindir —por acatamiento a un país que no le ayudó nunca, o lo ayuda por emulación y miedo de otro,—de las naciones que le anticipan el caudal necesario para sus empresas, que le obligan el cariño con su fe, que lo esperan en las crisis y le dan modo para salir de ellas, que lo tratan a la par, sin desdén arrogante, y le compran sus frutos. Por el universo todo debiera ser una la moneda. Será una. Todo lo primitivo, como la diferencia de monedas, desaparecerá, cuando ya no haya pueblos primitivos. Se ha de poblar la tierra, para que impere, en el comercio como en la política, la paz igual y culta. Ha de procurarse la moneda uniforme. Ha de hacerse cuanto prepare a ella. Ha de reconocerse el uso legal de los metales imprescindibles. Ha de establecerse una relación fija entre el oro y la plata. Ha de desearse, y de ayudar a realizar, cuanto acerque a los hombres y les haga la vida más moral y llevadera. Ha de realizarse cuanto acerque a los pueblos. Pero el modo de acercarlos no es levantarlos unos contra otros; ni se prepara la paz del mundo armando un continente contra las naciones que han dado vida y mantienen con sus compras a la mayor parte de los países de él; ni convidando a los pueblos de América, adeudados a Europa, a combinar, con la nación que nunca les fió, un sistema de monedas cuyo fin es compeler a sus acreedores de Europa, que les fía, a aceptar una moneda que sus acreedores rechazan.

La moneda del comercio ha de ser aceptable a los países que comercian. Todo cambio en la moneda ha de hacerse, por lo menos, en acuerdo con los países con que se comercia más. El que vende no puede ofender a quien le compra mucho, y le da crédito, por complacer a quien le compra poco, o se niega a comprarle, y no le da crédito. Ni lastimar, ni alarmar siquiera, debe un deudor necesitado a sus acreedores. No debe levantarse entre países que comercian poco, o no dejan de comerciar por razones de moneda, una moneda que perturba a los países con quienes se comercia mucho. Cuando el mayor obstáculo al reconocimiento y fijeza de la moneda de plata es el temor de su producción ex-

cesiva en los Estados Unidos, y del valor ficticio
que los Estados Unidos le puedan dar por su legislación, todo lo que aumente este temor, daña a
la plata. El porvenir de la moneda de plata está en
la moderación de sus productores. Forzarla, es des-
preciarla. La plata de Hispano América se levan-
tará o caerá con la plata universal. Si los países de
Hispano América venden, principalmente, cuando
no exclusivamente, sus frutos en Europa, y reciben
de Europa empréstitos y créditos, ¿qué conveniencia puede haber en entrar, por un sistema que quiere violentar al europeo, en un sistema de moneda
que no se recibiría, o se recibiría despreciada, en
Europa? Si el obstáculo mayor para la elevación
de la plata y su relación fija con el oro es el temor de su producción excesiva y valor ficticio en
los Estados Unidos, ¿qué conveniencia puede haber,
ni para los países de Hispano América que producen plata, ni para los Estados Unidos mismos, en
una moneda que asegure mayor imperio y circulación a la plata de los Estados Unidos?

●

Pero el Congreso Panamericano, que pudo ver
lo que no siempre vió; que debió librar a las repúblicas de América de compromisos futuros de que
no las libró; que debió estudiar las propuestas de la
convocatoria por sus antecedentes políticos y locales, —la plétora fabril traída por el proteccionismo
desordenado—, la necesidad del partido republicano de halagar a sus mantenedores proteccionistas,

—la ligereza con que un prestidigitador político, poniéndole colorines de república a una idea imperial, podía lisonjear a la vez, como bandera de candidato, el interés de los productores ansiosos de vender y la conquista latente y poco menos que madura en la sangre nacional;—el Congreso Panamericano, que demoró lo que no quiso resolver, por un espíritu imprudente de concesión innecesaria, o no pudo resolver, por empeños sinuosos o escasez de tiempo, —recomendó la creación de una Unión Monetaria Internacional,—la creación de una o más monedas internacionales,—la reunión de una Comisión que acordase el tipo y reglamentación de la moneda. Las repúblicas de América atendieron, corteses, la recomendación. Los delegados de la mayoría de ellas se reunieron en Washington. México y Nicaragua, y el Brasil y el Perú, y Chile y la Argentina, delegaron a sus ministros residentes. El ministro argentino renunció el puesto, que ocupó más tarde otro delegado. Las otras repúblicas enviaron delegados especiales. El Paraguay no envió. Ni envió Centro América, fuera de Nicaragua, y de Honduras, cuyo delegado, hijo de un almirante norteamericano, no hablaba español. Presidió la Comisión, por acuerdo unánime, el Ministro de México. Sesiones de uso, comisiones previas, reglamento; lo uniforme no era allí la moneda, sino la duda, cambiada a chispazos en los debates,—la seguridad—de que no podía llegarse a acuerdo. Uno hablaba del "comercio real". Otro se declaraba, antes de sazón, hostil "a esa idea imposible". Pidió un delegado de los Estados Unidos una larga de-

mora, "para tener tiempo de conocer la opinión pendiente de la Cámara de Representantes sobre la
acuñación libre de la plata;" y un delegado, al obtener que se redujese a términos de cortesía lícita
la pretensión excesiva del delegado de los Estados
Unidos, estableció que "se entendiese cómo la demora era para que la delegación del país invitante
pudiera completar sus estudios preparatorios, puesto que de ningún modo se habría de suponer que la
opinión de la Cámara de Representantes hubiese
por necesidad de alterar las opiniones formadas de
la Comisión".

Cumplida la demora y desbandada la Cámara de
Representantes sin haber votado la ley de plata libre, las delegaciones ocuparon de nuevo sus puestos en la mesa de la Comisión. Acaso habían oído
algunos lo que decían sin reserva gentes notables
del país. Oyeron acaso que la Comisión no parecía
bien a los que pasaban por amigos de la mayoría
del gobierno. Que al gobierno no agradaba el interés de su minoría en mantener, por los que se
tachan de artificios, la política continental. Que este alarde peligroso de la política continental, ni de
una minoría era siquiera, sino de un solo hombre.
Que esta Comisión hueca debía cesar, para que no
sirviese de comodín político a un candidato que no
se para en medios y sabe sacar montes de las hor-
migas. Que la simple discusión de una moneda de
plata común alarmaba y ofendía a los mantenedores del oro, que imperan en los consejos actuales
del partido republicano. Que los países hispano-
americanos verían por sí, sin duda, si les quedan

ojos, el peligro de abrirse, por concepto de cortesía o por impaciencia de falso progreso, a una política que los atrae, por el avalorio de la palabra y
los hilos de la intriga, a una unión fraguada por los
que la proponen con un concepto distinto del de
los que la aceptan. Se puso en pie un delegado de
los Estados Unidos, ante la Comisión por los Estados Unidos convocada para adoptar una moneda
común de plata, y propuso, al pie de una robusta
exposición de verdades monetarias, donde llamaba
"sueño fascinador" a la moneda internacional, que
declarase la Comisión inoportuna la creación de una
o más monedas de plata comunes; que se opinase
que el establecimiento del patrón doble de plata y
oro, con relación universalmente acatada, facilitaría
la creación de aquellas monedas; que recomendase
que las repúblicas representadas en la Conferencia
conviden juntas, por el conducto de sus respectivos
gobiernos, a una Conferencia Monetaria Universal,
para tratar del establecimiento de un sistema uniforme y proporcionado de monedas de oro y plata. "Hay otro mundo —decía el delegado— y un
mundo muy vasto del otro lado del mar, y la insistencia de este mundo en no elevar la plata a la
dignidad del oro es el obstáculo grande e insuperable que se presenta hoy para la adopción de la plata internacional". ¡Los Estados Unidos, pues, mar-
caban a la América complaciente el peligro que hubiera corrido en acceder con demasiada prisa a las
sugestiones de los Estados Unidos!

A cinco repúblicas —a Chile, Argentina, Brasil,
Colombia y Uruguay,—dió la Comisión el encargo
de estudiar las proposiciones de los Estados Unidos, y la Comisión, unánime, acordó recomendar que
se aceptase las proposiciones norteamericanas. "No
podía extrañar la Comisión que los delegados de
los Estados Unidos reconociesen las verdades que
la Comisión Internacional se hubiera visto obligada
a reconocer por sí misma". "La Comisión acataba,
como que es de elemental justicia, el principio de
someter a todos los pueblos del universo la proposición de fijar las sustancias y proporciones de la
moneda en que han de comerciar los pueblos todos". "Sueño sería, impropio de la generosidad y
grandeza a que están obligadas las repúblicas, negarse directa o indirectamente, con violación de los
intereses naturales y los deberes humanos, al trato
libérrimo con los demás pueblos del globo". Pero
no propuso la Comisión, como los Estados Unidos,
que se convidase "a las potencias del globo", "por
no correr el peligro, con una invitación no bastante justificada, de alarmar con temores, no por infundados menos ciertos, a los poderes que pudiesen
ver en la convocatoria el empeño, por más que hábil y disimulado, de precipitarlos a una solución a
que de seguro llegarán antes por sí propios, caso
que quieran llegar, que si se les excita la suspicacia, o se lastima su puntillo con una insistencia que
no tendría la razón de allegar al problema monetario un solo factor nuevo de importancia, ni un solo dato desconocido". "La plata debe irse acer-
cando al oro". "La producción inmoderada aleja

la plata del oro". "A la moneda de plata no se la
puede, ni se la debe, hacer desaparecer". "Se ha
de tender a la moneda uniforme, pero por el acuerdo confiado y sincero de todos los pueblos trabajadores del globo, para que tenga base que dure, y
no por los recursos violentos del artificio llevado
a la economía, que fomentan rencores y provocan
venganzas, y no pueden durar". "Pero el convite
en conjunto no se recomienda". Y cuando a su
paso por los detalles monetarios tocaba a la Comisión marcar el espíritu con que Hispano América
los entendía, y entiende cuanto atañe a la vida individual e independiente de sus pueblos, lo marcó
así:

"Los países representados en esta Conferencia no
vinieron aquí por el falso atractivo de novedades
que no están aún en sazón, ni porque desconociesen
los factores todos que precedieron y acompañaron
el hecho de su convocatoria sino para dar una muestra, fácil a los que están seguros de su destino propio y su capacidad para realizarlo, de aquella cortesía cordial que es tan grata y útil entre los pueblos como entre los hombres,—de su disposición a
tratar con buena fe lo que se cree propuesto con
buena voluntad—y del afectuoso deseo de ayudar,
con los Estados Unidos como con los demás pueblos del mundo, a cuanto contribuya al bienestar y
la paz de los hombres". "No ha de haber prisa
censurable en provocar, ni en contraer entre los
pueblos compromisos innecesarios que estén fuera
de la naturaleza y de la realidad". "El oficio del
continente americano no es perturbar el mundo con

factores nuevos de rivalidad y de discordia, ni restablecer con otros métodos y nombres el sistema imperial, por donde se corrompen y mueren las repúblicas; sino tratar en paz y honradez con los pueblos que en la hora dudosa de la emancipación nos enviaron sus soldados, y en la época revuelta de la constitución nos mantienen abiertas sus cajas". "Los pueblos todos deben reunirse en amistad, y con la mayor frecuencia dable, para ir reemplazando, con el sistema del acrecentamiento universal, por sobre la lengua de los istmos y la barrera de los mares, el sistema, muerto para siempre, de dinastías y de grupos". "Las puertas de cada nación deben estar abiertas a la libertad fecundante y legítima de todos los pueblos. Las manos de cada nación deben estar libres para desenvolver sin trabas el país, con arreglo a su naturaleza distintiva y a sus elementos propios".

※

Cuando se pone en pie el anfitrión, los huéspedes no insisten en quedarse sentados a la mesa. Cuando los huéspedes venidos de muy lejos, más por cortesía que por apetito, hallan al anfitrión a la puerta, diciendo que no hay qué comer, los huéspedes no lo echan de lado, ni entran en su casa a la fuerza, ni dan voces para que les abran el comedor. Los huéspedes deben decir alto la cortesía por que vinieron, y cómo no vinieron por servidumbre ni necesidad, para que el anfitrión no crea que están tallados en una rodilla, o son títeres que van y que vienen, por donde quiere que vayan o vengan el titiritero. Luego, irse. Hay un modo de andar, de espalda vuelta, que aumenta la estatura. Un delegado hispanoamericano—entendiendo que la Comisión Monetaria no venía más que "a cumplir lo que se había recomendado"—apadrinó, sin ver que una recomendación lleva aparejada la discusión y confirmación antes del cumplimiento, la opinión sin cabeza visible que andaba serpeando por entre los delegados: que la Comisión Monetaria no había venido, como creían los Estados Unidos que la promovieran, a ver si podía y debía crearse una moneda internacional, sino a crearla ahora, aunque los Estados Unidos mismos reconociesen que ahora no se podía crear; y el delegado propuso un plan minucioso de moneda de América, que llamó "Columbus", sobre los trazos de la moneda de la Unión Latina, más un Consejo de Vigilancia, "residente en Washington".

No habían dicho los Estados Unidos que el obstáculo para la creación de la moneda internacional fuese la resistencia de la Cámara de Representantes a votar la acuñación libre de la plata, sino la resistencia del mundo vasto del otro lado de la mar a aceptar la moneda de plata en relación fija e igual con la moneda de oro; pero un delegado hispanoamericano preguntó así: "¿No sería más prudente, dada la probabilidad de que la nueva Cámara de Representantes vote antes de fin de año la acuñación libre de la plata, suspender las sesiones de la Conferencia, por ejemplo, hasta el día primero de Enero de 1892, cuando probablemente es-

te asunto habrá sido decidido por el gobierno de
los Estados Unidos?" Y cuando otro delegado ur-
gía, por el decoro de los huéspedes, la aceptación,
lisa y prudente, de las proposiciones de los Estados
Unidos, salva la del Congreso Universal, habló un
delegado hispanoamericano, que no habla español,
para pedir y obtener la suspensión de la sesión.
¿Quién podía tener interés, puesto que los hispano-
americanos lo tenían, en que la Comisión promovida
por los Estados Unidos continuase en funciones,
contra la opinión terminante de los mismos Estados Unidos? ¿Quién azuzaba, en una asamblea
de mayoría hispanoamericana, la oposición a las
proposiciones de los Estados Unidos? ¿A quién,
sino a los que hacen bandera de la política continental, propuesta por los Estados Unidos, perju-
dicaba que la idea de una moneda continental se
declarase imposible en la Comisión reunida para su
estudio por los mismos Estados Unidos? ¿Por qué
surgía, ni cómo podía surgir de un modo natural en
la Comisión Monetaria, de mayoría hispanoamericana, el pensamiento de oponerse a la clausura de
una Comisión reunida para tratar de un proyecto
que expresamente declaraban irrealizable, casi unánimemente, los delegados hispanoamericanos? Si a
sí no se servían, ¿qué interés, en el seno de ellos,
se aprovechaba de su buena voluntad excesiva, y
los ponían a su servicio? ¿O era, como decían los
que saben del interior de la política, que el interés
de un grupo político, o de un político tenaz y osado
de los Estados Unidos, levantaba por resortes ocultos e influencias privadas una asamblea de pue-

blos contra la opinión solemne del gobierno de los
Estados Unidos? ¿Era que la asamblea de pueblos
hispanoamericanos iba a servir los intereses de quien
los compele a ligas confusas, a ligas peligrosas, a
ligas imposibles, desdeñando el consejo de los que,
por su interés local de partidarios o por justicia internacional, les abren las puertas para que se salven
de ellas?

Se meditó; se temió; se urgió; se corrió gran riesgo de hacer lo que no se debía: de dejar en pie
—al capricho de una política ajena, desesperada y
sin escrúpulos,—una asamblea que, por lo complejo
y delicado de las relaciones de muchos pueblos de
Hispano América con los Estados Unidos, podía,
en manos de un candidato inclemente, ceder a los
Estados Unidos más de lo que conviniese al respeto y seguridad de los pueblos hispanoamericanos.

Mostrarse acomodaticio hasta la debilidad no sería el mejor modo de salvarse de los peligros a que
expone en el comercio, con un pueblo pujador y
desbordante, la fama de debilidad. La cordura no
está en confirmar la fama de débil, sino en aprovechar la ocasión de mostrarse enérgico sin peligro.
Y en esto de peligro, lo menos peligroso, cuando se
elige la hora propicia y se la usa con mesura, es
ser enérgico. Sobre serpientes, ¿quién levanta pueblos? Pero si hubo batalla; si el afán de progreso
en las repúblicas aun no cuajadas lleva a sus hijos,
por singular desvío de la razón, o levadura enconada
de servidumbre, a confiar más en la virtud del progreso en los pueblos donde no nacieron, que en el
pueblo en que han nacido; si el ansia de ver crecer

el país nativo los lleva a la ceguedad de apetecer modos y cosas que son afuera producto de factores extraños u hostiles al país, que ha de crecer conforme a sus factores y por métodos que resulten de ellos; si la cautela natural de los pueblos clavados en las cercanías de Norte América no creía aconsejable lo que, más que a los demás, por esa misma cercanía, les interesa; si la prudencia local y respetable, o el temor, o la obligación privada, ponían más cera en los caracteres que la que se ha de tener en los asuntos de independencia y creación hispanoamericana, en la Comisión Monetaria no se vió, porque acordó levantar de lleno sus sesiones.

La Revista Ilustrada. Nueva York, mayo de 1891.

CORRESPONDENCIA

1 (1)

New York, Enero 2 de 1891.

Señor:

Tengo la honra de poner en conocimiento de V. E. que acaba de llegar a mis manos el cablegrama en que el Gobierno de la República Oriental del Uruguay se sirve nombrarme Delegado al Congreso Monetario de Washington, cuyo telegrama dice textualmente:

"Martí, New York: Sírvase V. E. concurrir en representación de este Gobierno a Congreso Monetario Washington: por correo plenipotencia e instrucciones". *Hordeñana.*

Cumplo gustoso con el deber de anunciar a V. E., tan pronto como llega a mí noticia, la designación

_____

(1) Publicado en el folleto *Martí, diplomático,* por Herminio Portell Vilá, La Habana, 1934. El borrador se encuentra en *Papeles de Martí,* (*Archivo de Gonzalo de Quesada*). III. *Miscelánea.* Recopilación, introducción, notas y apéndices, por Gonzalo de Quesada y Miranda. La Habana, 1935, publicado por la Academia de la Historia de Cuba. No se reproduce aquí por ser el texto igual.

recaída en mi persona, y aguardo respecto de ella
las instrucciones que para el cumplimiento de mi comisión se sirva comunicarme el Departamento al
digno cargo de V. E.

Saludo a V. E. con el testimonio de mi más alta
y distinguida consideración,

José Martí.

A su Excelencia el Secretario del Departamento de
    Relaciones Exteriores,
James G. Blaine.
Washington.

2 (1)

CONSULADO GENERAL

DE LA

REPUBLICA ORIENTAL DEL URUGUAY

New York, 8 de Enero de 1891.

Excmo. Señor:

Con fecha 2 de este mes tuve la honra de dirigir-
me a V. E. anunciándole haber recibido, por el cablegrama cuyo texto transcribí en mi nota, el encargo de concurrir en representación del Gobierno
de la República Oriental del Uruguay a la Conferencia Monetaria Internacional inaugurada ayer 7.

No he sido honrado aún con la respuesta del Departamento al digno cargo de V. E., y creo de mi
deber, temiendo extravío de mi primera nota, acom-

---

(1) Publicado en *Martí, diplomático*, y el borrador, con
igual texto, en *Papeles de Martí. III*. Véase la nota a la carta anterior a ésta.

pañar a V. E. la copia del cablegrama, que llega ahora a mis manos.

Saludo a V. E. con el testimonio de mi más alta y distinguida consideración.

JOSE MARTI.

A Su Excelencia,
El Sr. Secretario del Departamento de Estado, James G. Blaine.
Washington.

3 (1)

(Enero, 1891).

Excmo. Sr.:

Delegado por el Gobierno del Uruguay para representarla en el Congreso Monetario de que es V. E. digno Presidente interino, es de mi deber poner en conocimiento de Vd., el cablegrama en que recibí este encargo, que dice así: (2)

El día 2 de Enero tan luego como llegó a mis manos el cablegrama di conocimiento de él a la Secretaría de Estado, y como ha llegado el día de la inauguración de la Conferencia sin haber recibido noticia alguna de la Secretaría, renuevo hoy mi comunicación, enviando copia del cablegrama, y comunico a V. E. el nombramiento, para que se sirva ordenar (3).

(1)   Borrador de una comunicación a Matías Romero, Ministro de México en Wáshington, y presidente del Congreso Monetario Internacional.

(2)   Véase la nota a la carta de Enero 2, 1891.

(3)   Las pocas palabras que siguen son ininteligibles.

4 (1)

New York, Enero 10 de 1891.

Señor Don Matias Romero
    Ministro de Mexico
        Washington.

Mi estimado amigo y señor:

En el instante en que me disponía a escribir a V. anunciándole que ayer había por fin recibido carta respuesta del Departamento de Estado, recibo, con placer y agradecimiento, la carta en que V. se refiere a mi nombramiento, y tiene la bondad de felicitarme por él, pues ciertamente para un amigo leal de América, una ocasión feliz ha de emplearse en su servicio.

A mí me viene de viejo aunque V. no lo sepa el ver a V. con cariño y estimación; y ha de creerme que el gusto de cumplir con mi deber en esta ocasión será mayor por el de gozar más de cerca del conocimiento de una persona a quien, como a V., quiero por su valor, y por su patria, que miro como mía.

Queda sirviéndole, y esperando la notificación que me anuncia, para tener el gusto de saludarle su

Carta a J. I. Rodríguez:—gusto de ver que el sobre de la aceptación venía escrito de su letra. Me dió un vuelco el corazón, y me pareció como que mi tierra me hablaba y he querido decírselo.

---

(1) Borrador. Obsérvese la curiosa nota al pie, relacionada con José Ignacio Rodríguez.

5 (1)

CONSULADO GENERAL

DE LA

REPUBLICA ORIENTAL DEL URUGUAY

New York, January 17th, 1891.

HONORABLE WILLIAM F. WHARTON.
ASSISTANT SECRETARY OF THE DEPARTMENT
OF STATE.
WASHINGTON.

Sir:

I have the honor to acknowledge the receipt of your note of the 16th instant, replying to my communication of the 8th, which I considered as having being anticipatedly answered by the note of the Department, received by me on the following day, the receipt of which I did not acknowledge in writing, from fear of molesting the Department with unnecessary correspondence,—reserving for the occasion of my paying in person my respects to the Department, the expression of my gratitude for the hearty acknowledgement of my note,—advising my appointment by the Government of Uruguay as its Delegate to the International Monetary Conference, by His Excellency the Secretary of the Department.

In answer to the remark raised in your note, I

---

(1) *Martí, diplomático*, pág. 107.
El borrador de esta comunicación, en papel timbrado *Free Information Bureau of the Argentine Republic*, 149 Broadway, se publicó en *Papeles de Martí. III*. No se reproduce aquí por ser el texto igual.

beg to enclose the letters patent issued in my favor, as Consul of Uruguay in New York, by the Government of the Republic since the 16th of April of 1887, and which I did not present then to the Department of State, having been instructed by the Consul General, Mr. Enrique M. Estrázulas, on his leaving for Europe, that he had notified the Department that the duties of the Consulate General, would be during his absence discharged by me. I deemed then unnecessary to molest the Department with the formality of soliciting my exequatur as Consul, having already been placed, by the notification to the Department by the Consul General, in a capacity sufficient to comply with the duties of the office,—which, on a former occasion and through a similar notification. I had already discharged in the same character, until I had the honor to advise the Department of my having put the Consulate General in the hands of Mr. Carlos Farini, then Acting as Chargé d'Affaires for the Republic, in the absence of Mr. Enrique M. Estrázulas.

In enclosing now the letters patent, I solicit the honor, in case this formality be deemed by you necessary, of having them confirmed by the corresponding exequatur.

I remain, Sir, with the testimony of my respect and consideration.

Your obedient servant,

JOSE MARTI.

To the Honorable William F. Wharton,
Assistant Secretary of the Department of State.
Washington.

TRADUCCION

Nueva York, enero 17 de 1891.

HONORABLE SR. WILLIAM F. WHARTON,
SECRETARIO EN FUNCIONES DEL DEPARTAMENTO
   DE ESTADO.
WASHINGTON, D. C.

Señor:

Tengo el honor de acusarle recibo de su nota
del 16 del corriente, en respuesta a mi comunicación
de fecha 8 que considero como anticipadamente con-
testada por otra nota del Departamento que recibí
al siguiente día y cuya recepción no participé por
escrito por temor de molestarle con innecesaria correspondencia, reservándome, para la oportunidad
de presentar personalmente mis respetos al Departamento, la expresión de mi gratitud por el cordial
acuse de recibo de la nota en que daba cuenta de
mi nombramiento por el gobierno del Uruguay como
su Delegado a la Conferencia Monetaria Internacional, por S. E. el Secretario de Estado.

En respuesta a la observación hecha en dicha nota,
me permito incluirle las cartas patentes expedidas a
mi favor como cónsul del Uruguay en Nueva York
por el gobierno de la República desde el 16 de abril
de 1887, las que entonces no presenté al Departamento de Estado por haberme informado el cónsul
general, Sr. Enrique M. Estrázulas, al partir para
Europa, que había notificado al Departamento de
que los deberes del consulado general, durante su

ausencia, serían atendidos por mí. Consideré entonces innecesario el molestar al Departamento con la formalidad de solicitar mi exequátur como cónsul, cuando ya había sido colocado, por la notificación del cónsul general al Departamento, en capacidad suficiente para desempeñar los deberes de mi cargo que, en anterior ocasión, y con sólo una notificación semejante, había asumido con el mismo carácter, hasta que tuve el honor de participar al Departamento que había entregado el consulado general al Sr. Carlos Farini, que actuaba como encargado de Negocios en la ausencia del Sr. Enrique M. Estrázulas.

Al remitirle ahora las cartas patentes solicito el honor, en caso de que esta formalidad usted la considere necesaria, de que me sean confirmadas con la expedición del correspondiente exequátur.

Me reitero, señor, con el testimonio de mi respeto y consideración, su obediente servidor,

JOSE MARTI.

6

[Wáshington D. C., Febrero, 1891]

Gonzalo:

No quiero que me vuelva a llamar ingrato, porque no lo soy de veras, y sé que voy a darle un gustazo chismeándole un poco de las cosas del día, que le recordarán las fatigas y glorias del año pasado, cuando paseaba Vd. por acá el bigote triunfador.

Para hablarle de lo demás tengo que hablarle de mí, lo que me es hoy menos difícil, porque no tengo ninguna pena que darle, sino noticias que lo van a poner contento, y aun a hincharle la nariz, ganoso de pelea, como buen potro Kochlani. En el baile de Romero, (1) que estuvo lucido, me acordé de Vd., especialmente, no porque hubiera cosa mayor, sino porque su descripción del año pasado fué tan viva y fiel que, quitando una flor y poniendo un ponche, pudiese servir para este año. Romero tuvo la bondad de valerse de mí para ayudarle a hacer los honores. Estaba el hijo de Menocal, pero no lo ví: la madre no estaba. Me presentaron a la muchachería rosa y azul; pero yo bajé al comedor con las Misses Thomas, de cuarenta años, vestidas de negro.

Lo de la Conferencia es lo que le interesará más. Y ahí estaba esta mañana de la carta larga que le iba a escribir; pero las visitas no se han ido hasta ahora, y me dejan aturdido y perezoso. Le diré en pocas palabras que salimos con crédito, y con independencia, de esta primera sesión. ¿Por qué no guardé los bocetos que hice al lápiz, mientras José Ignacio, (2) solícito, leía las cartas, y Fergusson (3) hacía ejercicio con sus ojos de turco? Romero preside, con la cabeza al pecho, quitándose y poniéndose las gafas. Chile y Haití se han quedado

(1)   Matías Romero, Ministro de México en Wáshington, Presidente de la *Comisión Monetaria Internacional Americana*.

(2)   José Ignacio Rodríguez, Secretario de la Comisión.

(3)   Arthur W. Fergusson, Secretario también de la Comisión.

en casa. Nos sentamos sin orden, alrededor de
una mesa ovalada. El cuarto da a una esquina, y
está lleno de luz. José Ignacio está un instante en
pie al lado de Romero, que le ve unos papeles: nadie pudiera verlos sin saber que, pesen pesares,
está delante de dos cabezas fuertes. Honduras pinta monos. Nicaragua me dice que en Hispano América no hay ciencias. Venezuela y Colombia están
bien sentados. Perú se limpia los espejuelos. De
los dos del país, uno no puede hablar, del baile de
anoche: el otro, mira al techo, como si lo que tiene
alrededor fuera de poca cuenta y estuviera allí como haciéndonos merced. Sale el reglamento a plaza, un reglamento bueno, y Tree, (1) uno de los de
acá, quiere que se apruebe en conjunto. Se podría;
pero el precedente es temible. De la Conferencia
no ha de salir nada en conjunto. Ni a Venez., ni a
Col., ni a Nic. ni al Ur. que están juntos, les parece
bien. Zegarra (2) guiña los ojos, a tiempo que el
Ur. los volvía a él. No: no se discute en globo.
Nic. se opone, y se vota por artículos. Los asientos,
por orden alfabético español. Presidencia, caso de
ausencia o enf. del Pte., por el orden de asientos.
Cada delegación, un voto. En las delegaciones, el
voto será por mayoría. ¿Y será el artículo casualidad, cuando los E. U. han nombrado dos delegados
hostiles entre sí, uno orista y otro platista? ¡Dan-
cen Vds. y nosotros no diremos palabra! Pero no
danzaremos.

(1) Lambert Tree, Delegado norteamericano.
(2) Félix Cipriano C. Zegarra, Delegado del Perú, entonces Ministro de su país en Wáshington, D. C.

Se aprobó una Comisión de Credenciales. Ur. es de la comisión, y Brasil, y Colombia.

Se nombró una Comisión Ejecutiva. Hill, (1) el platista, quedó en ella contra su gusto. Rechazó bajando el cumplimiento.

Y en esto hubo la escaramuza del día. Tree propone que, estando el Congreso para opinar sobre la cuestión del cuño libre, se espere, para reunir de nuevo a la Conferencia, al 4 de Marzo. Romero apoya, como "cortesía a la nación que nos invita", Zegarra propone el 10, pero la proposición fué breve, y no sin junta. Honduras teme al calor: Honduras habla inglés: Stevens. (2) Y aquí rompe el Brasil,—para ejemplo y desilución de los que dan al tratado de reciprocidad más alcance que el que tiene, contra la opinión y el gusto de los mismos brasileños,—en una notificación inoportuna y feliz: ¿a qué se viene? ¡a nada probablemente!: lo mismo es ahora que de aquí a un mes: mientras no haya un acuerdo internacional, un acuerdo con las naciones europeas, el Brasil no votará por cuño alguno del continente, ni irá, contra los suyos, a la cola de intereses ajenos: "Brasil, ñao". Eso era: olvidaba el orden, sobre la proposición de Hill, que tenía que estudiar, que consultar, que ir a Chicago, que volver: que proponía espera hasta el primer Lunes de Abril. Y en el orden olvidaba que después de la proposición de Hill, y antes de la de Mendonça (3)

---

(1) N. P. Hill, Delegado norteamericano.
(2) Rowan W. Stevens.
(3) Salvador de Mendonça, Delegado del Brasil.

vino la observación del Uruguay: "La Conferencia
debe; si los E. U. no están en aptitud de dar voto,
y piden espera natural, darles el tiempo que necesiten para sus estudios preparatorios. Nadie se los
regateará. No porque lo que el Congreso haga
pueda influir sobre la Conferencia, sino sobre los
delegados de los E. U. que es natural deseen saber
lo que su Congreso piensa. Los demás delegados,
cree Ur., saben a qué atenerse, y podrían entrar
ahora en discusión, o esperar, por cortesía. Pero
no hasta Abril, hasta mediados de Abril; porque es
lícito que la Confa. atienda a las demandas justas
y a la necesidad de preparación de los E. U., y éstos a la conveniencia de los demás delegados, que
pueden diferir a la de aquéllos, pero no con exceso.
Aquí lo de Mendonça. Uruguay recalca que su
deseo de ver concedida la demora nace de atención
a los dels. de los E. U. p⁺ que estudien y preparen,
no de ninguna necesidad a la Confa., o deber de
ellos de esperar a la decisión del Congreso para decidir. El Hill, atufado, insiste: que él no puede;
que él es platista; que vendrá día en que los E. U.
sean "bastante fuertes para imponer al mundo su
moneda de plata"; que ya ve en la Conferencia el
deseo de estudiar este asunto muy despacio; que
tiene que ir a Chicago, e insiste en lo de mediados
de Abril, no ya en el Lunes; que no sabe lo que
piensa su colega". Su colega piensa que está bien,
que hasta mediados de Abril. Nadie ojeta, y se va
a sentar el precedente de acceder a una demanda
excesiva, presentada, fuera de respeto, en un lenguaje descuidado y duro. En la forma, a lo menos,

se ha de vencer. Ur. no se siente solo. Está sentado entre gente de coraje: "No: Abril está muy lejos. Lo justo pero no más. Désele tiempo; pero atiéndase a la conveniencia general". Y como vacilaba cierta ala, Ur. propone el 20, casi un mes antes que Hill. El 20; por unanimidad. Pero es el Viernes Santo, dice José Ignacio. El 23 propone Ur.; y es el 23.

—Conque el Brasil, —cualesquiera que sean sus razones de política transitoria y anti-imperial para haber ajustado un tratado que habrá de alterar pronto si quiere vivir en paz con sus vecinos del Sur,—el Brasil,—no.

Ya esto es tomo. Salgo a comer. Mañana escribo sobre Espadero y Liga. A Trujillo (1) le iba a contar. Léale. Espero *El P.* (2) para escribirle. Vivo, pensando en todos los que quiero, y hospedado hasta el sábado entrante, en un cuarto bueno y módico, con el Arlington en frente y el Shoreham atrás, en 1529, I Street. Allí espera noticias suyas

su

J. Martí.

Privado todo lo de la Conferencia—menos el nombto., ya público, de las Comisiones.

---

(1) Enrique Trujillo, patriota y periodista cubano que publica, en Nueva York, *El Porvenir.*

(2) *El Porvenir.*

7

[Wáshington D. C., 1891].

Gonzalo:

Tengo hinchada la mano, de tanto escribir. Me cayó el trabajo encima. No le digo que lo siento, porque sería hipocresía. A Trujillo le he escrito largo, y él les leerá, a Vd. y a Benjamín. (1) ¡Libre el campo, al fin libre, libre y mejor dispuesto que nunca, para preparar, si queremos, la revolución. ordenada en Cuba, y con los brazos afuera! Sentada, la anexión. Los yankees mismos, valiéndose de la Conferencia Monetaria como de un puñal, lo han clavado en el globo aquel del continente y de las reciprocidades. Nos mostramos, y fuimos entendidos. Convencidos de su derrota, los repuplicanos anti-blainistas, se han valido de ella para dar un golpe de muerte a la candidatura blainista. En la Conferencia todos, hasta los más flojos y torpes, han visto el juego. Vd. sabe, por supuesto, que ha andado por el aire, marcando los puntos, un dedo que no duerme. ¡Quién sabe si van Romero y su Sra., a la Sociedad Literaria! (2) A V., Benjn. y Trujillo encargo, por carta de mañana, el orden de la del sábado, yo voy el miércoles. Ayer comí, de invitación inmediata y privada, en casa de Romero.

Foster vino de Cuba cabizbajo. Fué a trabajar a

(1) Benjamín J. Guerra.
(2) Sociedad Literaria Hispanoamericana en Nueva York, de la cual era presidente Martí. Puede que Martí se refiera aquí a la velada que iba a celebrarse en honor de México.

los españoles. Trajo el informe de que ellos, aunque no todos, son los anexionistas. Cuidado con lo esc.

S.

M.

8

Consulado General del Uruguay.

New York, 20 de Agosto de 1891.

A. S. E. EL SEÑOR MINISTRO DE RELACIONES EXTERIORES DE LA REPUBLICA ORIENTAL DEL URUGUAY, DOCTOR DON MANUEL HERRERO Y ESPINOSA

Señor Ministro:

Cábeme la honra, al acompañar a V. E. el informe de la Delegación a la Conferencia Monetaria Internacional, que el Superior Gobierno se sirvió hacer recaer en mí, de expresar hoy venciendo al fin la cortedad y embarazo en que me pone todo lo referente a mi persona, las gracias profundas, las gracias conmovidas, las gracias filiales con que recibí del Superior Gobierno el cargo que procuré desempeñar con mi mayor cuidado y previsión.

Esta es la hora oportuna de asegurar a V. E. que el honor que se me ha dispensado me liga de una manera aún más íntima, y de mayor obligación, con un país cuya larga y contínua defensa en suelo extranjero me permite, sin presunción, ni lisonja, llamar mío. Ni tengo Exmo. Señor, honra mayor que la de representarlo. Agradezco, y pido, al Superior Gobierno todas las ocasiones de serle útil.

Debiera, al dar cuenta de esta Comisión, incluir la nota de los gastos en ella ocasionados:—V. E. me permitirá que no la incluya, y dé por suficiente remunerado el cargo con el honor que con él se me ha conferido.

Tengo la honra de saludar a V. E. con el testimonio de mi más alta consideración.

JOSE MARTI.

9

Consulado General del Uruguay.

New York, 20 de Agosto de 1891.

A. S. E. EL SEÑOR MINISTRO DE RELACIONES EXTERIORES DE LA REPUBLICA ORIENTAL DEL URUGUAY, DOCTOR DON MANUEL HERRERO Y ESPINOSA.

Señor Ministro:

Cúmpleme hoy, al remitir a V. E. el Libro de Actas de la Conferencia Monetaria Internacional Americana, dar cuenta a V. E. del desempeño del cargo de Delegado de la República ante la Conferencia, con que se sirvió el Superior Gobierno honrarme, y el cual recibí con ilimitado agradecimiento, y la determinación de servir en él a la República con el cuidado y afecto de un hijo.

Las actas relatan, mejor que pudiera este sucinto informe, la parte que cupo a la República del Uruguay en las deliberaciones de la Conferencia, y la acción continua que en ella fué dado ejercer a su Delegado, en acuerdo extricto con las instrucciones del Superior Gobierno, y con lo que imponen a un observador vigilante los intereses patentes de nuestros países americanos.

El reconocimiento justo y sereno de las hermosas conquistas materiales que con la ayuda incesante de la energía universal inmigradora han realizado los Estados Unidos de América, el estudio íntimo y desapasionado, sin recelo y sin deslumbramiento, de la Organización política del Norte, en que la publicidad y la frecuencia del turno salvan el régimen republicano de la mayor parte de sus propios vicios y degeneraciones, y el esmero con que el representante de una nación, siquiera sea en puesto humilde, ha de cultivar, con sinceridad cordial y expresa, la simpatía del país en que ejerce sus funciones, no podían confundirse, en la mente del Delegado, a la hora de prueba de la Conferencia, con la necesidad por ningún modo útil, ni oportuna, de seguir precipitadamente, en los asuntos de la Conferencia Monetaria, una iniciativa que pudiera, en tiempos de delicadas relaciones, atraer sobre la República la animadversión de sus contratantes habituales, o entrabar, por obligaciones no compensadas, los tratos futuros del Superior Gobierno, y los individuales de los ciudadanos, con los países que demuestran de hecho su fe en el progreso del Uruguay, y consumen sus frutos.

Con ese espíritu fortalecido por las instrucciones de V. E. y la aquiescencia de las Delegaciones en

ellas señaladas, entró el Delegado del Uruguay a
participar de los debates de la Conferencia, que dió
puesto a la República en la Comisión de Credenciales. Ese espíritu mantuvo el Delegado desde las
primeras sesiones, con el apoyo visible de la mayoría de la Conferencia. Y en él hubo de afirmarse
al oir las proposiciones de la Delegación misma de
los Estados Unidos, la cual en nombre del país que
había provocado la reunión de la Conferencia, declaraba a ésta inoportuna e inmatura, y reconocía la
nulidad de todo esfuerzo de unión monetaria entre
los pueblos Americanos con el predominio o fijeza
de la plata por mira, si no se contaba con el asentimiento de los mercados regulares de Europa.

Cupo a la República del Uruguay el honor de
formar parte de la Comisión encargada de infor-
mar sobre las proposiciones de los Estados Unidos,
y de ser elegida por los miembros de la Comisión
para preparar el informe que unánimemente apro-
bado por los cinco miembros, aparece en las actas,
de fojas 43 a 50. (1)

Suscitado con tesón, al debatir el informe, en
frente de los deseos expresos del mismo gobierno
invitante, el plan inútil para todo fin visible, de
mantener en permanencia la Conferencia que sus
propios promotores, y la comisión unánime de informe, declaraban fuera de ocasión y lugar, mantuvo el Uruguay, con poca compañía al principio
y al fin con el voto unánime de la Conferencia, que
debían declararse terminados como se declararon

---

(1) Reproducido en este mismo tomo, págs. 9-20.

los trabajos de la Conferencia Monetaria Internacional Americana.

Cree, Excmo. Señor, el Delegado del Uruguay haber obrado en acuerdo con las instrucciones del Superior Gobierno, y los intereses de la República, y de los pueblos Americanos; y tendría a honor singular que su gestión hubiese merecido la aprobación del Superior Gobierno, que se sirvió hacer recaer en él esta distinción inmerecida e inolvidable.

Tengo la honra de saludar a V. E. con mi más alta y respetuosa consideración.

J. MARTI.

DISCURSOS

1

DISCURSO

pronunciado en la velada en honor de Centro América de la Sociedad Literaria Hispanoamericana, en Junio de 1891.

Señoras, señores:

Como en andas de flores se levanta, colgada de granadillas e hipomeas, la tierra de esmeralda y plumas, donde, al espejo de sus lagos y al incensario de sus volcanes, crecen en el combate y en la fatiga, según lo manda la naturaleza, las cinco repúblicas de Centro América, como un solo hogar. Por aquellos ríos han apagado la sed, en la cuenca de una hoja, muchos viadores de la libertad; de aquellos arriates ha tomado mucha flor para el pasajero doloroso la niña de la casa; para la vida y la poesía ha sacado fuerzas mucho peregrino de aquel aire purificado por el fuego; de debajo de un apaga-velas salen, desperezándose y tundiéndose, cinco países cuyo parentesco será más poderoso que la pócima de ira con que les alborotó las venas el conquistador; ¡aquí venimos, en nombre de todos los agradecidos, a ceñir con una guirnalda de corazones las banderas que no se han manchado con más san-

gre que aquella que es ley que se derrame, por la
ferocidad inevitable de la vida, en los bautizos de
la libertad!

Por entre las ruinas de los gigantes desapare-
cidos surgieron, bellos y pintados como los pájaros, los pueblos de indios nuevos que tejían y ta-
ñían, y levantaban con gracia heroica sus atala-
yas de carrizos, y narraban bajo la sombra de los
árboles la leyenda del mundo, cuando centellearon
en la creación los espíritus celestes, y a la voz de
¡tierra! surgió el Universo de la nada, con el hombre que fué primero arcilla, y luego tronco duro, y
luego árbol ramoso; con la mujer de caña, y luego
los cuatro hombres de carne y pensamiento, a cuya cabeza se sentaron las cuatro mujeres, coronadas
de plumas de garza. Hoy era el mercado, de tejidos y diademas, y pórfidos y oros, y birretes y to-
billeras del plumón más fino, y pitos y atabales; la
boda era mañana, con danzas y convites, y las casas blancas festoneadas de orquídeas olorosas; o
era que el rey pasaba, con su manto de pluma azul
y la corona refulgente, cargado a hombros de nobles, en su silla de oro y pedrería; o vitoreaba la
multitud a los caballeros del torneo que a punta de
flecha mantenían por el aire la mazorca de maíz;
o volvían a sus hogares aterrados, porque venía el
zutujil a sangre y fuego, el cazador que traía al
cinto como un iris la pluma del quetzal, el atjije
canoso, abrazado a los manuscritos de las leyendas,
el coro de la escuela desbandada. El zutujil prendía
a la tierra fuego, para que no anduviesen sobre
ella los invasores. Vino el rubio de España, con

el trueno en las manos; cayó con su aliado el cachi-
quel sobre las ciudades que el quiché alzó contra
el chuzo y la flecha; y cuando pasó la nube de humo, resplandecía el Sol indiferente en la caña y la
pluma de las hecatombes.

Se bebió entonces, al sol de Pacaya, el vino de
Valladolid, entre barajas y votos; y apuró el cacao
de Soconusco, en los casucones levantados sobre
indios, el dean que ensartaba con la tizona al al-
guacil que lo venía a prender. La calle era del oi-
dor, de gorra y garnacha, o del encomendero des-
dentado, de casco y gamuza, o del presidente que
echaba a desvergüenzas al buen obispo que le venía a pedir la ley para la indiada, sin más coraza
que su lanilla de dominico, ni más miedo que el de
no ser bastante brioso. A flechazos recibían aquellos cristianos a los obispos que no les firmaban los
crímenes con la religión; tuteaban al rey, en cuanto
les tocasen las encomiendas aquellos vasallos; y mon-
señor se gastaba la renta de la Catedral en festejos
a los que salían a matar lacandones. San Francisco
peleaba con Santo Domingo; el cabildo se le em-
pinaba a la Audiencia; los encomenderos cansaban
el mar con sus quejas al emperador; un Hernando
cosía a puñaladas al obispo y con la daga ensan-
grentada escribía en el aire su proclamación de
príncipe. Hasta que los competidores se avinieron
en el mando y no hubo ya más Casas ni más Ma-
rroquines, sino que vivía en los palacios, con el nombre de la familia escrito en el zaguán con huesos, la
prole de los conquistadores y las doce damas; y
era la vida candil y procesiones, como aquella del

certamen de la Universidad, sobre la "Contienda
Amorosa de Italia, Francia y España", cuando iban
delante los atabaleros, y luego en mulas los estudiantes e hidalgos, y los doctores y la clerecía, y
luego un señorón de portaestandarte, con el tema
muy floreado entre pinturas, y luego criados de li-
brea, y luego soldados—a tiempo que entraba en la
ciudad la hilera de indios, con la frente ya hecha
al mecapal de la bestia de carga, y el ministril se
llevaba preso a un criollo, porque leía el Quijote.

Se movió el mundo; vivió Carlos III; entró en
la Capitanía la Enciclopedia, bajo una capa española; y de la mesa de un canónigo andaluz salió la
juventud del señorío a ganar a la independencia la
voluntad del general español; ¡y aun hoy es día de
gala en Centro América, de gozo puro y sublime,
aquel día de Septiembre! Pudo más que la corazo-
nada del primer cariño el interés de las localidades
apartadas por la policía astuta de la colonia; pudo
más lo real del país, hecho al gobierno familiar, que
lo ideal que le querían poner, con más ardor que
pericia, los innovadores desconcertados; pudieron
unos idear canales y garantías, mientras mandaban
otros cerrar las costas y espantaban de un bufido al
buen sevillano que quiso enseñar álgebra; pudieron
las Repúblicas, unidas por un artificio generoso,
volver a la localidad de que no supo sacarlas la
conquista, que sólo hubiera podido hallar excusa en
el cumplimiento de esa ley histórica; pueden aún, con
la mira en el Sol, padecer en la faena de ir aco-
modando a un pueblo novicio, criado en dos conquistas, las leyes acabadas de la libertad, o sacar

de su misma composición, de modo que se la asegure, la ley aborigen que lo aquiete y levante; puede ser como levadura, por lo fervorosa, una de las Repúblicas,—y otra como un jardín, por el cultivo de la tierra y de las mentes, —y otra como academia de política y trabajo,—y otra como una casa de familia, con el retrato del abuelo orlado de ópalos,—y otra como universidad entre plantíos, que pone a reposar sobre el arado el tirso y el capelo; pero de la majestad y rebelión de su naturaleza de volcanes, del hábito de crítica aguzado en la larga esclavitud y de la lección aprendida en la prueba franca y dolorosa de hombres y sistemas, viene a aquellas Repúblicas un señorío mental, más verdadero que visible y más eficaz que ostentoso, por el que todas se reconocen y unen, y en donde entra por parte tan viva lo más fecundo de la fantasía, que pudiera un avezado a imágenes comparar aquella serena mente de Centro América a una casa solar, de portón de alto escudo, por cuyos balcones colgasen, pintorescas y amables, las enredaderas.

Allí por cuestas floridas, con el pecho lleno de un gozo de creación, se sube, como coronado, a los volcanes, desde donde se ve caer la tierra en declives cambiantes sobre la playa de la mar; allí, en cráteres orlados del jardín silvestre, chispean, sigilosas, las lagunas; allí, en la boca deshecha del Volcán de Fuego, revolotea la mariposa azul; y corren por las faldas, entre guijas de colores y anémonas y tréboles que lucen como lapislázuli y coral, ríos de un agua tan clara como la prosa de Marure, y con tal música en su curso, que parecen estrofas

de los hermanos Diéguez. Así, en el goce continuo
de aquel mundo ordenado y hermoso, nace, a despecho de las turbulencias de la vida, la felicidad
que hace al hombre bueno, y es, como la desgracia,
una fuerza decisiva en la literatura. Así, entre sus
jazmines del Cabo y su clavel de olor, sueltas las
trenzas y el corazón prendado, crece sensata y fiel
la esposa del país, con un juicio risueño que impera sin descoco, y unos cariños como plumón de
ave. Así, ayudada por su misma dilación, que la
salva de los tanteos decadentes y místicos del pensamiento nuevo que asoma ya sobre los hombres,
va Centro América disponiéndose a acomodarse a
su hora, con la fuerza venida del estudio de lo natural, a la época de mayor religión y literatura verdadera que por la tierra toda levanta, con potencia
de himno, el conocimiento racional y amoroso de
la Naturaleza. Por la enseñanza que de ellos recibe América, en virtud de su apego saludable a lo
original y propio; por el valor con que han enca-
rado sus problemas y la frecuencia con que los han
abonado con su sangre; por la largueza con que dan
agua y pan al peregrino, permitidme, vosotros que
os gloriáis con la representación de aquellos nobles
países, que los salude en nombre de la América,
cuya fe indígena proclaman y mantienen,—en nombre de la libertad, cuyo estandarte acribillado alzan
por sobre sus cabezas,—en nombre de las peregrinos agradecidos!

2

DISCURSO

*pronunciado en la velada en honor de México
de la Sociedad Literaria Hispanoamericana,
en 1891.*

Señoras y señores:

Este júbilo es justo, porque hoy nos reunimos a
tributar honor a la nación ceñida de palmeros y
azahares que alza, como un florón de gloria, al cielo azul, las cumbres libres donde el silbato del ferrocarril despierta, coronada de rosas como ayer,
con la salud del trabajo en la mejilla, el alma in-
dómita que chispeaba al rescoldo en las cenizas de
Cuauhtemoc, nunca apagadas.   ¡Saludamos a un
pueblo que funde, en crisol de su propio metal, las
civilizaciones que se echaron sobre él para destruir-
lo! ¡Saludamos, con las almas en pie, al pueblo ejem-
plar y prudente de América!

Fué México primero, antes de la llegada de los
arcabuces, tierra como de oro y plumas, donde el
emperador, pontífice y general, salía de su palacio
suntuoso, camino de la torre mística, en hombros
de los caballeros naturales, de adarga de junco y
cota de algodón, por entre el pueblo de mantos largos y negro cabello, que henchía el mercado, com-
prando y vendiendo; o aplaudía la comedia al aire
libre, con los niños vestidos de pájaros y mariposas;
o abría campos a los magnates de vuelta del ban-

quete, con sus bailarines y bufones; o saludaban al
paso del teculi ilustre que mostró en sus pruebas de
caballería el poder de domarse a sí propio; o bullía
por las calles de las tiendas, probándose al dedo
anillos tallados, y a los hombros mantones de pieles; o danzaba, con paso que era aire, el coro de la
oda; o se agolpaba a ver venir a los guerreros de
escudo de águila, que volvían en triunfo, con su
ofrenda de víctimas, a las fiestas del monarca conquistador.   Por entre el odio de las repúblicas vencidas al azteca, inseguro en el trono militar, se entró, del brazo de la crédula Malinche, el alcalde
astuto de Santiago de Cuba. Los templos de las
pirámides rodaron despedazados por las gradas; sobre el cascajo de las ruinas indias alzó sus conventos húmedos, sus audiencias rebeldes y vanido-
sas, sus casucones de reja y aldaba, el español; todo era sotana y manteo en la ciudad de México,
y soldadesca y truhanería, y fulleros e hidalguetes,
y balcón y guitarra.   El indio moría desnudo, al pie
de los altares.

Trescientos años después, un cura, ayudado de
una mujer y de unos cuantos locos, citó su aldea
a guerra contra los padres que negaban la vida
de alma a sus propios hijos; era la hora del Sol,
cuando clareaban por entre las moreras las chozas
de adobe de la pobre indiana; ¡y nunca, aunque
velado cien veces por la sangre, ha dejado desde
entonces el sol de Hidalgo de lucir!   Colgaron en
jaulas de hierro las cabezas de los héroes; mordie-
ron los héroes el polvo, de un balazo en el corazón; pero el 16 de Septiembre de cada año, a la

hora de la madrugada, el Presidente de la República de México vitorea, ante el pueblo, la patria libre, ondeando la bandera de Dolores.

Toda la jauría de la conquista salió al paso de
la bandera nueva: el emperador criollo, el clero inmoderado, la muchedumbre fanática, el militar usur-
pador, la división que aprovechó el vecino rapaz y
convidó al imperio austriaco. Pero los que en la
fatiga de gobiernos inseguros y en la fuga triunfante habían salvado, con las manos ensangrenta-
das en el esfuerzo, el arca santa de la libertad, la
escondieron, inmaculados, "mientras duraba la vergüenza," en un rincón donde el pan era tan escaso
como abundante el honor; la muerte por el derecho
del país funde, al fuego de la Reforma, al indio y
al criollo; y se alza Juárez, cruzado de brazos, como fragua encendida en las entrañas de una roca,
ante el imperio de polvo y locura, que huye a su
vista y se deshace.

Hoy campea segura la libertad, por modos suyos y crecidos con el país, en la república serena y
majestuosa, donde la hermosura de la Naturaleza
prepara a las artes, donde la mirada de la mujer
mueve a la vez a la piedad y al lujo; donde la prueba franca de la guerra ha afirmado la paz; donde
templa el trato amigo las diferencias de la condición
y la pena de vivir; donde el vivir no es pena. Hoy
descansa, en reposo vigilante, aquel pueblo que,
cuando pelea, pelea como si vaciara en sus hijos la
lava de sus volcanes; y cuando ama, ama como ha
de amar el clavel a la llamarada de la aurora. Ya
no es Tenoxtitlán, la ciudad de guerreros y de sa-

cerdotes, la que pasea en las plazas de México, y
entra a orar en sus teocalis, y boga cantando, al son
del remo, en las chalupas; es París quien pasea, refinado y airoso, por aquellas alamedas de follaje
opulento que, al rumor de las fuentes, cala sobre
las sendas una luna más clara que ninguna otra
luna. Los perseguidos y hambrientos de ayer son
hoy estatuas en el Paseo de la Reforma. El palacio de la República va sumiso por la calle de la riqueza y el trabajo, como buscando el alma del país,
al palacio indio de los emperadores. Rey parece cada lépero de la ciudad, por el alma independiente
y levantisca. La noche alumbra el portón donde,
a la sombra de un zarape, conversan de amor los
novios pobres; o el teatro que corona al poeta nacional, con las flores que se arrancan del talle las
mujeres; o el salón donde la esposa del Presidente
trata con sus amigas del alivio de las madres desam-
paradas; o el baile donde compiten en vano con la
mujer de México la palma y la magnolia. Al aso-
mar el día bajan de sus canoas, como en cestas de
flor, las indias de vestido azul; trae el canal, de las
islas flotantes, la hortaliza y la jardinería; bulle, como avispero despierto, la industria popular; se abre
a los jóvenes ávidos la muchedumbre de escuelas y
de bibliotecas; pasan de brazo los poetas con los
obreros y los estudiantes; vierten en las plazas su
carga de trabajadores los tranvías; silban, procla-
mando a la nación, las chimeneas de los ferrocarriles.
Resucita, al abono de la propia sangre, aquel alma
imperial que huyó, en el horror de la conquista, a
lo profundo de la tierra, y hoy sazona, con la vir-

tud indispensable de lo nativo, el alma importada.
Como de la raíz de la tierra le viene al mexicano
aquel carácter suyo, sagaz y señoril, pegado al país
que adora, donde por la obra doble de la magnífica
Naturaleza, y el dejo brillante de la leyenda y la
epopeya, se juntan en su rara medida el orden de
lo real y el sentimiento romántico.

¿Y ante quién tributaremos el entusiasmo que nos
inspira la obra firme y creciente de la República
que viene a ser en América como la levadura de
la libertad, sino ante el que, con el mérito y brío de
su persona, más con su cargo oficial de Cónsul, representa a México en Nueva York, ante uno de los
luchadores gloriosos que han puesto la libertad de
la tierra mexicana, la libertad de pensar y de vivir
por sí, donde no parece que haya poder que la de-
rrumbe, ante aquel cuya barba blanca ennoblece el
rostro donde se revela la juventud del corazón, como aquellos festones de delicado gris, canas del
bosque, que realzan el verde perpetuo de las co-
linas que vieron vivir a Moctezuma, y morir, al pie
de su bandera, a los cadetes heroicos de Chapultepec? Señor: como los guerreros de manto y penacho de diversos climas se juntaban al pie del ahuehuete, a jurar su ley al árbitro imperial, las Repúblicas agradecidas de América, con palmas invisibles y flores selladas con el corazón, se juntan alrededor de la bandera mexicana!

3

DISCURSO

pronunciado en la velada de la Sociedad Literaria
Hispanoamericana en honor de Venezuela,
en 1892.

Señoras, señores:

No con la voz penosa de quien vive aún en la
fatiga de los primeros días de América, puesto que
sólo se han de contar en un pueblo los días que nacen de aquel en que se sacudió de la frente la corona
extraña; no con la voz caída de quien, hasta por el
cuerpo ruin, padece de envidia de aquellos ciclo-
pes que escalaron el cielo y se trajeron de él la
banda azul que abrió en dos, para siempre, el antiguo pabellón; no con la voz desmayada de la enfermedad tenaz, sino con acentos que fueran a la
vez como fragor de rayo y como música de seda,
quisiera yo sacar del relicario de mi pecho aquella
tierna reliquia de la pasión que guardo en él para
el pueblo que a la hora de la libertad puso en sus
hombres la fuerza de los ríos con que echa atrás el
mar, y el ímpetu y el fuego y el estrépito con que
arrancaron de los senos de la tierra sus montañas;
para el pueblo que pone en sus mujeres al alma
nacarada y aromosa de su flor de café.

Porque yo no sé que haya derecho más grato que
el de admirar como hijo al pueblo por donde América mostró al mundo cómo la libertad vence des-

nuda, sin más cureña que el lomo del caballo ni más
rancho que recortes de cuero, al poder injusto que se
socorre de las riquezas de la tiranía y del mismo
ciego favor de la Naturaleza; de venerar como hijo
a la tierra que nos ha dado en nuestro primer guerrero a nuestro primer político, y el más profundo
de nuestros legisladores en el más terso y artístico
de nuestros poetas; de amar como hijo a la república donde las almas, a modo de espada de fábrica
finísima, son todas de acero, que pica frente a frente, para quien les pellizca la dignidad o les rebana
la tierra del país, y para el que de afuera va a pe-
dirles techo y pan son todas puño de oro.

Duermen tal vez otros pueblos,—que es cosa que
no se ha de hacer, porque hay siempre pueblos que
acechan y vigilan,—duermen otros pueblos tal vez,
entretenidos en comadrear por las ventanas o en
descascarar el maíz, sobre una gloria que sólo tiene
derecho a recordar quien la cultiva y continúa; y
suele uno que otro americano,—por el anhelo codi-
cioso de las pompas y bienes del mundo, o por atur-
dimiento fácil ante las maravillas ajenas, acaso más
viciadas que seguras, o por el horror natural de los
trastornos y la sangre, o por impaciencia mal acon-
sejada de progresos superficiales e inmaturos,—
proclamar más pesada de la cuenta, o abandonar a
la lluvia y el polvo del camino, la patria que sus padres sublimes les confiaron, para obtenerle del Universo indiferente la paz del respeto, y librarla del
desdén peligroso con que miran a las almas entecas
los creadores y fuertes de este mundo; ¡pero a Venezuela, como a toda nuestra América a nuestra

América desinteresada, la hemos de querer y de admirar sin límites, porque la sangre que dió por conquistar la libertad ha continuado dándola por conservarla! ¡Proclamemos, contra lacayos y pedantes, la gloria de los que en la gran labor de América se van poniendo de quicio y abono para la paz libre y decorosa del continente y la felicidad e independencia de las generaciones futuras!

Fué un día en que de la tierra, como la Naturaleza de los llanos después de las lluvias, surgieron, a medio vestir, los héroes que descansaron de la cabalgata en el alumbramiento de Ayacucho; ¡y allí las margariteñas fueron de más valor que las perlas de la Margarita, que a cestos vaciaban, sin fatigárseles las manos, en el tesoro de la libertad, siempre mendiga en sus primeras horas; y allí, con sus manos blancas y afiladas, como la fragante reina de la noche de su jardín, a su hermano imberbe armaban caballero, de la caballería que no vuelve la espalda sino como en las Queseras, aquellas magníficas barcelonesas, torres de alabastro; y con las valencianas de hospital y reserva, daban el frente a los demonios montados de Boves los espectros de lanza y cinturón que defendían a Valencia invencible; y "con los escarpines de raso" y el incendio de la patria asolada en las mejillas, salieron de sus flores y naranjos a la tiniebla de la emigración, como el jacinto teñido de sangre, las finas caraqueñas! Y allí se abrazaban los hombres a la pólvora, y el sol ante su luz palidecía de celos; y volvió a ser que los hombres a pie firme anduviesen y triunfasen sobre las aguas de la mar; y le cortaron a Ribas la cabeza del gorro frigio y la mano inmortal con que señala su camino a América!

Luego fué el día—porque el drama de la sangre tiene siempre más de un acto—en que, con el calor de la libertad novel en las regiones apartadas de propósito por la malicia colonial, o enemistadas por los celos de predominio o las diferencias de cultura, las armas criadas en la pelea contra el opresor se emplearon en acomodar, con la prisa pródiga de la juventud, las entidades que la distancia y la emulación no han podido dividir tanto como las ha juntado al cabo el patriotismo. Y con los métodos violentos que eran de naturaleza en un país sanguíneo y brillante, venido al gobierno propio sin el cocimiento ni costumbre de las prácticas despaciosas y rutinarias de la libertad, precipitó Venezuela generosa, a saltos armados, la amalgama indispensable para la fundación de un pueblo,—por la ley de los árboles nuevos, que tienen el corazón muy cerca aún de la corteza, y no por la impotencia inherente que los débiles o los ignorantes creen reconocer en esto que no es más que el cumplimiento útil e inevitable de un simple trance histórico. ¡Héroes tuvo Venezuela, bellos como banderas desgarradas, y como el potro fiero de su escudo, y como el rayo primero del Sol, en la pelea sobrenatural de la independencia! ¡y héroes ha tenido, no menos útiles por ser menos gloriosos, en esta brega de amasar, con cadáveres, y con desterrados, y con presos, los cimientos firmes e inconmovibles de una verdadera república!

¡Y entonces fué la miriada de los méritos: de

los llaneros que se amoldaban a la presidencia; de
los maestros canosos que hacían del pecho trin-
chera del civismo; de los magistrados que volvían
del sitial de la nación a la silla de la cátedra; de
los coroneles a quienes no les salía el discurso a la
multitud sino cuando estaban a caballo, con la lanza en su bota; de los patricios que, en el continuo
choque de la mezcla urbana y postiza de la civilización de Roma y las de Francia y los Estados del
Norte, con la civilización burda y real que caía de
las regiones naturales del país, hallaron tiempo para exponer los cánones del mundo nuevo y de la literatura constante en aquella lengua que crece con
los años, como el aroma del vino generoso; para
cantar la Naturaleza y los afectos en una poesía
que mantuvo siempre,—aun en la época en que el
fuego patriótico parecía tener su forma propia en
las importaciones románticas, aun en los días en que
el afán de la emancipación definitiva llevaba a tomar los modelos franceses de sus mismos imitadores
españoles,—aquel orden ameno y encendida moderación por donde en las letras de América tiene aire como de rosa entre flores la literatura venezolana.
Entonces fué cuando, con los vaivenes de la fortuna en aquellos años de subir y de caer, se enseñó en
sus quilates mayores el alma de la mujer de Venezuela, palma en el salón, y sol suave en la casa, y
amiga en la adversidad; de aquella mujer que sabe
unir, sin egoísmo ni rudeza, el albedrío al decoro, y
en las quintas del valle hace olvidar, con su gracia
elocuente e ingenua, los tornasoles y hermosuras
que de todas partes reclaman los ojos en aquella

soberbia naturaleza, y en los paseos de la plaza florida viene y va como la misma flor, con su elegancia y su finura, a quien el jardinero ha dado asueto
para travesear por los jardines.

Y hoy es el día de la grandeza más difícil, en
que los que reciben de su padres, en el carácter ya
hecho a la realidad y a la disciplina, el país más
compacto y adulto, han de ordenar, como están or-
denando, las fuerzas nacionales, descascaradas en
la larga trilla, y han de evitar, como están evitando,
la suerte que en el mundo que avanza ha de caber
a los pueblos que no se deciden a avanzar con el
mundo; hoy es el día de trabajar y de juntar, en
que una juventud que pide al empleo directo y al
estudio de los problemas propios la paz dichosa que
jamás vendría de ideas de afuera ni de amistades
artificiales, ni de la creencia impropia y enervante
en la irremediable superioridad ajena, entiende acaso que entró ya la América en aquella hora de alma eficaz y común en que se cumplirá por fin el an-
gustioso anhelo, el deseo profético y mortal, de aquel
cuyo nombre no se ha de decir, porque con evo-
carlo sólo ya las almas se subliman y elevan; del
que por las astas tomó a la Naturaleza, cuando la
Naturaleza se le oponía, y la volcó en tierra; del
que cuando pensó en "poner una piedra fundamen-
tal para la libertad" en América, no la pidió para
la libertad de Venezuela, sino para la libertad sud-
americana; del que murió del afán devorador de alzar a tiempo, con un siglo de tiempo, las energías
que al cabo de él habría de necesitar para su sal-

vación, en la batalla esencial y evitable, el continente que se sacó de las entrañas.

Ni de soberbia, ni de ambición, ni de despecho murió el hombre increíble que acaso pecó por todas ellas; sino del desacuerdo entre su espíritu previsor, turbado por aquella misma viveza de la fuerza personal que lo movía a las maravillas, y la época de distancias enemigas y de civilizaciones hostiles, o incompletas y ajenas, o aborígenes y degradadas, que juntó él mismo a vivir; del desacuerdo murió entre su concepto impaciente y original de los métodos de creación de un país a ningún otro semejante, y los conceptos, más influyentes a veces que sinceros, de los que en la misma libertad prefieren el seguro de la canongía a las emociones costosas y saludables de las labores de raíz; murió de la lucha, por entonces inútil, entre su idea continental con las ideas locales, y de la fatiga de conciencia de haber traído al mundo histórico una familia de pueblos que se le negaba a acumular, desde la cuna, las fuerzas unidas con que podía, un siglo más tarde, refrenar sin conflicto y contener para el bien del mundo las excrecencias del vigor foráneo, o las codicias que por artes brutales o sutiles pudiesen caer, arrollando o serpeando, sobre los pueblos de América, cuando levantasen por su riqueza un apetito mayor que el respeto que hubiera levantado por su odio y auxilio. ¡Y se cubrió el grande hombre el rostro. y murió frente al mar!

Me lleno de júbilo y de orgullo al ver cómo, en la casa de la nieve, hemos tallado el altar donde se comulga en la amistad discreta y entrañable de los pueblos de nuestro continente. Y al mirar al pie de esta bandera, más limpia de sangre inocente que ninguna otra de las grandes banderas del mundo, y más empapada de sangre gloriosa, los hijos agradecidos de nuestra familia de pueblos, que vienen a poner las almas, atónitas aún de admiración, ante la madre de nuestras repúblicas, siento que en las botas de pelear, que no se ha quitado todavía, se pone en pie el genio de América, y mira satisfecho, con el fuego vivífico de sus ojos, a los que, de buena voluntad para todos los pueblos buenos de la Tierra, cumplen, sin comprometerlo con coqueterías de salto atrás ni con deslumbramientos pueriles, su legado de juntar en un haz las hijas todas de nuestra alma de América.

FRAGMENTOS [1]

[1] Agradezco muy especialmente a los fervorosos martianos Dr. Luis Angel Gorordo y el Sr. Orlando Castañeda su valiosa ayuda en la compaginación y en el descifrar las hojas correspondientes a estos fragmentos de dos discursos de Martí, en letra casi ininteligible, y que se encuentran en el *Archivo de Gonzalo de Quesada*.

FRAGMENTOS

1 (1)

Palabras del discurso pronunciado en el Club del Comercio, en Caracas, Venezuela, 21 de marzo, 1881.

Así, temblando mis mejillas al recuerdo de los días de patriarcal grandeza en que los abrazos de bienvenida sacaron al padre feliz, de un caballo de batalla, como tiembla la superficie de la tierra al ser movida por el fuego interior de los volcanes, fuíme a pagar, frente a una tumba blanca, como cumplía a un alma tan pura, mi tributo impaciente, y, si por menguado temor de parecer vulgar o lisonjero no doblé reverentemente ante las cenizas del hombre entero y envidiable un segundo la rodilla, con efusión filial le envié un beso amorosísimo, de largo tiempo en mi alma comprimido, y con mis ojos nublados no sé si de las lágrimas, o de dolor por los males de mi pueblo, o de vapor de gloria, busqué en torno mío la montaña más alta de los Andes,—como si allá sobre la más alta cresta, debiera reposar nuestro gigante, como mensaje, el más enérgico que pudiera enviar la tierra al cielo.

Día de fiesta me parecieron, aunque eran días de trabajo los primeros que pasé en Caracas, a bien que para mí los días de trabajo son los verdaderos días de fiesta. No sabía yo, a poco andar, cuales eran más claros, si los cielos o las almas. Ni sabía al irme por las perfumadas noches a no verter mi alma, —el alma sola de un desconocido— en el alma universal que en todas partes flota, besa y coro-

---

(1) Las palabras que están entre paréntesis corresponden a borradores con otra versión, ligeramente modificada.

na; —ni sabía qué estrellas brillaban más, si las del cielo, o las de la tierra. Si por los valles echaba a andar, pensaba involuntariamente en los mansos rebaños y en los plácidos goces de Arcadia, si a los cerros vecinos miraba, cambiaban al sol alegre, como al sol cambia el plumaje variado de los colibríes; las nubes, como que venían cargadas de fantasías celestes a acariciar las sienes de las vírgenes,—y se iban, al venir el sol, señor del alma, perezosamente de los rubios techos; y si extendía mi humilde mano, parecíame, en cualquier dirección que la extendiese, que iba a acariciar con ella el dorso de los montes. No sé que extraño orgullo,—ese hermoso orgullo que al hijo alienta por la beldad y glorias de su madre, inflamaba mi pecho en mis paseos, buscaba a quien enseñar tanta hermosura. Si preguntaba por un barranco hallaba vuelo puente. Si me acercaba a leer un rótulo, leía escuela; si me daba con una arrogantísima fachada griega que más que invita, obliga, por su imponente forma a toda grandeza de la ley, decíame que eso era ha poco pared recía musgosa, donde andaban, como buhos dormidos, épocas muertas. Me abrió el hogar sus puertas y hallé—loada sea la ocasión que se me presenta al fin para decirlo—uno de los pueblos más sanos y de los hogares más honrados que he visto en mis peregrinaciones por la tierra!—Y me dije: No vayas adelante cansado peregrino. Depón tu bordón roto al umbral de este pueblo de hidalgos y de damas;—reposa en estos valles; con agua de estos ríos restaña tus heridas: ayúdales en su trabajo, aflígete con sus dolores; echa a andar por estos cerros a tu

pequeñuelo; estrecha la mano de estos hombres, caminante: besa la mano de estas damas, peregrino.

●

Y vi entonces, desde estos vastos valles, un espectáculo futuro en que yo quiero, o caer o tomar
parte.—Ví hervir las fuerzas de la tierra;—y cubrir-
se como de humeantes delfines de alegres barcos los
bullentes ríos; y abatirse (tenderse) los bosques por
la yerba (tierra), para dar paso a esa gran conquistadora que gime, vuela y brama;—y verdear las faldas de los montes, no con el verde oscuro de la selva
sino con el verde claro de la hacienda próspera;—y
sobre la meseta ví erguirse pueblos (el pueblo);—y
en los puertos, como bandadas de mariposas, ví ale-
tear (flamear), en mástiles delgados regocijadas,
(alegres y) numerosísimas banderas;—y ví, puestos
al servicio de los hombres, el agua del río, la entra-
ña de la tierra, el fuego del volcán.—Los rostros no
estaban macilentos, sino jubilosos; cada hombre,
como cada árabe, había plantado un árbol, escrito un
libro, creado un hijo; la inmensa tierra nueva, ebria
de gozo de que sus hijos la hubiesen al fin adivinado,
sonreía; todas las ropas eran blancas; y un suave sol
de Enero doraba blandamente aquel paisaje.—¡Oh!
qué Calvario hemos de andar, aún para ver hervir así
la tierra, y correr, por entre nuestras manos, como
el agua del río, el fuego del volcán!—Mas, como no
ha de haber obra atrevida, que, a pesar de sí mismos, si oponerse a sí mismos se les antojara, no
puedan realizar cumplidamente los hijos de Bolívar,
sus primogénitos, sus herederos obligados, los eje-

cutores de su voluntad:—como no ha de haber fuego potente que no encienda en sus almas nobles los
ojos fulgurantes de sus damas, (para luchar briosamente ante los cuales quisiera el brazo los tiempos
de los antiguos caballeros, los de banda al cinto,
armadura de hierro, y barba de oro,—) como la
voluntad humana basta a entorpecer o acelerar el
porvenir nunca a impedirlo; bien haya ese calvario que así ha de dar espacio a probar la fortaleza
de nuestros hombres, y la energía de nuestra voluntad. Basta, para ser grande, intentar lo grande.
Y yo tomo mi cruz humildemente; y la rocío con las
amargas lágrimas del desconocido, y ayudaré a este pueblo en sus trabajos...

Pero como me asalta, apenas echado afuera este
impaciente grito, el miedo acerbo de que, con este
desconocimiento funesto en que vivimos los unos
de los otros (pueblos) hombres que trabajamos por
la realización inmediata y absoluta de los ideales de
América,—pueda yo parecer, en vez de justador
infortunado que trae aún lleno de sangre el peto,
roto el yelmo, y empapado de llanto la loriga—man-
cebo audaz que suelta al viento lengua lisonjera, para atraerse sin decoro, en esta recalada de su vida,
las simpatías que ha menester.—¡Oh! cómo se me
asusta mi palabra de que me la puedan tener, como
a quien corteja dama rica, por aduladora y mentiro-
sa! ¡Cómo se me resiste, toda medrosa y trémula a
salir como ella es, franca y ardiente, de los labios!
¡Con qué derecho —me dirán los hombres jóvenes—

en cuyas venas hierve todavía la sangre de aquellos
(hombres gigantes) jóvenes hombreados que ten-
dieron de un mar a otro mar, y de una sola carrera
del caballo el pabellón que los cobija,—con qué
derecho, me preguntarán los hombres jóvenes, vienes
a robarnos con tu palabra, el tiempo que emplearía-
mos mejor en revolotear, mariposas de la llama ena-
moradas, que si en la llama mueren, de su amor a
ella viven, —en torno de este búcaro de flores, de
cuyos cálices abiertos parecen surgir, como sobre
nacarados bustos, soles árabes?—¿Con qué derecho,
me preguntarán airados los ancianos,—sí es que
los hay en esta tierra, donde la pureza de costumbres
y la honradez de la familia, oponiendo escudo de
virtud a las lanzas del tiempo, da singular ternura
y limpidez, a rostros que debieran estar, como por
el arado la tierra, trabajados por los años—con qué
derecho, dizánme los ancianos, vienes a hurtarnos la
atención de estas gallardas criaturas, de cuyo fuego
hemos menester para encender el extinguido fuego
nuestro, de estos cisnes, de colores, de cuya pluma
suave necesitamos para dar cojín blando a nuestras
cansadas · cabezas? ¿Con qué derecho —me dirán
las damas,—vienes tú a nosotras, hombre triste y
escuálido, a desviar nuestros ojos del festín de la
juventud y de la vida, para traerlos a tus pálidos
dolores,—y a contener en nuestros labios finos las
palabras que vienen de los tuyos, esta palabra tierna y culta, desembarazada y discreta de la dama
de Caracas, con que, sobre su naturalísimo recato,
limpia frente, mano bondadosa y aire de singular
realeza que pone respeto y enamora, se distingue

de entre las damas de la tierra? Mas yo me vuelvo
y digo a los jóvenes que me han de entender; a los
ancianos que me han de compadecer; a las mujeres
que no me han de odiar: Con el derecho del honor
que, herido allá en mi pueblo, viene a éste (esta tierra) como en busca de su solar nativo y pueblo propio; con el derecho del asilo, que no ha de negar al
peregrino humilde ningún alma cristiana.—

Luché en mi patria, y fui vencido. Se sabe que al
poema de 1810 falta una estrofa, y yo, cuando sus
verdaderos poetas habían desaparecido, quise es-
cribirla. No me han arrancado, no me arrancarán la
pluma de las manos, pero la ha vuelto contra mi
pecho la fortuna, y se me ha clavado en el corazón,
que palpita ¡ay! en este instante mismo acelerado
con el recuerdo de aquellos que a compás suyo la-
tieron,—y ya han muerto. Quise hacer en aquel pueblo mío, que en defensa suya y en brazos de la gloria ha visto caer a hombres de este pueblo, quise
hacer una guerra amorosa, para impedir que se hiciese luego una guerra de hambre y de rencores que
manchan ¡ay! para muy largo tiempo lo que engendran. Pero los más altos propósitos,—y más mientras más altos,—ceden el paso a las más ruines pasiones que, como lagartos monstruosos, se atravie-
san en esa obligada sombra en que las revoluciones
se laboran, de lado a lado del ancho camino, y los
lagartos, hinchando el dorso, volcaron en la vía el
carro de gloria, en que iba ¡ay! una idea, que es ce-
leste señora, y pesa poco!—Mas en vez de tenderme
a la sombra de nuestras seibas aterradas, a llorar
sobre los manes de nuestros héroes. desdeño el llan-

to inútil, porque la obra ha de honrarlos más que el
llanto, y vengo con todo el brío de un dolor nuevo,
no a azuzar en hora inoportuna pasiones simpáti-
cas, no a sacar provecho, con femeniles clamores, de
nuestras patéticas desgracias, no a pasar con ojos
llorosos y melancólica apostura un dolor fácil en
el seno de un pueblo benévolo; a ofrecer vengo
nuestros dolores, como en el día del triunfo vendre-
mos a ofrecer en el altar del Padre Americano el
fruto de nuestra redención y el brillo y el honor de
nuestra historia.

Y como para todos los que del lado azul del
Atlántico nacimos, hay obra común y magnífica que
hacer, vengo a ofrecer, triste y dignamente, mis servicios a los hombres, a poner hombro en la obra.—
Hay que abrir ancho cauce a la vida continental,
que, ahogada en cada uno de n. pechos (nosotros)
nos inquieta y sofoca; hay que dar alas a todos estos gemidos,—empleo a nuestro genio desocupado,
que en desganarse el verso, vierte (pierde) las horas que pudiera (debiera) emplear en fecundárselo;
hay que sembrar de pobladores, como aquel par
creador de la hermosísima leyenda de Moriche, esas
selvas fragantes, que en espera de los labriegos, sus
esposos, llenaron sus brazos de robustos frutos;
(sembró de hombres las márgenes desiertas del Ori-
noco, esas selvas dormidas, que en espera de los labriegos, sus esposos, dejan del amplio seno al suelo
agradecido sus robustos frutos)—hay que devolver
al concierto humano interrumpido la voz americana,
que se heló en hora triste en la garganta de Netza-

hualcoyotl y Chilam; hay que deshelar, con el calor
de amor, montañas de hombres; hay que detener,
con súbito erguimiento, colosales codicias; hay que
extirpar, con mano inquebrantable, corruptas raíces; hay que armar los pacíficos ejércitos a que pa-
seen una misma bandera desde el Bravo undoso,
en cuya margen ginetea el apache indómito, hasta
el Arauco cuyas aguas templan la sed de los invic-
tos aborígenes; como si la arrogante América, debiera, por sus lados de tierra tener por límites, cómo
símbolo sereno, tribus desde ha 3 siglos no do-
madas, y por Oriente y Occidente, mares, sólo de
Dios y de las aves propias;—hay que trocar en
himno gigantesco, a cuyo acento abrasador los montes conmovidos se sacudan y echen por valles y
mesetas, como nuncios de alba, los pueblos en sus
antros refugiados, (desde ha centenares de años
echados por el temor a sus escondrijos y quebra-
das;—hay que trocar en himno gigantesco) esta cohorte gentil de estrofas lánguidas, desmayadas y
sueltas, y todas desmembradas, porque las unas no
se completan con las otras, que hoy vagan tristemente, pálidas como vírgenes estériles, por entre los
cipreses que sombrean el sepulcro caliente del pasado! ¿Y a dónde he de venir, sino a la tierra donde (en que), movidos por generoso (vigoroso) impulso e infatigable e indomable (y fiera y batalla-
dora) voluntad, todos estos altivos pensamientos
baten, con sus hermosas alas de águila la frente de
los hombres? Así, armado de amor, vengo a ocupar mi puesto en este aire sagrado, cargado de las
sales del mar libre y del espíritu potente e inspira-

dor de hombres egregios;—a pedir vengo a los hijos de Bolívar un puesto en la milicia de la paz.

Pues, para qué quisiera yo, haciendo abstracción absoluta de esas (por que por mí no cuenta) esas razones viles de odio que aun aplicado a la defensa empequeñecen (todo lo que engendran), para qué quisiera yo sobre esa natural vivacidad con que se sienten los pesares domésticos, sobre esa invitación a la actividad que surge de los ajenos dolores;—para qué quisiera yo ver a mi patria libre, sino (para que rematase nuestra obra, y acelerarse, con los destinos suyos, los destinos nuestros) para que, como navecilla elegante y mensajera de nuestras glorias saliese por esos mares fúlgidos al paso de los fatigados europeos, a decirles que para sus venerandas conquistas, nosotros tenemos colosal cima fragante; que sus dolores, esos grandes padres, sólo pueden fecundar (fructificar) en nuestra tierra, esta gran tierra; como ellos los del Arte, nosotros tenemos los monumentos de la Naturaleza; como ellos catedrales de piedra, nosotros catedrales de verdor; y cúpulas de árboles más vastos que sus cúpulas, y palmeras tan altas como sus torres,—y héroes, que a grabar los héroes en montañas, fueran más altas que sus héroes, y mujeres tan bellas como sus estatuas, y un sol de fuego y un amor de fuego que fecundan y doran y levantan los senos juveniles de la tierra.—Véola estrecha y larga, tendida con aquel suave verdor, umbroso (sombreado) a trechos, y a trechos atenuados por el sol,—serpear por el sereno golfo, con su velamen de ligeras nubes, flotando atados a aquellos altos mástiles que se llaman (mon-

tes de montañas) Pan de Matanzas, el Cobre y el
Turquino! Véola ya cargado el seno de los híbleos
frutos del pueblo colombiano, ir a cambiarlos por las
serenas ciencias y afanosas industrias del pueblo
de Yapheto y adelantar por sobre el agua blanda,
con indígena gracia al encuentro de los hombres de
tierras oscuras (fatigadas) que vienen a nosotros
enamorados del ardiente sol! Y véola ya, en aquella zona que parece por mano superior aderezada
para celebrar la fiesta de los pueblos, como son-
deando espiritualmente la tierra sobre el puente pintoresco, colgado de plátanos, salpicado de naranjos, alfombrado de flores la comunión colosal (por-
tentosa) venidera, en el seno de la Naturaleza re-
juvenecida de las civilizaciones (pueblos) más viejas y probadas en la historia radiante de los hombres:—Inmenso y grave beso de los mundos; cicló-
peo tálamo de donde surgirá al fin (ha de surgir),
asombrosa como hija de Cíclopes, gloria definitiva
de estas tierras (la verdadera y definitiva gloria
americana)!—Oh! cómo estas ideas acariciaban, allá
(nos halagaban a los esclavos antillanos, allá en los
días perpetuos de la infancia) en las (aquellas) horas de dulce ceguedad en que se cree en todo, y a
nadie se odia, y parece escasa toda la sangre de las
venas para verterla en beneficio de los hombres!
Como nos perdicábamos, (pálidos y entusiastas como mártires), en aquella isla florida, el Evangelio
que nos venía del continente grandioso: ¡cómo, mal
oculto entre el Lebrija, el Balmes, el Vallejo, leía-
mos amorosamente los volcánicos versos de Lozano!
Los periódicos que de estas tierras, ocultos (escon-

didos) como crímenes, llegaban a nosotros, cómo
eran buscados con afán, y leídos a coro, y guar-
dados con el alma (en la fantasía maravillada)!
La miel del plátano, a par que en los cálices de oro
que le creó Plácido vino a nuestros labios en esas
majestuosas y sonoras urnas en que la encerró Bello!—Y cuando no con menos estrépito que a la voz
de Nariño en Guisa cayeron con fragor alegre sobre los yugos rotos de las bestias echadas a los montes a ser sustento de los bravos, las cadenas de los
esclavos de Bayamo (dioses los yugos rotos de los
hombres),—como que reanimado nuestro gran muerto se estremecía, seguro ya de su final victoria, su
cárcel de oro y gualda; como que ese gigante (ese
coloso) que descansa con los brazos tendidos (con
las botas de campaña), como para protegerlos y
acariciarlos, sobre el río del monte del Oeste, y
sobre las corrientes torrentosas del Atlántico, recli-
naba al fin, como en almohada de hierro, digna de
ella, en nuestras trabas rotas, la espléndida cabeza!
   Oh! no! yo no tengo nada que fingir, ni nada
que exaltar, antes tengo que acallar para que no
parezcan lisonjas, que más que a quien las dice,
a quien las oye ofenden—este concierto de voces
amorosas que en presencia de tanta heroicidad (hecho) pasada, beldad presente, y gloria posible por
venir, golpean, ganosos de hallar salida de mis labios temerosos y rebeldes!—Brotan, brotan, por sobre las estrechas convenciones (mezquinas) de la
etiqueta del país nuevo (de la primicia),—brotan,
fundida esta brida de acero que quería yo poner
esta noche a mi palabra,—fundida al calor de tan-

tos ojos fulgurantes y tanto espíritu de hombre generoso (tanta alma gallarda y generosa), esta duda
de que hubiese yo querido inspirar esta noche a mi
palabra—brotan audaces e impacientes, estos tri-
butos de amor, que durante toda mi vida aglome-
rados, se me echan en esta noche en desbordado
tropel fuera del pecho. Parece que este era el sol
que convenía a mi espíritu, y que, echada en estos
vastos senos, mi alma triste, que como toda alma
vieja perennemente en busca de sí propia, se había
al fin hallado.—

Cuando huésped de extraño bajel—en que espan-
tado de tanta alma sola y pequeñez vestida de grandeza como en la República del Norte había obser-
vado, —no oía yo hablar más que esas descansadas
lenguas frías, riscosas e inflexibles;—y ví surgir en
sonora mañana a mis ojos hasta entonces tristes
(y desde entonces no más tristes) aquella costa serena de Pto. Cabello, con aquel bosquecillo hospitalario, y sus palmas gallardas, y sus limoneros amorosos que como símbolo de la Naturaleza que los
cría, rompían con su ramaje exuberante la tierra
que los ciñe; cuando ví que, como alegre enamorado
de la gentil Naturaleza, se echaba al mar con su
perfumado aire que nutre, con su regazo, henchido
de árboles, como dándose prisa a consolar a los
viajeros de las tierras frías de la soledad que los
carcomía, sentí como olas de amor que se me agi-
gantaban y ascendían dentro del pecho, y mis ner-
vios ateridos se tornaron ágiles, y ante la vida hermosa renació mi amor a la vida y tuve alegría febril de novio, como si en aquella luciente mañana

me desposara con la tierra. Me parecía el aire cargado de excitaciones y de voces; tendía la mano en
el vacío, como para estrechar manos queridas,—y
hablaba luengas cosas con seres que ya no oyen.—
Si mis ojos inquietos se posaban en su incesante
busca sobre un cerro, veíame ya, en noche clara,
como estos admirables días nocturnos que no son
noches, escalando, como los ágiles Caracas, el ás-
pero Calvario, hoy joya rica,—peña fecundada, como aquella bíblica,—regaladísimo retrete; y me ima-
ginaba que seguía las huellas del iracundo Tepa-
inca, y oía clamar, como asaeteado por los magu-
yes inclementes a aquel fiero y hercúleo y bravo
Macarao. Si al andar tropezaba con un árbol de
granado, imaginábame (veíame yo) a la sombra de
aquellos que en alas del buen aire del mar enviaban
sus mieles delicadas a los clásicos labios de Andrés
Bello; si caía en mis manos impacientes una hoja
impresa, si bien celebraba enamorado el saludable,
en todos sentidos saludable, olor a imprenta nueva—
luego de ver y celebrar el adelanto diario, que ya
en la tierra de Venezuela sigue la marcha audaz
del potro que embellece sus llanuras, imaginábame
(forjábame) que tenía en las (mis) manos una copia amarilla de aquel "Publicista" benemérito: si
envueltos más que en mis ropas, en las sombras, veía
salir (salían) de oscura puerta algunos (retrasa-
dos) visitantes, parecíame (era a mis ojos) que salían de casa de aquella ilustre dama de Padrón a
los Urdaes, los Toro, los Mantilla; buscaba la mano inquieta espoleada por la loca frente, espada y
lanza, sin hallar más (encontrar) en sus últimas he-

ridas más que amargura y desconsuelo: y transportado por alas ignoradas, y roído por águilas coléricas, vivía en tiempo ilustre de grandeza extraña, y me parecía que eran los montes, no espaldas arrugadas de la anciana tierra, sino pliegues del manto que debía en su hora de descanso cubrir aquellos colosales hombres.—

Y luego, cuando del puerto a acá venía dejando atrás a la animada Guayra, salvando en vulgar cochecillo, montes que por hombres más felices de más gloriosa manera habían salvado ¡qué ruidos apagaban los comunes ruidos! Como interiores aves aleteaban mis caros recuerdos; despertaban mis sueños de niño: (hallábame al fin en frente de mis amores perpétuos, y crecía); agitada por tantos combatientes la batalla de mi alma! Yo oía discutir en la capilla de San Francisco, al imponente Miranda, al enérgico Riscio, al temible Peña, a Domínguez, a Yáñez.—Y, al iluminar mares de luz de sol que iban y venían al capricho de las nubes, no eran mares de sol sino pliegues ondeando al viento de aquellas venturosas banderas que anunciaron en la plaza de Caracas la alborada de la vida nueva. Deslumbrados los ojos por el fulgor de fiesta de mi espíritu, parecíame ver surgir, de entre los pardos montes a aquel bravo canónigo del 19 de Abril,—y lo veía, radiante y magnífico, con la cabeza más alta que las cúspides,—tender la mano, como tomando posesión de pueblos y de valles,—y decir, iluminado por nunca visto fuego el rostro altivo; "sí! la pido, la pido en nombre de la justicia y de la patria". Imposibles ya a mi mente las imágenes diarias de la

vida,—no bien desaparecía la nube de polvo, que
es en los caminos, más que estorbo para el viandan-
te, señal de vida de la tierra porque anoche fingía-
me ver a un hombre joven echar con ademán resuelto sobre el cuello de un caballo cubierto de espuma las riendas inútiles, y tocar a las puertas del
Ejecutivo, para anunciarle, con el amanecer del día,
el amanecer de la victoria!—y como las olas del polvo amarillo iban y venían, parecíame que venían en
ellas aquellos vengadores jinetes de Araure donde
caen sobre los desbandados enemigos que van a dar
muertos de espanto y de fatiga, en (1), y aquellos
otros caballos que descargaron en San Carlos su
dorso de hombres entre las espantadas (aterradas)
filas del tenaz Izquierdo. Parecíame (de súbito)
aquel polvo al de la horrenda ruina y veía desplo-
marse a la señorial Caracas, a la gentil Barquisi-
meto, a aquella Guayra que detrás dejaba a Mérida,
(la espalda a México florido); lamentos como con
alas salían de entre las piedras de San Jacinto, que
se abrían y teñido en sangre veía un pilar enhiesto,
(mis versos de fuego) por entre las grietas de la
hambrienta tierra (rota) senos de fuego, y rastrean-
do por aquellos muros, cual si se propusiese desde
lo más alto de la catástrofe retar a la Naturaleza,
veía al fin a nuestro Padre común, enjuto el rostro
de ira, crispada la elegante mano, como para empi-
nar en ella el fuego de la tierra;—que no parece sino para que tan alta criatura fuese dada a luz, hubiera sido necesario que la tierra sufriera extraor-

---

(1) Palabra ininteligible.

dinario dolor de alumbramiento. Parecíame respirar
embriagante aire de batalla, como si todavía no hubiesen llegado a sus cuarteles de descanso los jinetes de Bolívar o como si aquellas olas espesas y
flotantes átomos fueran la natural nube de polvo
que debió levantar, al caer al suelo, n. terrible manto de cadenas.

2

Palabras en la Sociedad Literaria Hispanoamericana
de Nueva York, sobre Santiago Pérez Triana

Me siento como ungido, y este honor, en nadie
hubiese podido recaer mejor que en quien recae por
ser él persona distinguidísima. Este honor recae en
quien debe porque al celebrar a D. S. P., (1) no sólo
celebramos sus méritos propios, como proféticos y
patriarcales.

Hay en la tierra de Colombia algo como aquello
de que hablé yo aquí una noche, celebrando dos bellas improvisaciones de Pérez Triana y Calderón,
sobria la de Calderón, rica la de Pérez Triana, y
cada una con algo de la otra: hay allá, como en todas partes, aunque en pocas en tanto grado, por ser
en pocas tan grande y varia la riqueza, una fuerza
literaria original y nativa, y un vuelo como el de sus
aves, y una altura como la de sus montes, y una
coloración como la de sus árboles, y una novedad
como la de su naturaleza, que se ve en lo que desde
el principio, desde las cárceles de la colonia, pro-

(1) Abreviatura de Don Santiago Pérez (Triana).

dujeran sus hijos, en la gracia de Trelles, en el colorido de Piedrahita, en los (1) de San Nicolás, en la misma pasión angélica de la Madre Castillo. Por aquellas tierras hay tal jugo y poder que cuando sembraban cadetes, salían Bolívares; y cuando sembraban seminaristas, salían Zeas, coronados de ciencia; salía Restrepo, protegiendo con su cuerpo la razón desnuda, salían envuelto en la Declaración de los Drs. del Hombre como en fuego salía Nariño. Así es la tierra. Sembraban Marciales, Persios y Salustios, y sucedió que desde hace más de un siglo, adelantada Colombia en ésto como en todo, propuso bravamente, y aún puso en práctica, la reforma contra el latín, que empieza ahora a triunfar en lo más culto de Europa y en esta parte de América. Porque en desdeñar el bien material, o posponerlo a las cosas del espíritu hemos sido hasta ahora tan pródigos que nos íbamos quedando demasiado atrás del mundo; pero en batallar por nuestras ideas, en postergarlo todo al obrar político, en amasar la libertad con sangre, en obrar alto, en pensar hondo (2) nos ha hecho el vigía y el cantor, y la nave mensajera, y la hija póstuma, y la lección viva para que con lo que en nosotros ve América hoy nos preste oídos a aquellos de sus hijos que por el amor poético al viejo solar acaso pretendieran, abofeteando a sus padres en la tumba, reemplazar la libertad feliz que la naturaleza les impone y el paso que han dado hacia la luz del mundo con las prácticas ho-

(1) Hay varias palabras ininteligibles.
(2) Idem.

micidas de los tiempos que en sus ojos la cegaron!

No es esta noche de fiesta, de fiesta de fundación en que es ley que paguemos tributo de respeto los hispanoamericanos a nuestros fundadores, noche propia para analizar, como urge analizar para evitar males muy próximos, los elementos de que nuestra América se compone, y ve si convendrá más fundirlos, desenvolverlos, y cruzarlos conforme a su naturaleza y cualidades.

Sembraron claustros, y nacieron tertulias eutropélicas: criaron a las mujeres para monjas, y bajo la presidencia de una mujer celebraba sus reuniones la famosa tertulia del Buen Gusto; una mujer notable en quien se mostró toda la flor de su tierra; y ésto, y el recordar que nuestro huésped no ha venido a esta tierra por sí solo, sino con los encantos de su vida, me hace pensar en que nuestro homenaje no sería completo si no hiciéremos con lo mejor de nuestra voluntad un ramo como de lirios, y lo dejáramos en manos del anciano meritorio para que lo ponga a los pies de las dueñas de su casa, que son dueñas nuestras.

De aquella época de mujeres benditas y de hombres evangélicos arrancan los que luego han ido creando como familias literarias, donde el vigor de la cepa fué tal que no se pierde en los vástagos, sino va fortaleciendo con el jugo de la tierra bien sembrada, como esas generaciones de Restrepos, de Pombos, de Caicedos, de Camachos, de Caros, de Quijanos. Mucho lucen en la literatura colombiana, y con luz mayor, estos ricos ingenios, mas el de nuestro huésped es tal que nada pierde en su compañía, sino que se sienta como padre, y aún como hermano entre ellos. El ha bregado, desde que se sintió la luz de la palabra, del lado de la luz. El ha ayudado a echar abajo lo viejo—prefiriendo, como se debe preferir, que lo podrido se corrompa hasta desaparecer, a permitir que su corrupción entre como componente del cuerpo nuevo. El ha tenido las pasiones y ha librado los combates, siempre en primera fila y a pecho descubierto, de su país y de su época. El peleó la batalla romántica del teatro con su Jacobo Morlay y su Castillo de Berkeley: él habla en prosa como senador constante y como poeta tiene en su lira cuerdas varias, la del ingenio para dar los días a Dolores, la de la ternura en el buen hijo de Virginia, la de la Contemplación de la noche con el mar, y en su poema Leonor, la de la historia; con reflejos de luz y suavidad de lágrimas. Y ahora que entra en el reposo bien ganado escribe, como por el espíritu del país, que se apega a los que nacen en él, como escribían los indios de antes, como si esculpiera, como si no escribiese en el papel, que perece, sino en la piedra, que perdura. Nuestro huésped de esta noche escribe en mármoles.

A mí me causa siempre regocijo leerlo, ya en verso o en prosa. Lo que escribe, inspirado y triste, a veces como el mohan del muisca, otros arrebatado e impaciente, cuando la mocedad literaria, por la piafante y espumosa literatura de aquel tiempo, cuando se criaba más la juventud con la viña de Francia que con la empolvada y enjuta de Roma y

de Grecia; pero ya desde entonces, amigo de la proporción y de la sinceridad y dueño enérgico de la
dote suprema en el arte de escribir, que es la de
ajustar la forma al pensamiento, de modo que si
falta alguna palabra de lo escrito falte etc, algo
esencial a la idea, y del arte de pensar, que es ver
las ideas en globo y por entero, desde la raíz hasta
la fruta, o una tela de la cáscara, o una hoja, como
lo ven los pensadores de pocos más o menos. En él
no pudo mucho el zorrillismo ni el hugoismo, ni pertenece a ésta ni aquella escuela, ni sigue, de público
o de secreto, a tal escritor que lo admira, a tal pos-
tura de orador, a tal gracia de prosista feliz, sino que
lleva su escuela en sí propio, y escribe como quien
es, como quien viene de la naturaleza y se fortifica
con su contemplación y estudio. La honradez no es
menos necesaria en literatura que en las demás ocupaciones del espíritu. Lo que no es honrado en literatura, como en todo, al fin perece. La literatura
de nuestro huésped tiene esa suprema condición:
honrada.

El no es como tantos otros, arcáico ni huguesco,
que son los dos delitos por donde los que hablamos
español en América pecamos, alatinando los unos la
expresión e inflándola los otros, tanto que unas veces, entre los que padecen de latinomanía no se ve
el pensamiento, si lo hay, de puro retorcido entre
Plinio y Tertuliano, y en otros tampoco se ve, porque
lo cubren de hojas, o lo estiran a pujo de palabre-
ría, de modo que es como los globos, que se vienen
a tierra de un alfilerazo.

El es de los que para América quieren lo que
América da, y le haga bien por ser suyo y venir de
ella propiamente sin admiraciones pueriles de lo ajeno, sobre todo cuando es hostil, ni de lo añejo y
probado de malo, porque esto es como entretenerse
cuando aún no se ha salido bien de un tósigo, en
infiltrárselo otra vez con esmero en las venas, a pico
de ortografía, y a agujadas de latines. La lengua
de D. S. P. (1) no es así, sino legítima y propia de
América, con toda la lozanía del buen pensar, donde
el lenguaje sigue a la idea, como la túnica de lino
de los indios etc., donde nota a veces como el aleteo
fuerte del cóndor que vuela por los Andes y adorna el escudo de su patria, donde como en su propia
tierra, se eleva en las alturas, con todo el oro y música de la naturaleza en las regiones templadas, el
laurel de hojas recias y bruñidas, rodeado de bosques de palmeros y de olorosas musáceas.

Este es nuestro huésped, y nos honramos honrán-
dolo, sea bienvenido el anciano que no se ha cansado de fundar; el hombre de letras que no se ha
llenado de imitaciones; el americano que quiere a
América americana, no madrileña o rubia, el Presidente que cuando bajó la silla del poder miró a su
alma y no encontró otra silla digna de él que la silla
humilde y santa del Maestro.

---

(1)   Abreviatura de Don Santiago Pérez (Triana).

DE *LA AMERICA*, NUEVA YORK

(1)

EDUCACION

(1) Estos trabajos, que ofrecen un cuadro exacto de cómo Martí estudiaba cuanto podía contribuir al progreso y bienestar de los pueblos de *Nuestra América*, y que salieron en *La América*, "revista mensual de industria, comercio y agricultura e intereses generales hispano-americanos", publicados en Nueva York, y de la cual Martí fué en un tiempo redactor y director, fueron reproducidos por Félix Lizaso en un tomo titulado: *Artículos desconocidos de José Martí.* Colección Cubana de Libros y Documentos Inéditos o Raros, dirigida por Fernando Ortiz. Vol. 7. La Habana. 1930.

A Aprender en las Haciendas

Nuestras tierras feracísimas, ricas en todo género de cultivos, dan poco fruto y menos de lo que debían por los sistemas rutinarios y añejos de arar, sembrar y recoger que aun privan en nuestros países y por el uso de instrumentos ruines.

Surge de esto una necesidad inmediata: hay que introducir en nuestras tierras los instrumentos nuevos; hay que enseñar a nuestros agricultores los métodos probados con que en los mismos frutos logran los de otros pueblos resultados pasmosos.

¿Qué valla quedará en pie, qué competencia no será vencida, qué rivales mantendrán sus fueros cuando los instrumentos modernos, y las mejores prácticas ya en curso, fecunden las comarcas americanas? Buenos Aires sabe de esto, Buenos Aires que está sacando cada mes de estos puertos cuatro o seis buques cargados de instrumentos de agricultura.

Mas ni todos nuestros pueblos gozan de la misma próspera condición que el de la Plata, ni en todos es posible la introducción cuantiosa de los nuevos y, por el tiempo y labor que ahorran generosos aperos de labrar; ni la mera introducción de ellos en tierras no preparadas para recibirlos y ha-

cerlos útiles, basta a cambiar como por magia, el
estado rudimentario de nuestros cultivos.

Ni se tienen en todas partes los capitales importantes que la compra de nuevos aprestos de cultivo
necesitan; ni es suficiente que se entren por las tierras los instrumentos si no entra con ellos quien los
maneje y acondicione el suelo para aprovecharlos;
ni aun con los especiales halagos que las Exposiciones brindan, se atreven siempre los fabricantes
de ellos a enviar sus productos a pueblos donde te-
men que la venta no compense los costos del envío.

Si los intrumentos no van, pues, es preciso venir
a buscarlos.

Pero ya lo dijimos: aun cuando los instrumentos
vayan, no van con ellos las nuevas prácticas agrícolas que los hacen fecundos. Esto no se aprende
o se aprende mal, en libros. Esto no puede exhi-
birse en las Exposiciones. Esto, sólo en parte, y
con grandísimo dispendio, podría enseñarse en las
Escuelas de Agricultura. Hay que venir a aprender esto donde está en pleno ejercicio y curso práctico. Se manda —locamente acaso— a los niños
hispano-americanos, a colegios de fama de esta tierra, a que truequen la lengua que saben mal por la
extraña que nunca aprenden bien; y a que —en el
conflicto de la civilización infantil, pero delicada
que viene con ellos—, y la civilización viril, pero
brusca, peculiar y extraña que aquí les espera—
salgan con la mente confusa y llena de recuerdos
de lo que trajeron y reflejos imperfectos de lo nuevo que ven, inhábiles acaso ya para la vida espontánea, ardiente y exquisita de nuestros países, y

todavía inhábiles para la rápida, arremolinada, arrebatada existencia de esta tierra. Los árboles de un clima no crecen en otro, sino raquíticos, descoloridos, deformes y enfermos.

Pues así como se manda a los niños de Hispano-América a aprender lo que en sus tierras, por elementales que sean, aprenderían mejor, con riesgo de perder aquel aroma de la tierra propia que da perpetuo encanto y natural y saludable atmósfera a la vida; así como se sirve en oficinas de comercio, a adquirir tras largos años un puñado de prácticas vulgares que caben en una cáscara de nuez, y que se aprenden de igual modo en la casa propia, sin perder lo que se pierde, siempre en la ajena, así sin tanto riesgo y con mayor provecho, deben enviar los Gobiernos a agricultores ya entendidos; y los padres, a los hijos, a quienes quieran hacer beneficio verdadero con enseñarle en el cultivo de la tierra la única fuente absolutamente honrada de riqueza; y los hacendados, a hombres capaces de llevar luego a sus haciendas las mejoras que en las de acá vean, a estudiar la agricultura nueva en los cultivos prósperos, a vivir durante la época de una a varias cosechas en las haciendas donde se siguen los sistemas recientes, a adquirir en todos sus detalles, sin lo que no es fructífero, el conocimiento personal y directo de las ventajas de los métodos e instrumentos modernos.

Urge cultivar nuestras tierras del modo con que cultivan las suyas nuestros rivales.

Estos modos de cultivo no viajan.

Hay que venir a aprenderlos, puesto el ancho

sombrero y la blusa holgada del labrador, al pie de
las labranzas.

Es acaso el único medio fácil, fecundo y perfecto
de importar en nuestros países las nuevas prácticas
agrícolas.

Se mandan aprendices a los talleres de maquinaria, en lo que se hace bien: mándese, en lo que
se hará mejor, aprendices a las haciendas.

La América. Nueva York, agosto, 1883.

2

EDUCACION CIENTIFICA.

¿Cómo no hemos de ver con placer que aquello
porque *La América* desde hace meses aboga, está
siendo hoy confirmado por la calurosa discusión y
especial atención de los más notables periódicos de
Industria, Mecánica y Comercio de los Estados Unidos? Se han hecho dos campos: en el uno, maltre-
chos y poco numerosos, se atrincheran los hombres
acomodados y tranquilos, seguros de goces nobles y
plácidos, que les dan derecho de amar fervientemen-
te el Griego y el Latín; en el otro, tumultuosos y
ardientes limpian las armas los hombres nuevos, que
están ahora en medio de la brega por la vida, y
tropiezan por todas partes con los obstáculos que la
educación vieja en un mundo nuevo acumula en su
camino, y tienen hijos, y ven a lo que viene, y quieren libertar a los suyos de los azares de venir a tra-

bajar en los talleres del siglo XX con los útiles rudimentarios e imperfectos del siglo XVI.

De todas partes se eleva un clamor, no bien definido acaso, ni reducido a proposiciones concretas, pero ya alto, imponente y unánime; de todas partes se pide urgentemente la educación científica. No saben cómo ha de darse; pero todos convienen en que es imprescindible, e improrrogable, que se dé. No hallan remedio al mal todavía, pero ya todos saben donde reside el mal, y están buscando con vehemente diligencia el remedio.

Bradstreets, el más acreditado y sesudo periódico de Hacienda y Comercio que New York publica; *Mechanics*, el más leído por los que se dedican a las artes del hierro; *The Iron Age*, "La Edad de Hierro", excelente revista de los intereses mecánicos y metalúrgicos de los Estados Unidos, abogan en este mes de agosto con vivísimo empeño porque se haga de manera que llegue a ser general, común, vulgar, la educación técnica. El orador en una fiesta de Universidad, de esas muy animadas con que los colegios celebran en junio su apertura de cursos, dijo, con palabras que han recorrido entre aplausos toda la nación, algo semejante a esto: en vez de Homero, Haeckel; en vez de griego, alemán; en vez de artes metafísicas, artes físicas.

Y esta demanda es hoy como palabra de pase, y contraseña de la época, en todo diario bueno y notable revista. Se sabe un hecho, que basta a decidir la contienda: de cada cien criminales encerrados en las cárceles, noventa no han recibido educación práctica. Y es natural: la tierra, llena de go-

ces, enciende el apetito. Y el que no ha aprendido
en una época que sólo paga bien los conocimientos
prácticos, artes prácticas que le produzcan lo necesario para satisfacer sus apetitos, en tiempos suntuosos fácilmente excitados,—o lucha heroica e in-
fructuosamente, y muere triste, si es honrado; o se
descorazona, y mata, si es débil, o busca modo de
satisfacer sus deseos, si éstos son más fuertes que
su concepto de virtud, en el fraude y en el crimen.

Mal pelean los reclutas novicios en las batallas
contra los veteranos aguerridos: quien ha de batallar, ha de aprender muy de antemano, y con suma perfección, el ejercicio de las armas.

Se siente la necesidad, pero no se da aun con el
remedio. Ya Inglaterra ha nombrado sus Comisionados Reales para el estudio de la educación técnica y ha establecido muy fructuosas escuelas científicas; pero que haya escuelas buenas donde se
pueda ir a aprender ciencia, no es lo que ha de ser.
Que se trueque de escolástico en científico el espíritu de la educación; que los cursos de enseñanza
pública sean preparados y graduados de manera que
desde la enseñanza primaria hasta la final y titular,
la educación pública vaya desenvolviendo, sin mer-
ma de los elementos espirituales, todos aquéllos que
se requieren para la aplicación inmediata de las
fuerzas del hombre a las de la naturaleza.—Divor-
ciar el hombre de la tierra, es un atentado mons-
truoso. Y eso es meramente escolástico: ese divorcio.—A las aves, alas; a los peces, aletas; a los
hombres que viven en la Naturaleza, el conocimiento de la Naturaleza: esas son sus alas.

Y el medio único de ponérselas es hacer de modo que el elemento científico sea como el hueso del sistema de educación pública.

Que la enseñanza científica vaya, como la savia en los árboles, de la raíz al tope de la educación pública.—Que la enseñanza elemental sea ya elementalmente científica: que en vez de la historia de Josué, se enseñe la de la formación de la tierra.

Esto piden los hombres a voces:—armas para la batalla!

La América. Nueva York, septiembre. 1883.

3

ESCUELA DE MECANICA

Para que aprendan pequeñas artes de oficina, y la ciencia de un dependiente de comercio, que cabe en un grano de anís,—no parece natural que se saque a los jóvenes de nuestras tierras de América de bajo el ala paterna, a correr calles, desamar la patria, y habituarse a vivir sin ella en la ajena, que no lo ama ni prohija.—De la América española no se debe venir para eso, que es fútil y pernicioso, a la América del Norte; pero a aprender cultivos en las haciendas, como abriendo propaganda nunca iniciada, decíamos en nuestro número anterior; a aprender mecánica en los talleres; a aprender, a la par que hábitos dignos y enaltecedores de trabajo, el manejo de las fuerzas reales y permanentes de la naturaleza, que aseguran al hombre que lo conoce un sustento permanente y real, a eso sí se debe venir a los Estados Unidos.

Por esto llamamos la atención sobre una compañía de San Luis, "The Excelsior Manufacturing Co.", que educa bien a aprendices mecánicos. Merece ser conocida. En nuestros países ha de hacerse una revolución radical en la educación, si no se les quiere ver siempre, como aun se ve ahora a algunos, irregulares, atrofiados y deformes, como el monstruo de Horacio: colosal la cabeza, inmenso el corazón, arrastrando los pies flojos, secos y casi en hueso los brazos. Contra Teología, Física; contra Retórica, Mecánica; contra preceptos de Lógica, —que el rigor, consistencia y trabazón de las artes enseña mejor que los degenerados y confusos textos de pensar de las escuelas,—preceptos agrícolas.—Como quien señala, pues, una vía, señalamos la Compañía Excelsior de San Luis. Ni por la resistencia que oponen a los aprendices los obreros crecidos, temerosos de quedarse sin trabajo, es cosa fácil hallar hoy talleres donde sean recibidos de buena voluntad, y enseñados cumplidamente, los jóvenes aprendices.

En la Compañía Excelsior todos los trabajos son hechos por los aprendices. Cuantos jóvenes desean aprender el arte de la fundición, son recibidos en la fábrica, con tal que posean la necesaria robustez. Como los que viven lejos de sus padres suelen gustar demasiado de los privilegios vulgares y costosos de andar sueltos, la fábrica prefiere a los que viven con sus padres, o tienen quien cuide de ellos. Los que aun no tienen bastante edad, entran en el aprendizaje regular; los que la tienen ya, se obligan por contrato a trabajar en la fábrica durante tres años. A cada aprendiz nuevo lo ponen a trabajar al lado de uno adelantado ya en el ramo que el nuevo va a aprender, lo que auxilia grandemente las explicaciones teóricas y prácticas de los instructores. Los instructores son allí un cuerpo perfecto, regido por un Superintendente, que encabeza y ordena este departamento de maestros, y cuida de la buena enseñanza y trato de los aprendices. Si a las dos semanas ha demostrado el principiante buenas condiciones, ya lo colocan entre los trabajadores regulares, con cuyo contacto entra de lleno en la febril y saludable actividad del trabajo de estas grandes fábricas, cuyo asombroso movimiento, que produce al principio asombro, llena luego a los que viven en él, de confianza y osadía.—El espectáculo de lo grande templa el espíritu para la producción de lo grande.

Si a las ocho semanas se notan en el aprendiz las mismas buenas disposiciones, ya empiezan a encomendarle pequeños trabajos, y a pagarle por ellos. Como la fábrica desea, y necesita, que los aprendices, se conviertan pronto en buenos mecánicos, es regla muy cuidada que en todo se facilite, y en nada se estorbe o demore, la educación del aprendiz. El instructor está obligado a satisfacer sin demora y extensamente cuantas consultas le haga el principiante, cuyos progresos van siendo anotados como en nuestras escuelas públicas, por el maestro, y sometidos al Superintendente, capacitado así para premiar con distinciones y aumento de salario a los aprendices aventajados.

En este cuadro de notas de cada instructor, algo semejante a las hojas de servicios de los militares, hay cinco diversas columnas, en cada una de las cuales va una nota. En la columna "Puntualidad" se apunta el número de veces que el alumno ha faltado a su labor. En la columna "Adelantos", cuyas notas se basan en el examen de los trabajos por el aprendiz, se registran los méritos progresivos de su obra. En otra columna va la nota de conducta. En otra, si cuida o no bien de sus instrumentos. Y en otra, si cuida bien de los modelos y del espacio del taller que está a su cargo. El aprendiz que alcanza el número 1 en cada columna, es sobresaliente. El que al cabo de seis u ocho semanas no ha alcanzado el tipo medio, tres a cuatro, es despedido y reemplazado por otro que pueda ser más apto.

La fábrica exige especialísimamente la puntualidad en los alumnos. Quiere que el trabajo sea para ellos, no una carga, sino una naturaleza: que el día que no trabajen se sientan solos, descontentos y como culpables. Cada semana se examinan y califican los trabajos: y cuentan que es hermoso ver como se celan, y noblemente rivalizan, los aprendices por hacer el trabajo mejor.

De 18 a 19 años cuentan casi todos los aprendices de la fábrica, aunque los hay de 16.

En cuanto a salarios, la fábrica no abusa; paga cuatro pesos y medio por semana a los principiantes, y cinco y seis después, hasta que, como generalmente sucede al cabo de dos meses, puedan hacer ya piezas, que les valen una paga mayor. Y los libros de la Compañía muestran que hay muchos de aquellos aprendices que al cabo de siete meses producen tal y tan buena cantidad de trabajo como el más antiguo fundidor. Maestros buenos, vigor de juventud, estímulo y acumulación de enseñanza hacen el milagro.

Y por esta clase de talleres, donde la tarea es ruda, y la mayor dificultad vencida, deben pasar todos los que aspiren a una sólida educación mecánica.

La América. Nueva York, septiembre, 1883.

4

ESCUELA DE ELECTRICIDAD

Al mundo nuevo corresponde la Universidad nueva.

A nuevas ciencias que todo lo invaden, reforman y minan nuevas cátedras.

Es criminal el divorcio entre la educación que se recibe en una época, y la época.

Educar es depositar en cada hombre toda la obra humana que le ha antecedido: es hacer a cada hombre resumen del mundo viviente, hasta el día en que vive: es ponerlo a nivel de su tiempo, para que flote sobre él, y no dejarlo debajo de su tiempo, con lo que no podrá salir a flote; es preparar al hombre para la vida.

En tiempos teológicos, universidad teológica. En tiempos científicos, universidad científica. Pues ¿qué es ver una cosa, y no saber que es? Con agrupar silogismos "Baralicton", y declamar "Quosque tandem" no quedan los hombres habilitados para marchar, mundo arriba, a par de estos caballeros de la nueva usanza, que montan en máquinas de vapor, y llevan como astas de sus lanzas un haz de luz eléctrica.

Para tales campañas, escuelas de luz eléctrica se necesitan.

Cuando los pensadores se dan a pensar en la capacidad del adelanto permanente y real,—que es cosa distinta del brillante, postizo y pasajero,—de cada pueblo, y en la relativa solidez y fuerza medular de las naciones de la tierra, Inglaterra les asombra. Ella domina los mares. Ella vierte por el mundo, desde sus rocas carboníferas semiexhaustas, barcadas colosales de baratos y útiles productos. Ella va del mundo viejo al nuevo con paso más seguro que pueblo alguno vivo. Ella fabrica cuchillos y recita clásicos. Con hacer el arte industrial, y la industria artística, esparce el amor por la belleza, que es mejorar hombres. Así como una habitación espaciosa invita a la majestad, un objeto bello invita a la cultura. El alma tiene su aire: y lo echan de sí los objetos bellos.

Inglaterra, prudente y activa, que no vocea, anda. Y al pie de cada descubrimiento, funda una escuela.

Londres, Cambridge, Liverpool, Bristol, Nottingham, Glasgow tienen de tiempo ha en sus universi-

dades cursos especiales para la enseñanza minu-
ciosa y práctica de los nuevos agentes físicos, y los
aparatos que los utilizan. Viena, Munich, Berlín,
San Petersburgo, todas han establecido ya cursos
semejantes. ¡No todos hacen oficios de cerrar sus
puertas a la luz que viene!

Pueblos hay de murciélagos, y buena copia de
murciélagos en todo pueblo, que viven de la sombra,
y son reyes de ella; mas a esta luz hermosa, que
traspasa muros, es en vano cerrarle las puertas!

Y no está la reforma completa en añadir cursos
aislados de enseñanza científica a las universidades
literarias; sino en crear universidades científicas, sin
derribar por eso jamás las literarias; en llevar el
amor a lo útil, y la abominación de lo inútil, a las
escuelas de letras; en enseñar todos los aspectos
del pensamiento humano en cada problema, y no
—con lo que se comete alevosa traición,—un solo
aspecto;—en llevar solidez científica, solemnidad artística, majestad y precisión arquitecturales a la Literatura. ¡Sólo tales letras fueran dignas de tales
hombres!

La literatura de nuestros tiempos es ineficaz, porque no es la expresión de nuestros tiempos. ¡Ya
no es Velleda, que guía a las batallas; sino especie
de Aspasia!

Hay que llevar sangre nueva a la Literatura.

Estas que hemos venido llamando universidades
científicas empiezan a ser llamadas en Europa "escuelas técnicas".

Darmstadt tiene una perfecta, de la que se sale
graduado en toda ciencia nueva,—no a llevar, como

de tantas universidades nuestras, existencia de abogado pica-pleitos o de trovadores esquinados, ¡mísero destino de grandísimas almas! sino a ocupar con natural derecho de productores útiles un asiento en nuestra edad creadora.

Para ser recompensado, se necesita ser útil.

Y a esta buena escuela técnica de Darmstadt se ha agregado ahora una sub-escuela electro-técnica. Qué se enseña en ella, lo que va diciendo el nombre: ciencias eléctricas. En cuatro años se saldrá de ella maestro. Emplearán los alumnos los dos años primeros en estudiar en la escuela matriz ciencias naturales y matemáticas. Y en los dos años restantes, que pasarán entre cuanto aparato y máquina eléctrica existe y vaya existiendo, aprenderán, en doctrina y en aplicación, tanto cuanto importa saber sobre el agente nuevo.

¿Quiere leerse el programa de la nueva escuela? Los nombres mismos serán desconocidos para hombres que gozan esparcida fama de ilustrados: ni los nombres sabemos de las fuerzas que actúan en nuestro mundo!

He aquí el programa:

"Magnetismo y electro-dinámica.

Máquinas magneto y dinamo-eléctricas: transporte de la fuerza.

Alumbrado eléctrico.

Principios de telegrafía y la telefonía.

Teoría del potencial con aplicación especial a la ciencia de la electricidad.

Señales eléctricas para caminos de hierro.

Caminos de hierro eléctricos aéreos.

Práctica electro-técnica; trabajos galvánicos, determinaciones de diferencias de potencial; de fuerzas de corrientes y de resistencias.

Lámparas de arco e incandescentes.

Investigaciones sobre los cables.

Determinaciones del trabajo trasmitido por los motores a las máquinas eléctricas.

Investigaciones fotométricas.

Y esas no son más que las materias del primer ejercicio del programa.—¡Tales parecemos viajeros perdidos en un bosque inmenso—por tantos otros hombres habitados!

La América. Nueva York, noviembre, 1883.

5

ESCUELA DE ARTES Y OFICIOS

Nicaragua acaba de festejar bien el aniversario de su independencia: en él abrió una Escuela de Artes y Oficios. Ya Guatemala tiene la suya. El Salvador, va a tenerla. Chile anda buscando modelos para una. La de Montevideo, da celos a las mismas de Europa.

Las Escuelas de Artes y Oficios ayudan a resolver el problema humano, que se establece ahora con datos nuevos, desde que van faltando aquellos árboles antiguos, Monarquía e Iglesia, bajo cuyas ramas tenían cómoda vida tantos hombres. Ya, ni cortesanos, ni frailes. Los tiempos están revueltos; los hombres están despiertos, y cada cual ha de labrarse con sus manos propias la silla en que se sienta al festín de la Fortuna. Ya no hay aquellas clases estables y hechas por donde se entraban las vidas como por cauces abiertos; ya no hay legiones de descalzos mendicantes; ni colmenares de pretendientes,—¡aunque de éstos aun hay!; ni regimientos de caballeros de matar, hurtar damas y servir; ni manadas de lacayos.

Ya cada hombre, al nacer, puede ver cómo flota sobre su cabeza una corona: a él, el ceñírsela. A los pueblos previsores, el poner los medios del coronamiento al alcance de estos nuevos ejércitos de reyes.

Un oficio o un arte, sobre traer al país donde se profesa el honor de la habilidad de los que en ellos sobresalen; sobre dar a los que los estudian conocimientos prácticos de utilidad especialísima en pueblos semi-descubiertos, casi vírgenes; sobre asegurar a los que lo poseen, por ser constante el consumo de lo que producen una existencia holgada;— es sostén firmísimo, por cuanto afirma la independencia personal, de la dignidad pública.

La felicidad general de un pueblo descansa en la independencia individual de sus habitantes.

Una nación libre es el resultado de sus pobladores libres.

De hombres que no pueden vivir por sí, sino apegados a un caudillo que los favorece, usa y mal usa, no se hacen pueblos respetables y duraderos.

Quien quiera nación viva, ayude a establecer las cosas de su patria de manera que cada hombre pueda labrarse en un trabajo activo y aplicable una situación personal independiente.

Que cada hombre aprenda a hacer algo de lo que necesiten los demás.

La América. Nueva York, noviembre, 1883.

6

TRABAJO MANUAL EN LAS ESCUELAS

Acaban de presentar informe de sus trabajos en el año anterior los colegios de agricultura de los Estados Unidos, y se ve de todos ellos que no son tanto las leyes teóricas del cultivo las que en estas escuelas se enseñan, como el conocimiento y manejo directo de la tierra, que da de primera mano y claramente, y con amenidad inimitable, las lecciones que siempre salen confusas de libros y maestros.

Ventajas físicas, mentales y morales vienen del trabajo manual.—Y ese hábito del método, contrapeso saludable en nuestras tierras sobre todo, de la vehemencia, inquietud y extravío en que nos tiene, con sus acicates de oro, la imaginación. El hombre crece con el trabajo que sale de sus manos. Es fácil ver como se depaupera, y envilece a las pocas generaciones, la gente ociosa, hasta que son meras vejiguillas de barro, con extremidades finas, que cubren de perfumes suaves y de botines de charol; mientras que el que debe su bienestar a su trabajo, o ha ocupado su vida en crear y transformar fuerzas, y en emplear las propias, tiene el ojo alegre,

la palabra pintoresca y profunda, las espaldas anchas, y la mano segura. Se ve que son esos los
que hacen el mundo: y engrandecidos, sin saberlo
acaso, por el ejercicio de su poder de creación, tienen cierto aire de gigantes dichosos, e inspiran ternura y respeto. Más, más cien veces que entrar en
un templo, mueve el alma el entrar, en una madru-
gadita de este frío de febrero, en uno de los carros
que llevan de los barrios pobres a las fábricas artesanos de vestidos tiznados, rostro sano y curtido
y manos montuosas,—donde, ya a aquella hora brilla un periódico.—He ahí un gran sacerdote, un sacerdote vivo: el trabajador.

El Director de la Escuela de Agricultura de Mi-
chigan defiende calurosamente las ventajas del trabajo manual en las Escuelas. Para el Director Ab-
bott, no hay virtud agrícola a que no ayude el trabajo manual en la Escuela. El cultivador necesita
conocer la naturaleza, las enfermedades, los caprichos, las travesuras mismas de las plantas para dirigir el cultivo de modo de aprovechar las fuerzas
vegetales, y evitar sus extravíos. Necesita enamo-
rarse de su labor, y encontrarla, como es, más noble que otra alguna, aunque no sea más que porque
permite el ejercicio más directo de la mente, y pro-
porciona con sus resultados pingües y constantes
una renta fija y libre que permite al hombre vivir
con decoro e independencia. ¡Oh! a oir nuestro voto, junto a cada cuna de hispano-americano se pondría un cantero de tierra y una azada.—Necesita el
agricultor además conocer de una manera íntima, en
sus efectos y modo de obrar, las ciencias que hoy

ayudan y aceleran los cultivos. Y como la naturaleza es ruda, como todo lo verdaderamente amante,
el cultivador ha menester de salud recia que el sol
no acalore y no refleje la lluvia, lo cual sólo con habituarse a ésta y aquél puede conseguirse.

Con el trabajo manual en la Escuela, el agricultor
va aprendiendo a hacer lo que ha de hacer más
tarde en campo propio; se encariña con sus descubrimientos de las terquedades o curiosidades de la
tierra como un padre con sus hijos; se aficiona a sus
terruños que cuida, conoce, deja en reposo, alimenta y cura, tal y de muy semejante manera, como a
su enfermo se aficiona un médico. Y como ve que
para trabajar inteligentemente el campo, se necesita
ciencia varia y no sencilla, y a veces profunda, pierde todo desdén por una labor que le permite ser
al mismo tiempo que creador, lo cual alegra el alma
y la levanta, un hombre culto, diestro en libros y
digno de su tiempo. Está el secreto del bienestar en
evitar todo conflicto entre las aspiraciones y las ocupaciones.

Páginas se llenarían con la enumeración de las
ventajas de este trabajo manual en las Escuelas de
Agricultura, que demuestra el informe.

Y para que el trabajo de los estudiantes de agricultura sea doblemente útil, no lo aplican sólo en las
Escuelas al laboreo de la tierra por los métodos ya
conocidos, sino a la prueba de todas las reformas
que la experiencia o la invención van sugiriendo:
con lo que las Escuelas de Agricultura vienen a ser
grandes benefactores de las gentes de campo, a quien
dan la reforma ya probada, y evitan arriesgar las

sumas y perder el tiempo que el experimentarla por
cuenta propia les hubiera costado. Y con esto, además, la mente del alumno se mantiene viva y con-
trae el hábito saludable de desear, examinar y poner en práctica lo nuevo. Hoy, con la colosal afluen-
cia de hombres inteligentes y ansiosos en todos los
caminos de la vida, quien quiera vivir no puede
sentarse a descansar y dejar en reposo una hora
sola el bordón del viaje: que cuando lo quiere levantar y tomar la ruta de nuevo, ya el bordón es roca.
Nunca, nunca fué más grande ni más pintoresco el
universo. Sólo que cuesta trabajo entenderlo y ponerse a su nivel: por lo que muchos prefieren decir
de él mal, y desvanecerse en quejas. Trabajar es
mejor, y procurar comprender la maravilla,—y ayudar a acabarla.

En una escuela, la de North Carolina, han ana-
lizado los abonos, los minerales, las aguas minerales, las aguas potables, el poder germinador de las
semillas, la acción de diferentes sustancias químicas
en ellas, y la de los insectos sobre las plantas.

En general, los trabajos prácticos de las Escuelas se dirigen al estudio y mejora de los granos y
tubérculos alimenticios; a la aplicación de los varios y mejores métodos de preparar el terreno, sembrar y cosechar; a la comparación de los abonos diversos y creación de otros, al modo de alimentar bien
los animales, y las plantas, y de regar y de preservar
los bosques.

Tienen además cursos en que los alumnos aprenden las artes mecánicas, no del modo imperfecto y
aislado, en que de soslayo y por casualidad llega

a saber un poco de ellos el agricultor atento y ha-
bilidoso, sino con plan y sistema, de modo que unos
conocimientos vayan completando a otros, y como
saliendo éstos de aquéllos. La mente es como las
ruedas de los carros, y como la palabra: se enciende con el ejercicio, y corre más ligera. Cuando se
estudia por un buen plan, da gozo ver como los datos más diversos se asemejan y agrupan, y de los
más varios asuntos surgen, tendiendo a una idea común alta y central, las mismas ideas.—Si tuviera
tiempo el hombre para estudiar cuanto ven sus ojos
y él anhela, llegaría al conocimiento de una idea sola y suma, sonreiría, y reposaría.

Esta educación directa y sana: esta aplicación de
la inteligencia que inquiere a la naturaleza que responde; este empleo despreocupado y sereno de la
mente en la investigación de todo lo que salta a ella,
la estimula y le da modos de vida; este pleno y
equilibrado ejercicio del hombre, de manera, que
sea como de sí mismo puede ser, y no como los demás
ya fueron; esta educación natural, quisiéramos para
todos los países nuevos de la América.

Y detrás de cada escuela un taller agrícola, a la
lluvia y al sol, donde cada estudiante sembrase su
árbol.

De textos secos, y meramente lineales, no nacen,
no, las frutas de la vida.

La América. Nueva York. febrero. 1884.

7

Maestros Ambulantes

"¿Pero cómo establecería usted ese sistema de
maestros ambulantes de que en libro alguno de educación hemos visto menciones, y usted aconseja en
uno de los números de *La América*, del año pasado
que tengo a la vista?"—Esto se sirve preguntarnos
un entusiasta caballero de Santo Domingo.

Le diremos en breve que la cosa importa, y no la
forma en que se haga.

Hay un cúmulo de verdades esenciales que caben en el ala de un colibrí, y son, sin embargo, la
clave de la paz pública, la elevación espiritual y la
grandeza patria.

Es necesario mantener a los hombres en el conocimiento de la tierra y en el de la perdurabilidad y
trascendencia de la vida.

Los hombres han de vivir en el goce pacífico, natural e inevitable de la Libertad, como viven en el
goce del aire y de la luz.

Está condenado a morir un pueblo en que no se
desenvuelven por igual la afición a la riqueza y el
conocimiento de la dulcedumbre, necesidad y pla-
ceres de la vida.

Los hombres necesitan conocer la composición,
fecundación, transformaciones y aplicaciones de los

elementos materiales de cuyo laboreo les viene la saludable arrogancia del que trabaja directamente en la naturaleza, el vigor del cuerpo que resulta del contacto con las fuerzas de la tierra, y la fortuna honesta y segura que produce su cultivo.

Los hombres necesitan quien les mueva a menudo la compasión en el pecho, y las lágrimas en los ojos, y les haga el supremo bien de sentirse generosos: que por maravillosa compensación de la naturaleza aquel que se da, crece; y el que se replega en sí, y vive de pequeños goces, y teme partirlos con los demás, y sólo piensa avariciosamente en beneficiar sus apetitos, se va trocando de hombre en soledad, y lleva en el pecho todas las canas del invierno, y llega a ser por dentro, y a parecer por fuera,—insecto.

Los hombres crecen, crecen físicamente, de una manera visible crecen, cuando aprenden algo, cuando entran a poseer algo, y cuando han hecho algún bien.

Sólo los necios hablan de desdichas, o los egoístas. La felicidad existe sobre la tierra; y se la conquista con el ejercicio prudente de la razón, el conocimiento de la armonía del universo, y la práctica constante de la generosidad. El que la busque en otra parte, no la hallará: que después de haber gustado todas las copas de la vida, sólo en esas se encuentra sabor.—Es leyenda de tierras de Hispano-América que en el fondo de las tazas antiguas estaba pintado un Cristo, por lo que cuando apuran una, dicen: "¡Hasta verte, Cristo mío!" Pues en el fondo de aquellas copas se abre un cielo sereno, fragante, interminable, rebosante de ternura!

Ser bueno es el único modo de ser dichoso.

Ser culto es el único modo de ser libre.

Pero, en lo común de la naturaleza humana, se necesita ser próspero para ser bueno.

Y el único camino abierto a la prosperidad constante y fácil es el de conocer, cultivar y aprovechar los elementos inagotables e infatigables de la naturaleza. La naturaleza no tiene celos, como los hombres. No tiene odios, ni miedo como los obreros. No cierra el paso a nadie, porque no teme de nadie. Los hombres siempre necesitarán de los productos de la naturaleza. Y como en cada región sólo se dan determinados productos, siempre se mantendrá su cambio activo, que asegura a todos los pueblos la comodidad y la riqueza.

No hay, pues, que emprender ahora cruzada para reconquistar el Santo Sepulcro. Jesús no murió en Palestina, sino que está vivo en cada hombre. La mayor parte de los hombres ha pasado dormida sobre la tierra. Comieron y bebieron; pero no supieron de sí. La cruzada se ha de emprender ahora para revelar a los hombres su propia naturaleza, y para darles, con el conocimiento de la ciencia llana y práctica, la independencia personal que fortalece la bondad y fomenta el decoro y el orgullo de ser criatura amable y cosa viviente en el magno universo.

He ahí, pues, lo que han de llevar los maestros por los campos. No sólo explicaciones agrícolas e instrumentos mecánicos; sino la ternura, que hace tanta falta y tanto bien a los hombres.

El campesino no puede dejar su trabajo para ir a

sendas millas a ver figuras geométricas incomprensibles, y aprender los cabos y los ríos de las penínsulas del Africa, y proveerse de vacíos términos didácticos. Los hijos de los campesinos no pueden apartarse leguas enteras días tras días de la estancia paterna para ir a aprender declinaciones latinas y divisiones abreviadas. Y los campesinos, sin embargo, son la mejor masa nacional, y la más sana y jugosa, porque recibe de cerca y de lleno los efluvios y la amable correspondencia de la tierra, en cuyo trato viven. Las ciudades son la mente de las naciones; pero su corazón, donde se agolpa, y de donde se reparte la sangre, está en los campos. Los hombres son todavía máquinas de comer, y relicarios de preocupaciones. Es necesario hacer de cada hombre una antorcha.

¡Pues nada menos proponemos que la religión nueva y los sacerdotes nuevos! ¡Nada menos vamos pintando que las misiones con que comenzará a esparcir pronto su religión la época nueva! El mundo está de cambio; y las púrpuras y las casullas, necesarias en los tiempos místicos del hombre, están tendidas en el lecho de la agonía. La religión no ha desaparecido, sino que se ha transformado. Por encima del desconsuelo en que sume a los observadores el estudio de los detalles y evolvimiento despacioso de la historia humana, se ve que los hombres crecen, y que ya tienen andada la mitad de la escala de Jacob: ¡qué hermosas poesías tiene la Biblia! Si acurrucado en una cumbre se echan los ojos de repente por sobre la marcha humana, se verá que jamás se amaron tanto los pue-

blos como se aman ahora, y que a pesar del doloroso desbarajuste y abominable egoismo en que la
ausencia momentánea de creencias finales y fe en
la verdad de lo Eterno trae a los habitantes de
esta época transitoria, jamás preocupó como hoy a
los seres humanos la benevolencia y el ímpetu de
expansión que ahora abrasa a todos los hombres.
Se han puesto en pie, como amigos que sabían uno
de otro, y deseaban conocerse; y marchan todos
mutuamente a un dichoso encuentro.

Andamos sobre las olas, y rebotamos y rodamos
con ellas; por lo que no vemos, ni aturdidos del
golpe nos detenemos a examinar, las fuerzas que
las mueven. Pero cuando se serene este mar, puede asegurarse que las estrellas quedarán más cerca
de la tierra. El hombre envainará al fin en el sol su
espada de batalla!

Eso que va dicho es lo que pondríamos como alma de los maestros ambulantes. ¡Qué júbilo el de
los campesinos, cuando viesen llegar, de tiempo en
tiempo, al hombre bueno que les enseña lo que no
saben, y con las efusiones de un trato expansivo
les deja en el espíritu la quietud y elevación que
quedan siempre de ver a un hombre amante y sano!
En vez de crías y cosechas se hablaría de vez en
cuando, hasta que al fin se estuviese hablando siempre de lo que el maestro enseñó, de la máquina curiosa que trajo, del modo sencillo de cultivar la
planta que ellos con tanto trabajo venían explotan-

do, de lo grande y bueno que es el maestro, y de cuando vendrá, que ya les corre prisa, para preguntarle lo que con ese agrandamiento incesante de la mente puesta a pensar, les ha ido ocurriendo desde que empezaron a saber algo! ¡Con qué alegría no irían todos a guarecerse dejando palas y azadones, a la tienda de campaña, llena de curiosidades, del maestro!

Cursos dilatados, claro es que no se podrían hacer; pero sí, bien estudiadas por los propagadores, podrían esparcirse e impregnarse las ideas gérmenes. Podría abrirse el apetito del saber. Se daría el ímpetu.

Y esta sería una invasión dulce, hecha de acuerdo con lo que tiene de bajo e interesado el alma humana; porque como el maestro les enseñaría con modo suave cosas prácticas y provechosas, se les iría por gusto propio sin esfuerzo infiltrando una ciencia que comienza por halagar y servir su interés;—que quien intente mejorar al hombre no ha de prescindir de sus malas pasiones, sino contarlas como factor importantísimo, y ver de no obrar contra ellas, sino con ellas.

No enviaríamos pedagogos por los campos, sino conversadores. Dómines no enviaríamos, sino gente instruida que fuera respondiendo a las dudas que los ignorantes les presentasen o las preguntas que tuviesen preparadas para cuando vinieran, y observando donde se cometían errores de cultivo o se desconocían riquezas explotables, para que revelasen éstas y demostraran aquéllos, con el remedio al pie de la demostración.

En suma, se necesita abrir una campaña de ternura y de ciencia, y crear para ella un cuerpo, que no existe, de maestros misioneros.

La escuela ambulante es la única que puede remediar la ignorancia campesina.

Y en campos como en ciudades, urge sustituir al conocimiento indirecto y estéril de los libros, el conocimiento directo y fecundo de la naturaleza.

Urge abrir escuelas normales de maestros prácticos, para regarlos luego por valles, montes y rincones, como cuentan los indios del Amazonas que para crear a los hombres y a las mujeres, regó por toda la tierra las semillas de la palma moriche el Padre Amalivaca!

Se pierde el tiempo en la enseñanza elemental literaria, y se crean pueblos de aspiradores perniciosos y vacíos. El sol no es más necesario que el establecimiento de la enseñanza - elemental científica.

La América. Nueva York, mayo de 1884.

DE *LA AMERICA*, NUEVA YORK
AGRICULTURA

LA AMERICA GRANDE

Se entreve la América Grande; se sienten las voces alegres de los trabajadores; se nota un simultáneo movimiento, como si las cajas de nuevos tambores llamasen a magnífica batalla. Salen los barcos cargados de arados: vuelven cargado de trigo. Los que antes compraban tal fruto en mercados extranjeros, hoy envían a ellos el fruto sobrante.

Se opera en silencio una revolución formidable. Sale de lo común el número de máquinas agrícolas que de los Estados Unidos están yendo, buque tras buque, a los países de la América del Sur. No sale buque que no las lleve. Buenos Aires acaba de hacer abundante provisión de maquinaria de cosechar; Uruguay no le va en zaga.

Calcúlase que Uruguay tiene por cada 500 hombres una trilladora; y en estos últimos años, estímase que han entrado en el país diez y siete mil arados de acero. De que están ocupados, no hay duda: ¡qué alba, el día que toda esa labor fecunda salga a flote! He ahí la garantía de la paz para todos nuestros pueblos: la posesión agrícola. El guerreador de oficio halla cerradas las puertas del agricultor próspero; así como en los pueblos desocupados, el agricultor sin ocupación ni porvenir se true-

ca en guerreador de oficio: los espíritus más ardientes y fecundos, que, puestos a trabajar la tierra,
le sabrían sacar maravillosos frutos, se van a logro
fácil y brillante que los combates y las contiendas
políticas prometen.

Ya se espera con gozo la obra imponente de esos
diez y siete mil arados de acero que rompen ahora
las fértiles tierras uruguayas. La vid crece allí de
manera, y dan tan ricas uvas, que, con poca labor
de vinería, van a obtenerse sólidos y gratos vinos.

Pero el resultado primero de esta invasión magnífica de los arados, ha sido éste: el Uruguay impor-
taba antes toda su harina de trigo de este país: y
ahora, produce en casa toda la que consume, y
manda el sobrante afuera. El dinero que a otros
pagaba, queda ahora en su bolsa, o le es pagado.

A los niños debiera enseñárseles a leer en esta
frase:

La agricultura es la única fuente constante, cierta y enteramente pura de riqueza.

La América. Nueva York, agosto de 1883.

2

Abono.—La sangre es buen abono

En agricultura, como en todo, preparar bien ahorra tiempo, desengaños y riesgos. La verdadera medicina no es la que cura, sino la que precave: la
Higiene es la verdadera medicina. Más que recom-
poner los miembros deshechos del que cae rebotan-

do por un despeñadero,—vale indicar el modo de
apartarse de él. Se dan clases de Geografía Antigua, de reglas de Retórica y de antañerías semejantes en los colegios: pues en su lugar deberían darse
cátedras de salud, consejos de Higiene, consejos
prácticos, enseñanza clara y sencilla del cuerpo humano, sus elementos, sus funciones, los modos de
ajustar aquéllos a éstas, y ceñir éstas a aquellos, y
economizar las fuerzas, y dirigirlas bien, para que
no haya después que repararlas. Y lo que falta no
es ansia de aprender en los discípulos: lo que falta
es un cuerpo de maestros capaces de enseñar los
elementos siquiera de las ciencias indispensables en
este mundo nuevo. No basta ya, no, para enseñar,
saber dar con el puntero en las ciudades de los ma-
pas, ni resolver reglas de tres ni de interés, ni re-
citar de coro las pruebas de la redondez de la tierra, ni ahilar con fortuna un romancillo en Escuela
de sacerdotes Escolapios, ni saber esa desnuda Historia cronológica inútil y falsa, que se obliga a aprender en nuestras Universidades y colegios. Naturaleza y composición de la tierra, y sus cultivos; Aplicaciones industriales de los productos de la tierra;
Elementos naturales y ciencias que obran sobre ellos
o pueden contribuir a desarrollarlos: he ahí lo que
en forma elemental, en llano lenguaje, y con demos-
traciones prácticas debiera enseñarse, con gran reducción del programa añejo, que hace a los hombres
pedantes, inútiles, en las mismas escuelas primarias.

Alzamos esta bandera y no la dejamos caer.—
La enseñanza primaria tiene que ser científica.

El mundo nuevo requiere la escuela nueva.

Es necesario sustituir al espíritu literario de la educación, el espíritu científico.

Debe ajustarse un programa nuevo de educación, que empieza en la escuela de primeras letras y acabe en una Universidad brillante, útil, en acuerdo con los tiempos, estado y aspiraciones de los países en que enseña: una Universidad, que sea para los hombres de ahora aquella alma madre que en tiempos de Dantes y Virgilios preparaba a sus estudiantes a las artes de letras, debates de Teología y argucias legales, que daban entonces a los hombres, por no saber aun de cosa mejor, prosperidad y empleo.

Como quien se quita un manto y se pone otro, es necesario poner de lado la Universidad antigua, y alzar la nueva.

A esas reflexiones nos ha llevado, por no poderse dejar de decir lo que se cree útil cuando asoma a la pluma,—aquella primera que hicimos sobre la necesidad de estudiar esmeradamente los abonos.

Quien abona bien su tierra, trabaja menos, tiene tierra para más tiempo, y gana más.

En abono, como en todo, la superstición acarrea males. No hay que creer que todo abono que se recomienda es bueno, porque cada puñado de tierra tiene su constitución propia, y acaso lo que conviene a la Martinica, no estará bien en la Isla de Trinidad.

Y como de abonar la tierra con ciertas substancias suelen venir males irreparables, no debe el agricultor, sin probarlo bien antes en un pequeño espa-

cio de terreno, decidirse a usar de un abono desconocido en sus cultivos.

Ahora se recomienda mucho la sangre como abono. Y como es novedad que va logrando crédito,
La América cuida de decir lo que sabe de ella a sus
lectores.

Ya en julio hablamos de esto.

¿Por qué ya que por ser la sangre tan preciosa
no es este abono de que puedan servirse los agricultores todos, no han de aprovecharse los que puedan del fertilizante excelente que todas nuestras
ciudades han dejado hasta ahora perdido en sus mataderos públicos? Puede ir a flor y a fruto lo que
hasta ahora ha ido a estancamiento y a miasma.

No es preciso regar con sangre pura la tierra; sino
que, luego de tener ésta bien arada, basta regarla
con mezcla de agua y sangre, si es que no se quiere llevar la misma mezcla por las fosas de abono,
o mezclar la sangre con tierra, poniendo por cada
seis o siete partes de ésta una de sangre.

Al maíz le está muy bien este abono, como a casi
todas las plantas que sirven de alimento en nuestra
América. Los frijoles aprovechan mucho de este
abono; y los chícharos, los garbanzos y las papas,
tanto como ellos.

Hay que estar, sin embargo, en guarda contra
un riesgo que puede venir del uso inmoderado o
torpe de este abono. El riesgo es sencillo de evitar,
puesto que con no poner más de una parte de sangre por cada seis de tierra, o una porción equivalen-
te cuando se la usa en agua, ya se consigue que la
tierra no tenga en grado excesivo el fecundo calor

que da este abono. Si se pone demasiada sangre, consume y a veces quema las raíces y los retoños.

Como que en donde más abunda la sangre, y más se pierde, es en los mataderos públicos, el consejo más eficaz es el que indica el modo de aprovecharla. Este consiste en amasar, con sangre y cal en la proporción de un 32 por 100 al peso de la sangre, una mezcla que se convierte a poco en un albuminato de cal indisoluble.

Hay aquí, pues, una ventaja para los agricultores—y una industria nueva, de posible y provechoso comercio.

La América. Nueva York, agosto, 1883.

3

MEXICO SIEMBRA SU VALLE

Sucede a los pueblos como a los hombres: son locamente pródigos en la juventud de las fuerzas cuyo valor entienden y por cuya reparación suspiran en la madurez. Repoblar los bosques está siendo para España cuestión vital, que trae preocupados, muchos años hace, a aquellos inteligentes ingenieros forestales que estudiaron a la sombra del recio castillo de Fernando en la alegre Villaviciosa. México, aparentemente tan sobrado aun de bosques, atiende con afán a repoblar de arboledas frondosas, que ayudarán al cultivo, y harán más salubres los enfermizos pueblos del contorno, el hoy más rico en paisajes solemnes, que pinta muy bien

Velasco, que en bosques y siembras,—el señorial valle de México.

Dice el *Financier*, periódico americano que suele estar bien enterado de estas cosas, que el Gobierno mexicano, a quien animan sin duda propósitos serios y definidos de mejora patria, ha celebrado un contrato para la plantación de dos millones de árboles en el valle de México. Dentro de cuatro años que comienzan en marzo del que viene, debe quedar la siembra hecha.

Importa a nuestros Gobiernos y a nuestros agricultores una breve noticia del contrato:

Cada año, en los lugares que el Gobierno designe, plantará el contratista 500,000 árboles. En los varios semilleros que el contratista se obliga a establecer y cuidar, habrá determinado número de cada una de las clases de árbol de que ha de quedar cubierto el valle. Cada plantación tendrá como de 50 a 100,000 árboles, y el contratista se obliga a mantenerlos por dos años después de sembrados.

Otras cosas excelentes tiene el contrato. Una de ellas es que a cada uno de los semilleros irán cada año tres alumnos graduados de la Escuela de Agricultura a aprender, podando, injertando y escarbando, la ciencia forestal. Otra es, que el contratista mantendrá semilleros de árboles frutales y plantas adaptables al clima y útiles, que se distribuirán gratuitamente entre los que la soliciten.

Curioso item del documento es este, y muy celebrable; el contratista se obliga a traducir cada año, durante cinco consecutivos. una buena obra alemana

de arboricultura. Y como el Gobierno de Alemania
goza fama merecida de mirar paternalmente por el
esplendor y crecimiento de los bosques de la tierra,
y tiene para ello y hace cumplir, muy sabias leyes,
también traducirá el contratista todas las leyes alemanas que se refieren al modo de preservar de ta-
las salvajes o decaimientos ruinosos los bosques y
montañas.

Por todo lo cual el contratista recibirá del Gobierno mexicano $200,000.

Viene a cuento republicar aquí, porque se vea
cuan grande es la importancia de los arbolados, lo
que sobre ellos dice el autor de una Memoria recientemente escrita para empeñar a algunos prohom-
bres en el cultivo de ese ventajosísimo y gallardo árbol, el *Eucalyptus Gigantesco*.

Dice así, con razón, don Balbino Cortés:

"En todos los países la ciencia agronómica ha hecho comprender la gran importancia que tiene la
repoblación del arbolado, no sólo urgentísima bajo
el punto de vista de la salubridad, puesto que es sabido que modifica las condiciones climatológicas;
sino por los beneficios que reporta el capital em-
pleado por los particulares en dicha repoblación.

Si la plantación de árboles cuesta bastante, cierto es, que cuando están crecidos dan frutos, resina, corteza y después madera y leña cuando se cortan, todo lo cual paga con exceso el sacrificio que
se hizo para criarlos, siendo un gasto reproductivo.

Ellos hacían en otros tiempos fertilísimas y saludables regiones enteras, que hoy vuélvense estériles e insalubres, y en otras donde la facilidad de

los riesgos en los ardientes veranos constituían una perenne fuente de riqueza, ya se ven disminuir y a veces secarse antiquísimos manantiales, al propio tiempo que los ríos y torrentes desbordados truecan en un momento algunas de nuestras más pingües y fértiles comarcas en áridos arenales.

Las masas de árboles favorecen las lluvias, dan humedad al aire, evitan que la tomen de las plantas agrícolas y las agosten; sujetan las tierras y las aguas, evitan los hundimientos, los arrastres, las inundaciones y los torrentes; dan frescura al suelo y permiten así que crezcan buenos pastos; forman abrigos en las regiones meridionales para preservar los cereales del viento solano o levante en el periodo crítico de la granazón; son, en una palabra, los árboles, además de un gran elemento de riqueza, los mejores amigos de la agricultura y de la ganadería".

La América. Nueva York, agosto, 1883.

4

CONGRESO FORESTAL

He aquí una cuestión vital para la prosperidad de nuestras tierras, y el mantenimiento de nuestra riqueza agrícola. Muchos no se fijan en ella, porque no ven el daño inmediato. Pero quien piensa para el público, tiene el deber de ver en lo futuro, y de señalar peligros. Mejor es evitar la enfermedad que curarla. La medicina verdadera es la que precave.

La cuestión vital de que hablamos es ésta: la conservación de los bosques, donde existen; el mejoramiento de ellos, donde existen mal; su creación, donde no existen.

Comarca sin árboles, es pobre. Ciudad sin árboles, es malsana. Terreno sin árboles, llama poca lluvia y da frutos violentos. Y cuando se tienen buenas maderas, no hay que hacer como los herederos locos de grandes fortunas, que como no las amasaron, no saben calcular cuando acaban, y las echan al río; hay que cuidar de reponer las maderas que se cortan, para que la herencia quede siempre en flor; y los frutos del país solicitados, y éste señalado como buen país productor.

Es moda, aunque vulgar e injusta, pensar que lo que no hace un pueblo práctico, o que goza fama de tal no es práctico. Y las verdades suben de punto, cuando, luego de haberlas dicho labios latinos, las repiten labios norteamericanos.

La América, que sabe cuan cruel y locamente se cortan en los países hispanoamericanos sus magníficos bosques de maderas ricas; que ve como, a pesar de una que otra ley desobedecida o mal cumplida, casi en parte alguna resiembran lo que arrancan, sin pensar que, como en algunos lugares acontece, las maderas son la única riqueza de la comarca; La América, que ha venido aconsejando el cuidado y resiembra de los bosques, y acaba de celebrar a México por ello, ve ahora con gozo que como ella piensa el Congreso Forestal Americano.

reunido recientemente en el Estado de Minessota.

Tal importancia se da a este asunto, que para estudiarlo bien, y resolver en él con prudencia, se ha reunido, y no por la primera vez, un Congreso.

Preocupa a los hombres cuerdos congregados en la ciudad de San Pablo, el alarmante decaimiento de la riqueza forestal en los Estados Unidos, que adscriben a la tala brutal y avariciosa de los especuladores, que no ven que la fortuna rápida que hoy acumulan criminalmente, y a expensas de la fortuna pública, arrebata a la nación una fuente de riqueza permanente, no tanto por la esencial que traen en sí los bosques de buenas maderas cuanto por la protección y amparo que dan los bosques a las comarcas agrícolas.

Se quejan los diputados al Congreso de la falta de Academias Forestales, que enseñen a cultivadores instruidos el modo de cuidar y resembrar los bosques.

Y como es inútil señalar el mal, lo cual es tarea fácil que a todos se alcanza, si no se da aparejado el remedio, lo cual ya no se alcanza a tantos, los del Congreso recomiendan el establecimiento de estaciones forestales para experimentación; acuerdan rogar calurosamente a las Legislaturas de los diversos Estados que sin demora funden estas estaciones, y busquen modo de hacer saber el peligro que se corre con el corte desordenado de los árboles; y desean que en las nuevas estaciones se imite el plan de la de Ohio, que está dando excelentes resultados.

Solicita además el Congreso la creación de un

centro forestal de experimentación en los colegios de agricultura, y pide que, como guardianes de la prosperidad pública, se nombre un cierto número de comisionados que atienda de una manera especial y directa el cuidado de los bosques.

La América. Nueva York, septiembre, 1883.

5

PLANTACION DE LA VID

Nuestra América, apenas lo quiera, producirá buenos vinos. Por qué los californianos no son mejores, es difícil de explicar; paradoja parece, pero es cierto; los productos tienen las condiciones del hombre que nace en la tierra en que aquéllos se crían: y el hombre, en pago, tiene las condiciones de los productos entre los cuales nace, y de los cuales se nutre. Para vid buena, espíritu caliente y sol brillante. Casi no hay país de Hispano-América que no esté poniendo especial atención al cultivo de la vid. Chile y Perú dan vinos, ya no malos; de la frontera del Norte, van a México unos vinillos suaves y rojizos que auguran una excelente industria. Guatemala se enorgullece con razón de sus uvas de Salamá, que parecen ciruelas de las famosas de Fontainebleau. Montevideo tiene comarcas enteras, plantadas de cepas. En Buenos Aires, allá en los confines de Bolivia, ya hemos dicho en *La América* que cunde la afición al cultivo de la vid.

Vino, a todos gusta. Los franceses, tan industriosos y útiles, suelen volverse de nuestros países a Francia, porque hechos al vinillo retozón o al vinazo azul que los alegra y alimenta, no pueden habituarse a vivir donde no hay vino, o lo hay muy caro. Y los mismos que no hemos nacido en Francia, entendemos sin dificultad este culto pagado a las generosas uvas. Hay en la vid algo del espíritu del hombre. Los alcoholes abominables agobian y embrutecen. El vino, sano y discreto, repara las fuerzas perdidas.

Y no haya miedo en emprender en América este cultivo. Su uso está ya bastante generalizado en nuestros países para que no esté asegurado el consumo de cuantos vinos produzcamos, apenas comencemos a prepararlos bien. Hay que educar la uva, y que aprender a hacer vinos corteses y ligeros.

La América. Nueva York, septiembre, 1883.

DE *LA AMERICA*, NUEVA YORK

EXPOSICIONES

1

Exposicion de Electricidad

Edouard Fournier, que fué a la par escritor de
Francia muy galano, buscador infatigable de hechos
olvidados, halló singulares analogías entre las cosas de ciencia que pasan ahora plaza de nuevas, y
otras de antaño olvidadas de las que las nuestras
no son más que como hallazgo y renuevo.—*Le Vieux
Neuf* se llama el libro de Edouard Fournier, que no
ha de faltar en mesa alguna de hombre pensador.
La ciencia del espíritu, menos perfeccionada que las
demás por estar formada de leyes más ocultas y
hechos menos visibles, ha de construirse sobre el
descubrimiento, clasificación y codificación de los
hechos espirituales. Para estudiar las posibilidades
de la vida futura de los hombres, es necesario dominar el conocimiento de las realidades de su vida
pasada. Del progreso humano se habla tanto, que
a poco más va a parecer vulgaridad hablar de él.
No se puede predecir cómo progresará el hombre,
sin conocer cómo ha progresado. Aquel buen libro
de Fournier, cuyo saber vasto y pintoresco envidió
tanto Balzac, muestra, con tantos otros libros, que
en todos tiempos, al aparecer el hombre en la vida, ha aparecido con todas e iguales armas, y que
esta ansia de saber, a veces coronada, que consume

y engrandece a los hombres de ahora, consumió y engrandeció y solió coronar a los de antaño.

Pero en época alguna, por no haber vivido aun bastante los hombres para ser dueños completos de sí, y por no haber transcurrido aún tiempo suficiente para acumular todos los hechos que la ciencia prudente necesita como base, han sacado los hombres de sí propios tanto empuje, tanto afán, tal movilidad, aptitud de analizar hechos aislados, poder de clasificarlos y capacidad de deducir leyes de ellos. El siglo XVIII fundó la Libertad: el siglo XIX fundará la Ciencia. Así no se ha roto el orden natural: y la Ciencia vino después de la Libertad, que es madre de todo.

Los hombres parecen estatuas de oro que juegan con fango. Tienen celos unos de otros, y con el ruido que hacen sus querellas, no se oyen las voces pacíficas del ejército de sabios. Pero éstos crecen, como el sonido en la onda del aire, y van llenando ya toda la tierra. Será el día de la paz, hija última, y todavía no nacida, de la Libertad.

Años hace, la electricidad era fuerza rebelde, destructora y confusa. Hoy obedece al hombre, como caballo domado. De lo que hace decenas de años era apenas grupo oscuro de hechos sueltos, se hace ahora muchedumbre de familias de hechos, cada cual con campo y tienda propios, que tienen aires ya de pueblo y ciencia. Ya no basta a los descubridores del elemento nuevo la Exposición de Sydenham, ni la de Munich, ni la de París, que fué tan brillante, ni la de Londres, que lo está siendo hoy. Ya anuncian para agosto de este año la Exposición nueva. Será en Viena, la ciudad del Prater, paseo vasto y solemne, donde de un lado envuelven la tierra las brumas alemanas, y cuanto de místico y fantástico viene con ellas, —y de otro haces de luz del mediodía, que llenan las venas de chispas de fuego y espíritus alados.—Será en Viena, ciudad de hombres corteses, y mujeres esbeltas y mágicas.

Se averigua tanto, se acumula cada nuevo día tanto hecho nuevo, dan de sí tanta luz los hechos cuando se acumulan—como cuando chocan espadas bien templadas,—que los investigadores de las maravillas de la Electricidad auguran buen éxito a la Exposición de agosto, que durará hasta el 31 de octubre. Habrá menos celos que en la de París, porque no habrá premios: y no querellarán tan ásperamente sobre la propiedad de uno y otro descubrimiento norteamericanos y franceses. No habrá jurado, como no lo hubo en Munich; una comisión de hombres de ciencia hará experimentos con los inventos presentados, y extenderá certificados de los resultados obtenidos. Así, pues, el premio irá en el hecho, y no en el favor de los jueces. La disposición de los objetos anuncia ya el hermoso desenvolvimiento y futura amplitud de la Ciencia Eléctrica. Parece, leyéndola, que se ven los cimientos de un gran edificio luminoso. En un grupo irán las máquinas magneto-eléctricas y dinamo-eléctricas. En otro, las entrañas fecundas donde se elabora la electricidad: las pilas y todos sus accesorios. Lo de telegrafía, en otro departamento, y en otro, lo de telefonía. El sexto grupo será el de la luz eléctrica. Ya el séptimo comprende mayor ma-

ravilla: el modo de encerrar en una botella de cristal el rayo: todos los medios conocidos de mover
la electricidad, almacenarla y llevarla de un lado a
otro. De cables, hilos y cuanto haga relación a ellos,
será otro grupo. Se reunirán, en división especial,
todas las aplicaciones de la electricidad a la Quími-
ca, a la Metalurgia y a la Galvanoplastia. Luego,
las aplicaciones de la electricidad al arte militar, que
llegarán a ser tantas, que harán la guerra de puro
excesiva y tremenda, imposible.—Luego, las aplicaciones de la electricidad a los caminos de hierro, en
lo que no se ha adelantalo a la par de los demás
ramos. El departamento en que hemos de tener
puestos con más cuidado los ojos los latino-ameri-
canos, es de las aplicaciones de la electricidad a las
minas y a la agricultura: en este departamento en-
trarán también los inventos aplicables a la navegación. De un lado se verán los usos de la electricidad en la medicina y en la cirugía: de otro, todos
los modos de servir de la fuerza eléctrica a la Me-
teorología, a la Astronomía y a la Geodesia. Cu-
riosisimo va a ser el departamento de aplicaciones
de electricidad a las cosas de la casa, a las menu-
dencias domésticas de alumbrado y de cocina, a
ciertos objetos de arte, y a modos de adorno. La
mecánica en junto, las calderas, las máquinas de
vapor, las de gas, los motores hidráulicos, y cuanta
luz echan sobre ellos las investigaciones en la ciencia nueva, atraerán grandemente la atención en
agrupación aparte. Y al fin, como índice y fuente,
y como ejes de mayores vueltas de esta rueda de
fuego que nos gira en la mente, cuanto va escrito

sobre Ciencia Eléctrica, y sobre el modo de ense-
ñarla, y trocarla en industria, y en beneficio práctico del hombre.

Los expositores nada pagarán por el local que
ocupen sus inventos: la fuerza motriz que necesiten
para hacer funcionar sus aparatos les costará sólo
cincuenta céntimos por caballo y por hora. El primero de junio comienzan a recibir los objetos: el 15
de julio se cerrará la recepción. El primero de agosto se abrirá al público el nuevo Palacio de tantas
maravillas.

La América. Nueva York, marzo, 1883.

2

LA EXPOSICION DE BOSTON

Boston abre el 3 de septiembre su exposición notable. Los muelles están llenos de buques que de
todas partes de la tierra traen al noble certamen,
—a la batalla moderna,—productos de todos los con-
tinentes.

Catálogo de productos universales parecería la
enumeración de los que ya se sabe que figurarán
en los hermosos salones del Palacio de la Exposición de Boston.

Allí ha mandado Italia sus estatuas esbeltas y
transparentes, que más parecen de nube cuajada que
de mármol blanco; sus cuadros, en que brilla la ardiente luz amarilla de sus costas volcánicas, y aquel
azul violáceo de su cielo; sus tapices de antaño,

tanto como los de Aubusson famosos; sus mosaicos, tan notables hoy como aquellos de Pompeya, de los que cabían 250 piezas en el espacio de una pulgada cuadrada. Italia envía sus encajes, en que logra de nuevo la fama universal que un tiempo tuvo; sus tejidos de paja, de que se hace en sombreros consumo tan grande; sus vinos, que recuerdan aquellos pastosos, dulcísimos y perfumados de la antigua Grecia; su pintoresca y notable cerámica. Manda Italia cintas muy bien hechas, filigranas de Génova, menos bellas y finas que las de México, y trabajos de concha, que siempre en Italia fueron buenos.

Llenas van a estar las salas alemanas de cuadros de que, por engalanar la Exposición de Boston y honrar la tierra de Arminio, se han desprendido temporalmente las galerías famosas, que viajero alguno debe dejar de visitar, de Düsseldorf y Stuttgart, y la de Munich, corte perpetua de caballeros, músicos y poetas, donde acaba de hacerse ahora Exposición de pinturas notables. Pero no se contenta Alemania, que en tanto trabaja, y con ojos tan abiertos mira los productos y provechos ajenos, con enviar cuadros; sino que manda numerosísimas muestras de todas las labores en que empeña su tenacidad y su ciencia. Alemania, que a veces carece del empuje de la creación, a todos los pueblos, con excepción del pueblo chino acaso, aventaja en la paciencia de la copia.—Aunque a los mismos chinos sacan codos los chilenos, porque al decir de industriales europeos que han tenido ocasión de competir con émulos de Chile, el chino se apodera de lo que ve, y lo imita rápida, precisa y servilmente; y el chileno, cuanto ve lo hace suyo y lo mejora.—De Berlín y de Bremen vienen muchas muestras de artefactos de Alemania.

Por primera vez entra, con derecho y nombre propio, y no como sierva de Inglaterra, la laboriosa y simpática Irlanda en los certámenes de la industria. Envía Irlanda a Boston encajes, que son buenos y originales, telas de hilo y de seda ligeras, estatuas y cuadros.

Inglaterra hace como ella sabe y usa, alarde formidable de su supremacía industrial. Entre otras cosas, lo que más alto ha puesto el arte industrial, o la industria artística, en Inglaterra, es el sistema de grandes Institutos de Bellas Artes, aplicadas a los propósitos de la manufactura, que desde hace algunos años priva allí con admirable éxito.—En porcelana, en trabajos de loza, en relojes, en útiles de trabajo, en instrumentos científicos, en objetos de plata, en todo presenta obras maestras. En instrumentos de agricultura no, que en esto le ganan los Estados Unidos. Ni en carruajes, que son los ingleses más pesados y menos esbeltos que los de Francia.

Francia también alcanzará especiales honores en esta exhibición,—puesto que envía telas de sus pintores, los más perfectos y elegantes, ya que no los más inspirados y mejores coloristas de la tierra; y envía la gala y flor de sus magníficos y variadísimos talleres, y muestras escogidas de sus vinos, que aun "cortados", "azucarados", "procedidos" y "plastrados" triunfan en las mesas de todas las na-

ciones sobre sus desdeñados y menos bien preparados rivales.—No está todo en producir, sino en
saber presentar. Dama gallarda, parece mejor sin
afeites, pero con aseado aliño. En envolver bien
está a las veces el único secreto de vender mucho.
El hombre es por naturaleza, y aun a despecho suyo, artista; cuanto halaga a su naturaleza, aun cuando no se dé él cuenta de ello, tiene venta segura.

De Persia vienen a Boston lujos, esmaltes, pedrería, perfumes. Ni España, que ya va mejorando
sus talleres; ni Portugal, que no pone todavía bastante atención en ellos; ni el Japón, nuevo hermano, y no el menos meritorio ni brillante, de los pueblos modernos; ni Corea, con sus labores solicitadas
y pintorescas de marfil, madera, paja, sedas y dro-
gas; ni la honrada Bélgica, en cuyos campos todo
es fruta y jugo; ni Holanda altiva, de afamados telares; ni Suecia, Noruega y Dinamarca pintorescas,
faltan en el certamen bostoniano.

De Madera, vinos; de las islas Sandwich, azúcar;
de Austria, que es como una Francia de Alemania,
muchos productos acabados de artes e industrias.
De todas partes, todo. Cuba, México y Brasil, han
ofrecido poner allí ante los ojos de los visitantes los
frutos de sus campos, y sus adelantados productos
fabriles.

Ya las Exposiciones no son lugares de paseo. Son
avisos: son lecciones enormes y silenciosas: son escuelas.

Pueblo que nada ve en ellas que aprender, no lleva camino de pueblo.

La América. Nueva York, agosto, 1883.

3

La Exposicion de material de ferrocarriles de Chicago.

Mucho perdió el mecánico o interesado en cosas de ferrocarriles, que no vió la exposición de éstos y sus materiales, en Chicago. No fué aquélla, como otras, exhibición muda, más curiosa que útil, de la que sacan los visitantes mayor asombro en los ojos, que novedad activa en las ideas y provecho en la mente: fué una exhibición explicada, práctica, de utilidad inmediata, acrecida por la reunión y vecindad de todos los materiales del mismo ramo que se ayudan y completan. Al pie de cada rueda había un hombre inteligente que explicaba sus funciones. Junto a los productos de cada fábrica, un comentador diestro y activo que hacía resaltar sus ventajas, y los ponía en juego a los ojos de los visitantes, menos numerosos, sin embargo, que los que atrae un circo, o un certamen de extravagantes perros. Y sin embargo, ¡qué hermoso misterio es una máquina! Se adivina, con ver cada una de ellas, que es una presa nueva que el hombre hace al cielo, y una estrella más que clava a la tierra. Ver una máquina llena de orgullo; orgullo de ser igual en forma a quien la hizo. Se busca instintivamente con los ojos a los trabajadores, para estrecharles la mano. ¡Qué hermosos conquistadores, éstos de manos callosas, tez bronceada y espaldas fornidas!

Tienen los contornos, la manera de mirar, y la de reposar, de los antiguos héroes.

Pero aunque los visitantes curiosos fueron pocos, aquéllos a quienes la Exposición podía aprovechar en algún modo fueron a ella en masa. Y al lado de la Exposición, las asociaciones de constructores de carros, de ingenieros mecánicos, y de maestros mecánicos celebraban congresos. Ese es el hombre moderno: de pie junto a las ruedas de trabajo, mira serenamente a lo futuro. Y estudia la vida, y analiza sus elementos. Hasta que los obreros no sean hombres cultos no serán felices. La pasión hace a veces odiosa la misma justicia. La razón es como un brazo colosal, que levanta a la Justicia donde no pueden alcanzarla las avaricias de los hombres.— A los obreros ignorantes, que quieren poner remedios bruscos a un mal que sienten, pero cuyos elementos no conocen, los vencerá siempre el interés de los capitalistas, disfrazados, como de piel de cordero una zorra, de conveniencias y prudencias sociales. A los obreros razonadores, mesurados, activa, lenta y tremendamente enérgicos, no los vencerá jamás, en lo que sea justo, nadie. Salúdese con gozo estos Congresos de Obreros.

Tuvo la Exhibición de Chicago tanto de pintoresco como de útil. Allí estaba la rueda y la poesía de la rueda. Allí estaba la antigüedad, que es siempre poesía. Y el cambio mañoso y sorprendente de la máquina larva a la máquina águila; que es ya poema. En la sección de "Antigüedades" empleaban los visitantes horas: deteníanse, como se detienen los pensadores ante una madre anciana.

¡Qué templo, una mujer que ha dado hijos! ¡Qué
luz la que emerge de un rostro añoso! ¡Qué saludable alegría, engendradora de ímpetus, la de ver,
como en entrañas maternales, aquellos fetos inmensos de madera y de hierro en la ancha sala, aquellas
deformes e imperfectas masas mugientes de que,
como el niño del entozoario, ha nacido la magnífica
moderna locomotora! Y de tal manera ¡oh pasmo!
ha adelantado esta invención de las locomotoras,
que aun están en perfecto orden, al lado de sus hijas lucientes y crecidas, y pudieran como ellas correr por los caminos, aquellas lentas y pesadas fábricas rodantes con que se hicieron, por sobre rieles
de madera, los primeros ensayos.

Casi conmovía, como conmueve un viejo, el espectáculo de aquellas máquinas antiguas. ¡Cuán
simples y lisos los carros, como el antiguo carácter
puritano: porque el alma del hombre, como el cielo
en el agua del mar, se refleja siempre en su obra!

Entre los sueños de hombre, hay uno hermoso:
suprimir la noche. ¡Y parecía esto conseguido en
los monumentales salones de Chicago! ¡Qué terrible la noche sobre un campamento de soldados!
¡Qué expansiva, risueña y hermosa la luz eléctrica
sobre un campamento de máquinas en acción, de
ruedas girantes de émbolos veloces, de pistones ja-
deantes, de campanas sonoras, de inmensas palas de
vapor que para hacer hueco a los rieles levantan a
mordidas potentes de la tierra el barro y la pedra-
da! ¡Como en las altas horas de la noche, por Edison vencida, parecían los atentos visitantes que cu-
chicheaban junto a las máquinas en función, hormi-

gas luminosas o pequeños Dioses!—Por un lado, un carro movido por electricidad, cargado siempre de pasajeros gozosos y sin miedo: por otro, un molino de viento, por la electricidad también movido: por otro, como senos de nube desecha, muestras cegadoras de colores vivos, usadas en señales y decoraciones: por otro, una pala de vapor colosal, precisa, discreta, admirable, casi inteligente, que descendía sobre el banco de tierra, como un alcatraz sobre la presa que vislumbraba en la superficie del mar, hendía en el banco su gran diente cóncavo, lo alzaba ya cargado, lo volvía hacia el carro que a su lado esperaba la carga, y lo vaciaba en él.

Cuanta manufactura notable de artículos de hierro y acero, de carros para locomotoras y para caballo, de instrumentos necesarios para la construcción y conservación de los ferrocarriles hay en los Estados Unidos, estaba en la exhibición. Las Obras de Acero de Ohio (Ohio Steel Works) enseñaban sus buenas planchas de acero de un cuarto pulgada de espesor, 56 de ancho y 372 de largo: y una caldera de 72 pulgadas de diámetro, cuya plancha del fondo es de una sola lámina de acero, que en su parte de arriba mide de lado a lado 70 pulgadas. Lo extraordinario del tamaño no había dañado a la perfección de las tres planchas de la caldera. Y exhibían otra, de acero también, con tres aberturas con borde exterior, adaptables a las bocas de la hornilla y ancho ribete alrededor del tope y de los lados.

La "North Chicago Rolling Mill Co." ostentaba satisfecha un excelente riel de acero, tan bien hecho, que sólo pesaba 65 libras por yarda: y de tal modo

trabajan las máquinas poderosas de esta Compañía.
que tal riel fué hecho desde su primer estado hasta
el perfecto en que se exhibía, en una hora y media!
Había allí rieles de esta casa de 120, 90 y 80 pies.

En carros, había riqueza. La "Central Support
Car Truck Co.", de San Luis, presentó un carro
de carga sobre tres grupos de ruedas, los dos usuales de ruedas delanteras y traseras, y uno nuevo
en el centro, sobre ocho rodadoras de fricción (fric-
tion rollers). El cuerpo del carro es totalmente independiente del rodaje. Setenta mil libras caben
en el carro, que pesa 32,300, dos toneladas más que
los carros comunes, por el peso del tercer grupo de
ruedas, y tiene de largo 33 pies.

J. C. Brill & Co., de Filadelfia, sacó a luz un carro lindo y nuevo, para un caballo, con su departamento para fumadores. ¡Carro cortés!

De wagones lujosos había copia. La suntuosidad
de los wagones de Pullman es uno de los lugares
comunes de nuestra época: se habla de ellos ahora
como se hablaba en otro tiempo del águila de César.
La Compañía Pullman exhibía en Chicago un carro-comedor de tan severa belleza y tan rica y
abundantemente aderezado, que bien se entiende
por qué Adelina Patti y Sarah Bernhardt prefirieron
a veces, en sus viajes a través de los Estados Unidos, continuar habitando sus carros de camino, a
recibir incómodo hospedaje en los hoteles de descanso de la vía. La Compañía Harlan y Hollings-
worth sacaba, sin embargo, ventaja a la de Pullman con otro carro-comedor, iluminado de manera

que parece sala real en noche de fiesta. Y más rica aun era otro carro-sala.

De donde no apartaban sus ojos los mecánicos era de la sección de instrumentos. ¡Qué taladros tan poderosos y perfectos, y qué martillos de vapor tan nuevos y acabados, los de la Morgan Engineering Works, de Aliance, Ohio! Mejor aun parecía a todos el taladro (universal drill) de la casa Niles, de Philadelphia, hecho de manera que ajusta a todos los lados de la máquina y puede abrir agujeros en todos los ángulos y direcciones. Todas las piezas de esta potente máquina son automáticas. Un solo hombre ha taladrado con ella en diez horas 137 ruedas. Pero esto interesa poco a nuestros países que no hacen aun locomotoras.—Salvo México que no sólo las construye desde hace años, sino que las perfecciona, aligera y embellece. A criar animales, a montarlos, a utilizar los ricos desperdicios de las minas, a muchas cosas más, han aprendido los norteamericanos de los de México. Viendo lo que se ve, no causa asombro que México haya hecho poco, sino que tan escasa y trabajada población de hombres blancos, entre seis millones de indios, que le alzan valla formidable, haya creado tan hermosa nación, y sembrado, cultivado, descubierto e inventado tanto. Los artesanos de México hubieran visto con gozo en las salas de Chicago los formidables acepilladores de Pratt y Witney, los cortadores de hierro y pulidores, los veloces cortadores de tornillo, que trabajan la espiral en la masa del hierro con suavidad y presteza iguales a las de un diestro escultor que de un golpe de su palillo rebana en la

pupila de barro de su estatua el tajo que ha menester para dar al ojo limpidez y mirada. El eje flexible de Stow, tan útil para volver esquinas y trabajar en ángulos difíciles y en curvas, lucía frente
al hierro cepillado de W. D. Wood & Co., tan liso
y pulido como la mejor plancha de hierro de Rusia.
No había ruedas mejores que las de Thatcher &
Co.; ni más curiosas que las colosales ruedas de papel de la Compañía de Ruedas de Papel para Wagones, de Allen: allí se veía esta rueda novísima, sólida y ligera, en todos sus estados, desde la delga-
da hoja de cartón en que comienza hasta la obra
ya acabada y pronta a salir sobre los rieles. El papel lleva ya a sus espaldas el hierro y el acero, y
el vapor rugiente: ¡cercanías del ala!

Llamaron la atención las bandas de cuero de la
"Chicago Rawide Manufacturing Co." La misma
máquina que comunicaba fuerza a las brillantes lámparas eléctricas de Brush, movía las recias bandas
de 26 pulgadas de ancho y otras muchas de tamaños varios. Banda había allí que ha estado en
uso constante durante tres años sin deteriorarse. Y
había grandes cuerdas de cuero, trenzadas como si
estuvieran hechas de abacá de Filipinas o henequén
yucateco. Es lo notable de estas bandas que no son
de cuero curtido, sino curado al uso de Krueger, y
que la manufactura nivela de manera que hace desaparecer de él todo nudo o punto duro. Dicen que
la humedad no afecta estas bandas que trabajan
mejor que otras algunas en lugares que son a un
tiempo cálidos y húmedos. Halláronse excelentes
bandas y cuerdas y tan flexibles éstas como las cuer-

das más blandas, de tal modo que una cuerda de
cuero crudo de una pulgada y cuarto, cede y se
dobla con más docilidad que una de igual tamaño
de henequén. A Cartago y a la reina Dido hace
recordar con sus trabajos esta Compañia: con un
cuero de buey hacen 800 pies de banda de media
pulgada.

Otro aparato notable era el de secar la madera.
Trabajada por el método Noyes, la madera se plega
y obedece como a las manos de los persas y bo-
hemios el meerschaum, esa linda masa blanca ab-
sorbente en que se tallan las pipas de fumar. Por
este método se seca la madera con tal rapidez, que
en la Exhibición se vió en perfecta condición de se-
quedad, recto y libre de vieto, un trozo de caoba de
21 pulgada de ancho, 20 pies de largo, y media pulgada de espesor, secado por este sistema en seis
horas. Maderas como el ciprés, que tienden a en-
corvarse y se resisten al secador, se veían alli pla-
nas, lisas, perfectamente rectas.

En altas pilas veíanse cerca de las maderas, ali-
ñadas y pulidas como juguetes, grandes tercios de
cuerda de alambre y de hierro, y entre ellas muestras de alambres gloriosos. Honrados paseaban de
boca en boca, como en estos tiempos y en los que
vienen pasearán, los nombres de los Roebling, los
ingenieros del Puente de Brooklyn, de cuyos elegantes cables se exhibía alli una sección. Y otra
de cada uno de los cables usados en los puentes
colgantes que construyó el osado prusiano: el de
Convington y Cincinnati, el de las cataratas del Niágara.

Entre las palas, las mejores parecían las de Hussey Binas & Co. Entre los instrumentos de acero, que pocas hacen bien, brillaban las de Hussey, Howe & Co.

Donde había constantemente núcleo de visitantes, era frente a las venerables reliquias de la época infantil de las locomotoras. Veíase en los rostros lucir algo como ternura y agradecimiento. Mirábase como a bienhechores aquella ruda máquina de Stevenson, con su tanque ya roído de orín, y su carro con retranca de madera; aquella otra máquina ya sin ruedas, como elefante dormido, que en 1813 fabricaban en Killingworth Colliery; aquella benemérita caldera, que ardió en las entrañas del "León de Stonebridge", la primera locomotora que rodó con buen éxito en tierra americana. Y en acuarelas piadosas y en buenos dibujos lucían copias de todos aquellos informes ensayos, ora bautizados con nombre bíblicos, como "Sanson", ora con nombres patrios, como "Washington" y "Franklyn".—Los maquinistas llegan a amar a sus máquinas, y a conocerlas, y a acariciarlas, y a ahorrarles fatiga como el árabe a su caballo: el hombre, siempre y por sobre todo bueno, infunde su alma en cuanto toca. Esposa llega a parecer a veces al maquinista su máquina. E hijos de aquellas locomotoras viejas y despedazadas parecían los visitantes de la Exposición, por el cariño con que las miraban. Una máquina se llamaba "El Mejor Amigo", otra "Experimento", otra "Robert Fulton". ¡Qué formidable coloquio, el de aquellas masas rudas, desencajadas y deformes! ¡Tal parece que aquéllas fueron las en-

trañas de que ha surgido este pasmoso pueblo! Allí
estaba la "Horacio Allen", construída en 1831 en
la fundición de West Point; allí una máquina construída en 1838, ya con grandes adelantos, por la fábrica famosa de Baldwin, premiada ahora en la Exposición con medalla de oro.

Cierre una breve noticia de los principales premios
esta reseña rápida. . . . .

Fuera vulgaridad querer encomiar con innecesa-
rias palabras certamen tan importante, útil y majestuoso. Algo más que hombres parecían los trabajadores activos que, entre los aparatos en movimiento,
explicaban aquellas maravillas. Campamento de
ejército moderno, con grandes capitanes de negra y
alta pluma y coraza luciente de ariete, parecían las
salas de Chicago. Y aquellas hermosas máquinas
antiguas, reyes sentados.

La América. Nueva York, septiembre, 1883

4

Exhibicion de caballos en Nueva York

Castas y premios.

New York prepara un certamen hípico, a que hicieran bien en venir los criadores de los países vecinos que aun tienen tiempo de ello. Es para el
22 de octubre, y durará cuatro días. Nunca ha habido cosa semejante en New York, y la idea está
siendo muy acariciada por el público. Como los caballos americanos, de las crías buenas de Kentucky,

han solido vencer a los ingleses en las carreras de
estos últimos años, ya miran a sus caballos los americanos como a héroes de la patria, y ponen en ellos
ese amor ardiente con que los hijos leales calientan
y acatan todo lo que sale de su tierra madre, o echa
luz sobre ella. La fiesta toma tamaños de un suceso nacional.

Todos los pueblos que tienen buenos caballos, como la Argentina y México, debieran celebrar a menudo certámenes semejantes. Y si se alega que son
costosos, aunque en nuestras tierras no han de serlo tanto como en ésta, que en todo quiere alientos
de gigante, luminarias como cráteres y circos como
llanos,—hágase del modo con que aquí se ha hecho.—Cien mil pesos se necesitaban para la fiesta:
lanzáronse mil acciones de cien pesos al mercado,
y todos los poseedores de grandes caballerizas, todos los interesados en las carreras anuales de oto-
ño, todos los criadores y buen número de ricos que
ven con gozo cuanto tienda a crear ramas prósperas al país de que con regio orgullo se proclaman
hijos, —agotaron en poco más de horas las acciones,— de tal modo que ya sobra el dinero para los
premios que los iniciadores ofrecen a los mejores
animales.

No menos de 450 caballos se aguardan para esta fiesta. Los habrá de sangre entera, ya padres
selectos, de cuatro o más años, y de tres y de dos.
y potros de un año; ya yeguas en cría, con su crian-
za al pie.

Allí habrá árabes finos, que han venido a los Estados Unidos,—como en otro tiempo fueron a In-

glaterra, bien hace ya quinientos años, a crear con las especies más recias del país, ligeras y aristocráticas especies nuevas.

Se espera animadísima competencia de trotadores, por sobresalir grandemente los caballos americanos en lo firme y abierto de su trote. Es cosa diaria que un buen animal de tiro haga una milla en dos minutos y quince segundos. Y hay aquí ya guiadores tan diestros que cuentan en el aire el tiempo, y llegan a la meta a segundo fijo.

De seguro que estará en la Exposición el honrado Johny Murphy, famoso jockey y guiador, a quien su antecesor y maestro en artes hípicas legó su tradicional honradez de esta primitiva e ingenua manera:—como tenía gran fama, que miraba él como cosa solemne, de soplar de entre sus labios una paja a larga distancia, sin que errase jamás el punto, llamó a Murphy a la hora de morir:

—¿Nunca has vendido una carrera, como esos otros jockeys bribones la venden?

—Nunca la he vendido.

—Mira esa mancha en la pared.

—Miro.

Y con sus labios tenaces de sajón moribundo, envió como una saeta de tirador danés sobre la plancha de roble, una paja al punto mismo señalado.

—Pues, Johny,·dijo el viejo maestro; tan seguro como que me has visto dar en el punto con la paja, saldré de mi sepultura y te perseguiré eternamente si vendes jamás una carrera.

Y Johny no ha hecho jamás traición a los que
le fían sus caballos en las lidias hípicas.

Pero no serán, por cierto, caballos de carrera y
trote los que figuren en la Exposición de octubre:
allí habrá también caminadores, que han de tener
para entrar a certamen no menos de siete cuartas
de alzada y 1,000 a 1,150 libras de peso y parte
de buena sangre.

Habrá caballos de todo trabajo, por lo que entienden aquí un animal de suficiente peso para tirar
bien de un carro ligero de ciudad, o servir en las
faenas del campo. Y de éstos habrá secciones de
sementales o padres, y receptoras o madres, y cas-
trados.

En la sección de caballos de tiro, que promete
ser buena, y que a ambas Américas es muy inte-
sante, habrá especies de tiro pesado, y los clydes-
dales fuertes, pero poco garbosos, y los arrogantes
percherones. Magníficos animales tienen en estas
secciones los Estados Unidos: mucho ayuda entender ciertas aparentes dificultades de la época de
la conquista, y la acción de los bellos y ferrados
castellanos sobre la mente infantil y contemplativa
de los indios, el asombro mezclado de veneración
con que los campesinos de Guatemala, ya mestizos,
recuerdan ciertas bucefálicas mulas texanas que hará unos ocho años atravesaron de lado a lado el
continente.

Y habrá caballos diversos, tales como convienen
y han de ser, con potencias y caracteres desiguales
y variamente repartidos, para los diversos géneros

de coches, para el landeau señorial, o el tandem rá-
pido, o el cuatro en mano, para el cupé discreto o
el peculiar brougham.

La América. Nueva York, octubre, 1883.

5

La Exposicion de Louisville

Exposiciones permanentes de frutos sud-americanos.

Louisville es notable ciudad del Estado de Kentucky, donde antes se hirieron el pecho como enemigos, y ahora se lo estrechan como hermanos, los
hombres de los Estados del Norte y del Sur. Ya
parece que se va, camino del olvido, la nube de la
guerra. Ya no hablan de revancha, sino de fusión,
aquellos dos tremendos bandos rivales. Ya se visitan, se devuelven las armas con que pelearon, los
trofeos que del puño ensangrentado se arrebataron:
ya anhelan cambiar productos y máquinas. Los
plantadores del Sur quieren enseñar a los mecánicos del Norte cómo son sus productos tan
valiosos, y tan fecundas y dóciles sus comarcas, que
en país alguno pudieran emplear mejor sus caudales, ni a cultivadores algunos fiar, ni en tierra
alguna fundar fábricas, que en aquel Sur ya pacífico, que ve al cabo de veinte años trocados en Se-
nadores, en Reverendos, en enviados diplomáticos a
sus esclavos, y se saca del pecho el odio, única
bandera que le quedaría para la guerra, puesto que

aquella de la protección de los derechos autonómicos del Estado no vino a ser más que antifaz decoroso de la defensa de los intereses de los propietarios de hombres.

Aun quedan lastimaduras de la guerra, y de vez en cuando, respetado por su sinceridad, mas no seguido, habla de reencenderla uno que otro apóstol fanático; pero los pueblos, y sobre todo los pueblos formidables, no se desquician sino cuando los empujan grandes razones. `Y hoy todas las razones grandes empujan al Sur a la paz. Ya no puede reconquistar sus esclavos, razón de la pelea. Tiene campos abandonados: trabaja con máquinas pobres: no tiene caudales con qué atraer a los inmigrantes: vencido en la producción por los países que le echaron el paso adelante durante la guerra, anhela medios de dar recio empuje a sus cultivos desmayados o desatendidos, por falta de fe pública, dineros y brazos, y dar a sus frutos las múltiples aplicaciones industriales de que son capaces.

Y a esto vino la Exposición de Louisville: a poner ante los ojos del Norte todos los productos del Sur, y la buena y sincera voluntad de paz de sus habitantes: a poner a los ojos del Sur todas las máquinas del Norte que pueden convertir en productos industriales exportables los frutos del Mediodía.

La de Atlanta vino a lo mismo, y preparó el camino a la de Louisville. Así como en lo antiguo precedía el postillón a la silla de posta, así ahora preceden las Exposiciones a la paz.

Y ¡cómo vuelven los tiempos sobre sí propios, y

reaparecen los mismos fenómenos, como los cometas en el cielo, mas cada vez con mayor perfección
y trascendencia, como viajeros que van adquiriendo
experiencia y riqueza en el camino! Piénsase involuntariamente cuando se ven estas Exposiciones de
ahora, que no vienen a ser más que mostruarios dignos de la producción y comercio de estos tiempos,
en aquellos otros mostruarios menos vastos, mas no
menos famosos, que los habitantes de las comarcas
ricas y traficantes del Mediterráneo mantenían perpetuamente en aquellos puertos antiguos de Roma
y de Grecia, vigilados siempre de cerca por em-
pinado monte, ceñido de impenetrable fortaleza!

Se mandan agentes viajeros a recomendar los
frutos: debieran enviarse los frutos, a recomendarse
a sí propios. A donde hay un mercado para un
producto, allí debieran ir, a mostrarse perennemente, todas las variedades del producto. Serían Exposiciones constantes, mantenidas a poco costo por
las contribuciones mínimas de todos los productores
de frutos que los sacan de sus países para su venta.
No en gobiernos se piense para estas cosas; que de
acudir al Gobierno para todo, viene luego que el
Gobierno crea con cierto asomo de justicia, que
no se puede pensar, ni creer, ni obrar sin él. No se
puede estar siempre invocando al tutor por una
parte, y rechazarlo cuando no nos place, por la otra.
Esto fuera del beneficio de todos los cultivadores,
de todos los vendedores, de todos los compradores: todos podrían ayudar a ello.

¡Qué bueno y útil sería que en cada gran mercado de Europa y de América, se mantuviesen per-

petuamente abiertas casas de Exhibición de los productos americanos!

Y si esto todavía no, por requerir mayor organización y tiempo, ¿quién niega que sería cosa excelente celebrar, una vez al menos, en cada uno de esos centros compradores, en una época favorable del año, una Exhibición de nuestros productos?

Porque el que está interesado en vender, es el que está interesado en enseñar.

Y mientras no sepan lo que tenemos, no podrán ir a pedírnoslo.

¡Quién viera, como pudiera verse en New York, una Exhibición de los productos de las repúblicas hispano-americanas!

La América. Nueva York, octubre, 1883.

6

UNA INDICACION DE "LA AMERICA"

Ha parecido bien el artículo del número de octubre de *La América*, en que de pasada se señala la posibilidad y ventajas de celebrar en los países consumidores de los frutos de Hispano-América, Expociones de nuestros productos.

Entusiasta hay que ha querido abrir campaña con tal propósito por propia cuenta.

—Es que pagaría, nos dice, aun como negocio del que lo intentara. Son tantos los productores de frutos, son tantos los frutos nuestros consumidos en el extranjero,—que con poco que pusiese cada uno, la Exhibición,—que no tenía por qué no ser modesta,—cubriría sus gastos y daría margen a provechos.

—Muy bien que nos parece esta idea de tener aquí constantemente abierta, o abrir por cierto tiempo al menos, una Exhibición de lo que producimos. Hasta cuadros traería yo de México. No ya del original y culto pintor Ocaranza, que murió; pero de una parvada de excelentes artistas que aun quedan: de Velasco el paisajista; de Felipe Gutiérrez, pujante; de Rodrigo Gutiérrez, el eximio dibujante; de Parra, que concibe cosas grandes; de Job, Carrillo, que tiene estudio en New York y merece éxito; de una muchedumbre de buenos pintores. Siempre he creído que no hay más que exhibir en tiempo y lugar oportuno lindos cuadritos mexicanos, de aquellos paisajes calientes y vaporosos, de aquellas escenas peculiares bañadas en luz, de aquellos tipos tan originales y brillantes,—para crear, aquí donde se compra tanto cuadro por los vanidosos y por los inteligentes, un mercado seguro y ventajoso. Si yo fuera pintor mexicano, convocaría a certamen a mis compañeros, y a escote, si de otro modo no podría ser, enviaríamos a persona adecuada y activa en New York una colección buena y típica de pequeños cuadros, que son los que ahora se venden, para que en momento y local oportuno revelase al público nuestros lienzos perfectos, brillantes y baratos.

—En pinturas, como en todo, el que no anuncia no vende.

—Y el que anuncia vende.—Un químico de la

América del Sur, que año tras año anduvo buscando en vano cómo dar salida en su tierra a una magnífica preparación de substancia nutritiva que había hallado,—envió un agente a los grandes compradores norteamericanos, que ya han puesto hombros a la empresa, y la sacarán pronto a luz, vociferando por millones de anuncios.

—¡Cuánto ingenioso invento, cuánta preparación útil, cuánta mejora mecánica, cuánto mérito artístico, cuánta teoría brillante, quedan desconocidas, y mueren como si no hubieran existido nunca, en nuestras tierras de América, por falta de aire industrial, de capitales para el tiempo de la prueba, de Exposiciones que sancionen con sus premios el invento, de talleres donde puedan perfeccionarse, de espíritu brioso que afronte los riesgos de sacarlos a plaza!

—Pues todo eso pondría yo en la Exposición Hispano-Americana en New York: Antes, productos del cultivo, muestras de las industrias incipientes, que servirían por lo menos para revelar a los capitalistas lo que se puede hacer de nuestras materias primas.

Y como ahora llueven preguntas sobre los países de Sud y Centro América,—en la Exposición se venderían, en inglés por supuesto, libros preparados con arte, para que, sin exceso de datos inútiles y voluminosos que excitan a no leer, quedasen presentados en cada uno de ellos, de manera diestra e incitante, los recursos de cada uno de estos países, y lo que hoy se saca de ellos, y lo que se pudiera sacar.

—Y podría, además establecerse en la Exposición

un departamento de consultas, en el que mientras
la Exposición durase se responderían gratuitamente
a todas las preguntas que se nos hicieran sobre nuestros países.

—Monografías en la prensa,—libros vulgariza-
dores,—los juicios que la prensa hiciera necesaria-
mente de la Exhibición, cuyo alcance continental no
se escondería a estos periódicos sensatos,—el des-
pertamiento de la curiosidad de esta tierra de recursos poderosos que buscan empleo, y la satisfacción inmediata, copiosa y cortés de la curiosidad
despertada: ya veo sin esfuerzo,—añadía otro pla-
ticante,—todo lo que pudiera salir de semejante Exposición.

—Más, más sería—dijo otro—. Necesitamos inspirar respeto; necesitamos ponernos en pie de una
vez con toda nuestra estatura, necesitamos revindi-
car por la fama de nuestras Exposiciones lo que
hemos perdido por la fama de nuestras revoluciones; necesitamos, para que sirva de coto y refle-
xión saludable, presentarnos como pueblo fuerte,
trabajador, inteligente e intrépido, a este otro pueblo que abunda en estas condiciones, y sólo respeta
al que las posee.

—Se nos tiene por una especie de hembras de la
raza americana, y va siendo urgente que nos vean
en trabajos viriles: sobre todo cuando es cierto, que,
dados medios iguales, en condición ninguna de actividad, laboriosidad e ingenio nos sacan ventaja
los hombres del Norte.

—Pues seguiremos pensando en la Exposición

Artística e Industrial de Hispano-América en New York.

—Yo escribiré a mi Gobierno la idea de *La América*.

—Ya yo he enviado unos cuantos números a mis amigos hacendados.

—Yo he rogado a nuestro mejor diario que demuestre las utilidades que podría traer esta fácil empresa.

La América ha oído con júbilo las animadas pláticas que ha despertado su ligero artículo.

Y una Exposición como la que nos parece buena, al fin se hará.

La América. Nueva York, noviembre, 1883.

7

EXPOSICION DE ALGODONES EN NEW ORLEANS

Va a hacer cien años que salió de los Estados Unidos, que entonces comenzaban a serlo, la primera partida de algodón.—La América del Norte se prepara a celebrar este acontecimiento con una Exposición de algodones y frutos generales de cultivo, para la que han invitado ya solemnemente y con desusado empeño a todas las naciones importantes.

En New York se quiso hacer para este año una Exposición Universal, pero se vió a tiempo que no tenía elementos de éxito y se decidió no intentarla. Boston, celosa siempre de New York, vió en este proyecto abandonado ocasión de hacerse aun más

famosa, y convocó a la Exposición Universal que
ahora, más que celebra, ayuda a bien morir. Se han
enviado de acá y de acullá frutos curiosos; pero ni
el mundo ha mostrado prisa por acumular sus productos en la ciudad de los colegios, los poetas y los
sabios; ni los Estados Unidos han dado a conocer
el menor deseo de ir a Boston a ver la desmayada
Exposición.

Es que cada cosa debe venir en su momento; y
una Exposición, como un negocio de comercio, como una revolución política, como un periódico, debe
aparecer cuando hay demanda para ella.

Por esto precisamente aparece la Exposición de
algodones de New Orleans, que ya desde ahora se
anuncia para fines del año 1886.—La necesita el
Sur entero, que quiere dar con ella testimonio gigantesco de sus capacidades de trabajo,—y exhibir las
materias primas en que abunda, para que no tengan
miedo los ricos del Norte de poner sus dineros en
tan fecundas empresas. La desean los Estados del
Norte, que en las Exposiciones previas de Atlanta
y de San Luis, han visto como no tienen necesidad
de ir a emplear en negocios atrevidos sus capitales
fuera de los Estados Unidos, cuando en su propia
casa, y con todas las ventajas del dominio en la
propia nación, pueden colocarlo en industrias pingües. Inglaterra, que tanto algodón consume de los
Estados Unidos, y en tales cantidades lo reparte
manufacturado por todo el mundo, ha de tener sus
grandes y penetrantes ojos abiertos sobre esta Exposición algodonera, temerosa de que nazcan de
ella tales conciertos entre los fabricantes ricos del

Norte y los productores del Sur, que a poco que les ayude la baja en los derechos de introducción, pueden llenar los mercados europeos, asiáticos y americanos de algodones más baratos que los ingleses.—Y por lo que hace a nuestras tierras de América, de personas que la representan dignamente en ésta sabemos que se empieza a considerar la Exposición de New Orleans como un certamen industrial y agrícola de no común trascendencia, que de llamar poderosamente la atención universal, y atraer a Boston mercaderes prominentes de los grandes mercados americanos y europeos, por lo que es de utilidad máxima que estén presentes en todo su lujo y en la Exposición neo-orleanesa tanto fruto valioso, tanto fruto industrial, que en su estado primo abunda en nuestros países.

Afortunadamente, no cabe en esta Exposición la razón que para no acudir a otras se ha dado, y es la pobre figura que nuestros productos casi burdos, y principalmente naturales, harían al lado de las maravillas fabriles y artísticas de las demás naciones.—De frutos como los nuestros va a ser precisamente la Exposición de New Orleans; no de artes y oficios, en que aun andamos tan sobrados de ingenio como pobres de mercado patrio y talleres. Es una Exposición de frutos primos;—de los frutos de la tierra.—Y en esto, si nos damos maña para presentar con garbo todo lo que tenemos, de fijo que no hemos de quedar, ni aun en algodones, a la zaga de nadie.

No es cosa, pues, de dejarlo para luego. Se nos presenta una nueva ocasión, la más propicia acaso,

de revelar sin encogimiento, ni pujos de ficticia o
violenta cultura, la importancia agrícola, y por tanto industrial, de la América Latina.

Bueno sería aprovechar esta ocasión, —de memo-
rable manera.

De manera que imponga respeto.

La América. Nueva York, noviembre, 1883.

8

EXPOSICION DE PRODUCTOS AMERICANOS

Nos da gozo ver que con nuestro espíritu latino
preveemos y aconsejamos cosas que meses más tarde vienen también a parecer muy buenas a los sesudos y laboriosos neo-sajones. Acaso los asiduos
lectores de *La América* recuerden como hace cosa
de un año, abogábamos porque se estableciera en
Europa y los Estados Unidos exhibiciones permanentes, u ocasionales a lo menos, de nuestros productos del Centro y Sur de América.

Industrias no tenemos; o las tenemos tímidas y
pobres, para utilizar y transformar nuestros productos; pero con productos sí contamos, no menos
notables por su novedad que por su variedad, en
los que la nerviosa industria europea y norteamericana puede ver fuentes nuevas de riqueza. Más oro
y plata que en nuestras minas tenemos en nuestras
plantas textiles, en nuestra farmacopea vegetal y en
nuestras maderas tintóreas y aromáticas. Pero nadie compra a vendedor que no se anuncia, como no

va a buscar la Fama al hombre de mérito que no saca de sí palabra ni obra. Los frutos fáciles, azúcar, café, cueros, por su misma abundancia van muriendo porque como con poco esfuerzo rendían ganancias pingües, todos se han dado a producirlos, y aun se darán: de manera que en todos ellos, con raros accidentes, los mercados rebosan, y en pocos años, vendrá a tierra el precio de estos frutos. La caña de azúcar, hasta en el tallo del maíz, en la calabaza y en la papa está teniendo competidores: el café viene a barcadas de la India. Países industriales ni somos, ni en mucho tiempo podemos ser: necesitamos, pues, mejorar constantemente nuestros cultivos, ya que nuestra tierra está saturada de estas plantas, y con buena labor las producirá mejor que sus rivales: necesitamos crear cultivos y explotaciones nuevas.

Cuando de estas Exposiciones de cosas de América hablábamos, ¿qué presentaremos, se nos decía, sino trozos de árbol, retazos de piedras y plantas secas? Pues eso, replicábamos contentos, eso presentaremos. Y eso, más y con mayor cuidado que otra cosa alguna, van ahora a presentar en Inglaterra los Estados Unidos: se han prendado los diarios de esta idea, y la estimulan y ensalzan: "Sobre todo, dicen, lo que hemos de cuidar, y lo que por fortuna tendrá prominencia en la Exhibición, es el departamento de productos naturales".

Se ve, por tanto, como esta nación próspera, industrial, rival en fábricas de todas las grandes naciones, acreditada y admirada, no sólo no recibe con desdén, sino con ardor y prisa, la idea de ir a exhibir a otros países industriales los productos de su naturaleza.

Envían las casas de comercio por sobre la redondez de la tierra agentes viajeros que les recaben órdenes: no bien se acredita un telar en Birmingham, una cuchillería en Manchester, una región en Borgoña, una fábrica de electro plata en los Estados Unidos, mandan a hombres despiertos a los más lejanos países a que vulgaricen, recomienden y exhiban el producto nuevo.

Pues las naciones deben hacer como las fábricas y como los viñedos. El que no enseña, el que no anuncia, el que no ofrece, no vende. Nadie compra lo que ignora. En los pueblos industriales, dotados ya de rica y completa maquinaria, despierta un producto, ideas y empresas que en nuestros países no despertaría, faltos como están por lo común de la ciencia, la maquinaria o el caudal para intentar una nueva industria.

En todos los mercados, activos, en todas las ciudades comerciales y manufactureras de Europa y Norte América, debieran sostener los países americanos una exhibición permanente de sus productos.

Podía mantener una propia el Gobierno de cada país.

Podían, y esto sería más eficaz, duradero y deseable, mantenerla, con pequeño sacrificio personal, los productores y comerciantes unidos de cada país.

Podían todos los Gobiernos en común contribuir al mantenimiento de esas pequeñas exposiciones permanentes.

Podía, mientras una exposición permanente se organizaba, establecerse exposiciones ocasionales.

En cada una libros, monografías, pruebas de lo que con esos productos hacen nuestras artes imperfectas.

Y en la prensa, esta ala, trabajadores constantes.

Un cónsul de Venezuela exhibió hace poco en París y en el Havre una buena especie de café, que entendemos se llama café Bolívar: en los diarios de principio de año nos hallamos con que a los pocos meses ya el café es famoso; y se vende en cantidades grandes y a buen precio, recomendada en artículos especiales y pintorescos por el *Figaro*, una mercadería, que hace un año era enteramente desconocida en Francia.

Con el concurso de los comerciantes y productores de cada país podían organizar los Gobiernos o aquéllos con el concurso de éstos, o sin él, esas Exposiciones de productos naturales en que no desdeñan tomar parte los Estados Unidos.

Todo París bebe ahora, y paga bien, el café Bolívar.

La América. Nueva York, abril, 1884.

9

LA PROXIMA EXPOSICION DE NEW ORLEANS

A los Gobiernos, Municipios, Escuelas de Agricultura y Hacendados de la América Latina.

Los hacendados debían venir, los gobiernos, los municipios y las escuelas debían enviar comisionados a la vasta Exposición de productos naturales y todo lo relacionado con ellos, que se abrirá en New Orleans el primer lunes de diciembre del año corriente, y durará, para que todos los visitantes puedan sacar provecho de ella, hasta el 31 de mayo de 1885.

No es excitación vana esta que hacemos a hacendados, gobiernos, municipios y escuelas. Ningún libro ni ninguna colección de libros, puede enseñar a los maestros de agricultura lo que verán por sus propios ojos en los terrenos de la Exposición.

Las ideas vagas que en sus viajes por Europa y Norte América recogen las distinguidas personas de nuestros países que llegan a tener influencia en los periódicos o puestos en los Municipios, no pueden producir resultados tan completos en la disposición y adorno de los parques públicos, alamedas y jardines, ni en otros asuntos relacionados con la hermosura y salubridad de las ciudades, como el estudio ordenado y sistemático de las secciones que con esos objetos, y otros muchos que les auxilian. ofrecerá la sección de Horticultura.

Aunque se tiene por Gobierno, con error que no por ser compartido por gente ilustre deja de ser craso, el manejo de las corrientes de opinión de un país, con tendencia a determinadas soluciones políticas, la verdad es que Gobierno no es eso, sino la dirección de las fuerzas nacionales de manera que la persona humana pueda cumplir dignamente sus fines, y se aprovechen con las mayores ventajas posibles todos los elementos de properidad del país. En los pueblos que han de vivir de la agricultura, los Gobiernos tienen el deber de enseñar preferentemente el cultivo de los campos. Se está cometiendo en el sistema de educación en la América Latina un error gravísimo: en pueblos que viven casi por completo de los productos del campo, se educa exclusivamente a los hombres para la vida urbana, y no se les prepara para la vida campesina. Y como la vida urbana sólo existe a expensas y por virtud de la campestre, y de traficar en sus productos, resulta que con el actual sistema de educación se está creando un gran ejército de desocupados y desesperados; se está poniendo una cabeza de gigante a un cuerpo de hormiga. Y cada día, con la educación puramente literaria que se viene dando en nuestros países, se añade a la cabeza, y se quita al cuerpo. Por todas esas razones decimos que, como cuanto se tiene aprendido y se está ensayando en agricultura va a estar expuesto durante tiempo suficiente para estudiarlo en la Exhibición de New Orleans, nada sería más acertado que aprovechar esta ocasión para que vinieran a aumentar sus conocimientos los escasísimos maestros agrícolas a que en nuestras tierras se está dando empleo, y a prepararse o adiestrarse los cuerpos nuevos de profesores de agricultura que en todos nuestros países urge crear.

Y a los hacendados les convendría también mucho venir. No es desusado, ni tan frecuente por desdicha como debiera, el hallar por estas tierras, una de esas probas personas, delgadas de cuerpo, atildadas de vestido, en todo muy señores y de mirada muy curiosa, que tienen fincas en Centro o

Sud-América, y vienen por vía de viaje a ver qué
mejoras cazan en su excursión desordenada por estos
países, que pudieran ser de alguna ventaja en sus
haciendas: y sucede que como el país es tan vasto,
el conocimiento de él difícil, los viajes a los Estados largos y costosos, el carácter de la raza diverso y la lengua hostil e insuperable, ve muy poco el
hacendado viajero, o se fatiga a las primeras ex-
pediciones; o como ve sin orden ni idea fija, se
cansa y aturde, o rehuye ante el costo de los viajes y la necesidad de ir a ver un carnero en Ohio,
un algodonar en Luisiana y una vid en California,
sin que por muy enérgico, inteligente y adinerado
que sea, logre por fin averiguar más que una porción mezquina de lo que necesita, y esto a gran
precio; o sin que, como con más frecuencia acontece, saque del país más ideas que las que la casualidad le va inspirando con los objetos que se encuentra al paso, o los que, por ventura, están cerca. La
exhibición de New Orleans por su objeto y arreglo, ofrece al hacendado, sin más costo, incomodidad ni fatiga que la de ver una sola ciudad, todas
las ventajas de un dilatado, escudriñador y concien-
zudo viaje por todos los ámbitos de los Estados
Unidos. Todo cuanto en los Estados Unidos se
cultiva, y todas las maneras de cultivarlo; todo lo
que se refiere al campo y sus necesidades, y sus caprichos y sus enfermedades, y sus remedios; todos
los procedimientos industriales empleados en la preparación de los productos agrícolas; los sistemas todos de aprovechar las maderas, labrarlas, y utilizar
en los demás productos de los bosques; los proce-

dimientos todos en virtud de los cuales los filamentos de las plantas textiles en que nuestra América es tan rica, se convierten en telas blancas y estampadas, en géneros sedosos y en alfombras; todo lo que las minas dan, y cuanto con sus productos puede hacerse; todo, en suma, lo que en cualquier forma y ambos climas, frío y cálido da la tierra, con las industrias en que se transforman sus productos, y gran exhibición de animales agrícolas además, y sus diversas especies cruzadas y mejoradas, va a estar expuesto durante seis meses en la ciudad de New Orleans. Jamás acaso volverán a verse todos los Estados Unidos, con todas sus mejoras de una sola vez, y a tan poco precio.

Y quien quiera saber con más detalles todo lo que podrá aprender en la Exhibición Neo-Orleanesa, pida a E. A. Barke, Director General, New Orleans, La., un reglamento en castellano que la Comisión Directora acaba de publicar, y va encabezado de este modo: "Exposición Industrial Universal y Centenario Algodonero".

Dicen que han solido venir ciertas gentes de nuestras tierras a ofrecer a los Estados Unidos, en cambio de este o aquel apoyo, pedazos de nuestro territorio; y saber sería bueno quiénes fueron, para hacer una picota que llegase a las nubes, y poner en ella su nombre en letras bien negras.

A eso no se debe venir a los Estados Unidos. A la Exposición de New Orleans sí; que nos llaman con cariño y no hay riesgo de venir, sino provecho.

La América. Nueva York, mayo, 1884.

DE *LA AMERICA*, NEW YORK
VARIOS

El gimnasio en la casa

En estos tiempos de ansiedad de espíritu, urge fortalecer el cuerpo que ha de mantenerlo. En las ciudades, sobre todo, donde el aire es pesado y miasmático; el trabajo, excesivo; el placer, violento; y las causas de fatiga grandes,—se necesita asegurar a los órganos del cuerpo, que todas esas causas empobrecen y lastiman, habitación holgada en un sistema muscular bien desenvuelto, nivelar el ejercicio de todas las facultades para que no ponga en riesgo la vida el ejercicio excesivo de una sola, y templar con un sistema saludable de circulación de la sangre, y con la distribución de la fuerza en el empleo de todos los órganos del cuerpo, el peligro de que toda ella se acumule, con el mucho pensar, en el cerebro, y con el mucho sentir en el corazón,—y den la muerte. A los niños, sobre todo, es preciso robustecer el cuerpo a medida que se le robustece el espíritu. Hoy las pasiones se despiertan temprano, los deseos nacen desde que se echan los ojos sobre la tierra, y saben todos tanto que es fuerza aprender pronto mucho, por arte de maravilla, para no quedar oscurecido en la pasmosa concurrencia, y revuelto en el polvo en el magnífico certámen. Estas consecuencias de la vida moderna

hacen urgente ese esparcimiento de la fuerza, aglo-
merada en llama en el cerebro desde los primeros
años de la vida, y la preparación oportuna y pre-
via del edificio que ha de sustentar tal pesadumbre
—del cuerpo que ha de ser teatro de tales batallas
del espíritu.

En esta misma plana publicamos hoy grabados
diversos de un gimnasio doméstico, que ha de ser
mirado, más que como artículo de comercio, como
una buena obra. Y en la Habana, en casa de los
agentes de "La Agencia Americana", señores Amat
y Laguardia, puede verse.

No tiene término la enumeración de sus bonda-
des. Es útil, y es artístico, que es otra manera de
ser útil. Hay en el ser humano deseos vehementes
de gracia y armonía, y así como se lastima y queda herido de no verlas realizadas, así se alegra y
queda fuerte, cada vez que las halla. El color del
aparato es blanco y agradable a los ojos. El aparato es esbelto, y a la par que sirve, adorna. Con
ser un gimnasio completo, cabe en un cuarto pequeño, entre los demás juguetes de los niños; o
en una vara de pared, o en un recodo del jardín,
o en un rincón del patio. Lo tiene todo: hasta trapecio para hacer locuras. El trapecio, aunque no
sea el más útil de los ejercicios, es una sabiduría
del gimnasio: porque el hombre no se interesa en
lo que no le parece brillante, y le ofrece peligro.
Pero aquí el trapecio no ofrece riesgo mayor, porque está a una vara de tierra. Lo tiene todo: barras paralelas que se quitan y se ponen, y sirven
para anchar bien el pecho, y desenvolver los múscu-

los de los brazos y los hombros: barras paralelas y perpendiculares, que fortalecen brazos, pecho y muslos; barra horizontal que ayuda a la elasticidad de la cintura y poder del brazo; todos los múltiples ejercicios de las poleas, que son tan varios y tan beneficiosos, porque desde los pies al cuello, no hay parte del cuerpo que no saque provecho de ellos, y que en este aparato benefician mejor que en otro alguno, porque las pesas de las poleas, que pueden usarse además como pesas separadas, no caen súbitamente, sacudiendo el brazo fatigado que se esfuerza por retenerlas, y arrastrando el cuerpo detrás de ellas, con lo cual el ejercicio cansa pronto, sino que descienden suavemente por un plano inclinado, dejando así en reposo el brazo en la segunda parte de cada movimiento y permitiendo por lo tanto que éste se renueve con más descanso, utilidad y placer, mayor número de veces. Las correas de las poleas pueden, sin complicación alguna, alargarse o acortarse, y están dispuestas de manera, que con ayuda de ellas sentado en el piso del aparato en una cómoda banqueta que corre sobre ruedas bien seguras, y los pies puestos en pedales fijos, se hacen todos los hermosos y sanos ejercicios que pueden hacerse con los remos, los cuales, a más de dar gracia notable al cuerpo, y de invitar a ir por mares y ríos a gozar aire puro, tienen la ventaja de no dejar músculo alguno en inacción, y de desarrollarlos todos a la vez. Con las mismas poleas, sujeto por las manos de la barra horizontal, que remata por arriba el aparato, y sentado en otra barra paralela a ésta, sostenida entre las dos perpendiculares, pue-

den hacerse todos los movimientos que requiere el
velocípedo. Si se padece de curvatura de la espina,
el gimnasio doméstico tiene una tabla flexible que
se ajusta encorvándola hacia afuera, entre el tope
y el piso del aparato, y sobre ella se acuesta rega-
ladamente el enfermo, que hace allí sin ningún esfuerzo su saludable ejercicio de poleas. Para poner la sangre en buena circulación, el piso del gimnasio está hecho de tablillas movibles saltando ligeramente sobre las cuales, se siente a poco el provecho del ejercicio. Para desenvolver los hombros,
dar poder de impulsión al brazo, y ponerse en actitud de defenderse de algún ataque brusco de pu-
ños ajenos, el aparato tiene un saco pequeño que
se cuelga de la barra horizontal, y donde el puño
cobra fuerzas dando golpe tras golpe. Como las
muñecas necesitan desenvolverse, el aparato tiene
un rodillo enlazado con las pesas, dedicado exclusivamente al desarrollo de las muñecas. En suma.
no hay ejercicio corporal, ya de los suaves que llaman calisténicos, ya de los más recios que se enseñan como gala en los gimnasios, que merced a este
excelente y airoso aparato de Gifford, no pueda
hacerse sin incomodidad alguna en la propia casa.
Para nuestras mujeres pudorosas, a quienes simpá-
ticas razones vedan la asistencia a los gimnasios
públicos, y que necesitan, sin embargo, tan grandemente de estos ejercicios, el Gimnasio Doméstico
es de inapreciable ventaja: sin exponerse a ojos extraños, y en su propia habitación, pueden ejercitar-
se diariamente en todos los movimientos saludables
que aumentarán la fortaleza de sus músculos y la

armonía y gracia de sus formas.

La tisis siega en flor nuestros jardines:—¡cuántas menos flores nos arrebataría la tisis, que viene muchas veces de que el pulmón que busca desarrollo no cabe en el pecho apretado y endeble, si se hicieran un hábito en nuestras niñas y entre nuestros jóvenes, los ejercicios gimnásticos! Esta necesidad es especial en nuestras tierras, donde la preocupación por una parte, y la santidad de las mujeres por la otra, las retrae de las calles y paseos—que al cabo ayudan a fortalecer el cuerpo, y las confinan a la casa, donde el cuerpo más robusto se torna a poco pesado y enfermizo.

Para los niños, el aparato de Gifford es un deleite, porque no sólo pueden remar y andar como en velocípedo, sino jugar a lo que en Cuba llaman cachumbambé, y en otras partes "sube y baja", merced a una tabla en cuyos extremos se sientan los dos niños, la cual descansa sobre una barra baja sujeta por las perpendiculares. Y no es éste el único juego del aparato: también tiene el Gimnasio Doméstico un columpio, que se cuelga de la barra alta, y lleva a los ángeles juguetones hasta donde ellos quieren ir siempre que juegan, aunque hagan temblar y llorar a los que los ven: hasta el cielo!

¿Qué más? Hasta para caballete de cuadros sirve el aparato: se quitan de él poleas y rodillos, y queda como atril sencillo y garboso en que no descansaría mal un cuadro de Melero en la Habana, de discípulo de don Felipe Gutiérrez, en Colombia; de Ocaranza, Rebull, Parra o Pina, en México.

Y todo eso que va dicho cabe en una cáscara de

nuez. En un espacio de dos varas de largo y tres cuarto de vara de ancho, puede alzarse esa pequeña fábrica mágica, que es en verdad fábrica de vida, y reune todos los aparatos y permite todos los ejercicios para cuya práctica han sido hasta ahora necesarios vastos patios o grandes salones. Este gimnasio ni es caro, porque su baratura pasma; ni engañoso, porque sus maderas son tan recias como finas; ni necesita maestros, porque enseña solo; ni es peligroso, porque está todo en él a flor de tierra.

No hay escuela que no desee tener un gimnasio; pero aun los colegios ricos vacilan ante los gastos que acarrea su establecimiento, y la dificultad de hallar maestro oportuno, y los costos de mantenerlo. Ahora, con quince pesos que cuesta el aparato sencillo para fijar a la pared; o con treinta y cinco pesos que cuesta el aparato completo, que cabe bien en medio de una habitación pequeña, no hay escuela que no pueda hacerse de un gimnasio. En los colegios mayores, de diez a veinte aparatos bastarían, con más bello aspecto de la sala, mucha mayor ventaja y riesgos y precios mucho menores, a reemplazar al más complicado y costoso de los gimnasios.

Por eso dijimos que el Gimnasio Doméstico es una buena acción. Es preciso dar casa de buenos cimientos y recias paredes al alma atormentada, o en peligro constante de tormenta. Bien se sabe lo que dijo el latino: "Ha de tenerse alma robusta en cuerpo robusto". ("Mens sana in corpore sano").

He aquí lo que acaba de escribir en *The North American Review* el profesor Hall, que es pensador norte americano prominente:

"Tengo a la higiene por necesidad capital en la educación de los niños. Y lo que primero les enseñaría acaso, y con más ardor, sería el desarrollo de sus músculos. Pocos conocen la relación estrechísima que existe entre la debilidad física y la maldad moral, cuán imposible es la saludable energía de la voluntad sin que la sostengan los fuertes músculos que son sus naturales órganos, y cuánto dependen de un buen desarrollo muscular cualidades tan preciosas, como la abnegación, el dominio de sí propio, y la serenidad en las desgracias".

La América. Nueva York, marzo, 1883.

2

Plumas de Avestruz

Gran comercio se ha hecho con ellas en estos últimos diez años en Africa, y buena utilidad han rendido los primeros felices ensayos a los que, ya en respetable escala, han emprendido la cría de avestruces en Buenos Aires.

México, no hecha por cierto para ir a la zaga de los demás pueblos, y presa ahora de generosa impaciencia por ponerse a par del que más ande, proyecta, a lo que parece, experimentar esta productiva industria.

Por clima no ha de dejar de ser, porque el de México les conviene, sobre que el avestruz no es animal muy sensible a los encantos de un lugar determinado y muda de patria sin gran conmo-

ción, a tal punto que todos los países le están bien,
a no ser severamente fríos.

El precio no puede arredrar tampoco a los in-
troductores del ave en México, porque los pichones
se compran por muy pequeña suma en el Cabo de
Buena Esperanza.

Por cada macho que se compre, pueden comprar-
se dos o tres hembras, ya de buena edad. Las hembras son fecundas. Los pichones, de cría fácil. Apenas tiene un año, ya dan plumas,—y tantas, que
resarcen con exceso el costo de los padres.

"El Exportador Hispano-Americano" dice que no
hace mucho estableció esta industria en New York
un hombre emprendedor, y que le ha producido resultados tales, que exceden a cuanto se pudo pro-
meter.

No hay que decir que las plumas de avestruz de
México se venderían en los Estados Unidos con
ventaja sobre las que viniesen, como en tan gran
número vienen, de pueblos más distantes de éste que
el de México. Los menores gastos de fletes asegu-
rarían a las plumas mexicanas, contra las de Africa
y Sud América, el mercado.

La América. Nueva York, agosto, 1883.

3

EL FERROCARRIL ENTRE MEXICO Y LOS ESTADOS UNIDOS

Se sabe ya, por ser acontecimiento trascendental
que todo el mundo ha celebrado, que de México

a New York, como a cualquier otro lugar de los Estados Unidos, se puede venir por ferrocarril. Este es acontecimiento grato, si del lado latino de la frontera viene acompañado por una desapasionada previsión, habilidosa vigilancia y permanente ente-tereza. Con todo eso, será el ferrocarril cosa excelente. Sin eso, pudiera no serlo.

El *Journal of Commerce* de Chicago, en que visiblemente ponen la mano gentes latinas, publicaba poco tiempo hace datos minuciosos sobre el ferrocarril.

Durará el viaje desde México a New York o Boston seis días, de la manera siguiente: Desde México hasta la frontera en el Paso, dos días, poco más o menos, pues la distancia es de 19,584 kilómetros, ó 1,224 millas. En el Paso la conexión más íntima del Central Mexicano en dirección al Este, será la línea de Atchinson, Topeka y Santa Fe hasta la ciudad de Kansas, y de allí por la "Gran Ruta Burlington", o sean los ferrocarriles Hannibal y San José y Chicago, Burlington y Quincy, hasta la ciudad de Chicago.

Parece que se ha celebrado un contrato para que en todos los trenes expresos del Ferrocarril Central Mexicano haya carros-dormitorios de Pullman, y por tanto, buena comida y lujosa cama durante el largo viaje. En dos días después de salir de la ciudad de México se pondrá el viajero en el Paso: las estaciones donde se servirán cena y desayuno o comida serán San Juan del Río, Silao, Jiménez y San José. En el Paso no habrá más dilación que la indispensable para que la aduana examine los equipajes.

El ferrocarril Atchison, Topeka y Santa Fe llevará a los viajeros remontando el Valle de Río Grande por Alburquerque, el paso de la Glorieta, las Vegas con las fuentes termales muy cerca. Trinidad, las llanuras vastísimas del Estado de Kansas. De allí se irá a Topeka, capital del Estado, y llegando a la ciudad de Kansas, se efectuará en la estación Unión otro cambio de carros dormitorios de Pullman, tomando el ferrocarril Chicago, Burlington y Quincy. Una comodidad apreciable ofrece a los viajeros este ferrocarril, y es el carro fonda de la "Gran Ruta Burlington", en el que, mientras corre uno sobre rieles perfectamente nivelados, le sirven por precio moderado manjares buenos y con todo el lujo de un restaurant de primera clase. En una 18 horas se llega a Chicago, donde hay conexiones inmediatas con todos los ferrocarriles troncales del Este, y se despachan trenes expresos limitados a Philadelphia, Nueva York, Boston y otras ciudades importantes.

La América. Nueva York, abril, 1884.

4

El Gobernador

No vendrá mal a los que hablan lengua española saber que con nombre español va a ser bautizada la locomotora más grande que corre sobre rieles por el mundo. La están haciendo en la ciudad de Sacramento, allá en la corpulenta California, donde tiene sus hornos colosales, sus olímpicas fraguas, sus cavernosas y vastas techumbres la Compañía de ferrocarriles que se llama de nombre inglés "Central Pacific". Ha quedado siempre por saber quien invadió más, o quien fué el invadido, cuando los rapaces nómades del Norte se entraron por las calurosas, regocijadas, bellas y débiles ciudades latinas: acaso el Mediodía entró en el Norte, y lo refinó, en mayor grado que el Norte entró en el Mediodía y lo oprimió.

No viene ahora a cuento, aunque no está tampoco absolutamente fuera de cuento, que compare *La América* el caballo de Alarico con aquella locomotora norteamericana que en una novela simbólica sin duda, publicada en New York hace un año, entra triunfante en tierras de México por sobre el lindo cuerpo despedazado de una indefensa y amorosa virgen, la mestiza "Niñita".—No, no está bien que entremos todavía en estas comparaciones; pero es hecho curioso, que sólo se apunta aquí por imaginación literaria, que la pujante draga de enormes caninos que de cada dentellada saca del fondo del mar un tajo de isla o una cabeza de monte, la más poderosa draga conocida, en los Estados Unidos se hizo hace poco, para ayudar a las labores de limpia en nuestro istmo de Panamá;—y la mayor máquina jamás fabricada, en los Estados Unidos y en el mundo todo, va a llamarse ahora con un nombre de nuestras tierras débiles: "El Gobernador". El elefante albino, que con gran ruido y fama trae ahora

el admirable empresario Barnum de Burmah, puede
sentársele holgadamente a "El Gobernador" en un
estribo.

Se hablaba antes de Godofredos y Bucéfalos; pero ahora "la ocupación de Otelo", como reza el drama del gran Shakespeare, es ida; y en vez de aquellos héroes viejos, es justo hablar de estos nuevos,
que los sustituyen: entre los caballeros, Peter Cooper; entre los caballos, la locomotora del San Gotardo, que apea a la Francia, entre resoplidos gigantescos y vorágines de humo, a las puertas de la
Suiza, y la "Mastodonte", de las fábricas de Baldwin, que por cada libra de presión arrastra doscientas veintiséis de peso, y "El Gobernador", de
doble fuerza que la de San Gotardo, que va a es-
calar, hendiendo nubes, las prominencias de la sie-
rra, montada en un carrillo de diez ruedas, con un
millón de libras a la zaga. Es la serpiente nueva,
que ya no va a coger, como en los tiempos de la
Biblia, la fruta del saber en el árbol de un llano; sino arriba, en las manos mismas del que la siembra,
en la copa de un monte!

Los ingenieros ya la quieren, como a su hija más
hermosa. Palacios de hierro se hacían; y ahora
se hacen de hierro palacios rodantes.—El huésped
tiene un buen nombre, de rey nuevo, que no con-
siente ya otros reyes: el espíritu humano.

¿Quién niega que aun a los ojos de los monárquicos mismos, y sobre todo de aquellos que ven
de cerca los dientes careados y los huesos podridos
de las monarquías,—parecen los reyes de ahora que
no sean ese rey nuevo, sereno y radiante, personi-

llas de reir, necesarias para evitar males, pero como
meros entes de comedia, y niños vestidos de acto-
res, y estatuas de cera animadas? Eso viene del
manto de luz y solemne estatura del rey nuevo.

Veintiocho carros va a arrastrar "El Governa-
dor", y en cada uno cuarenta mil libras. Y como si
la razón no fuese distinta, que no ha de serlo, cuando obra sobre la industria de cuando en problemas
sociales obra,—la nueva máquina no echará, como
hasta ahora venían las máquinas echando, todo su
peso sobre las ruedas delanteras, sino que distri-
buirá con equidad su pesadumbre entre todas las
ruedas del carrillo en que monta. Carrillo le llamamos, como si ese camón rodante de cinco ejes que
a "El Gobernador" soporta fuera cosa pequeña.
Antes, un siervo, azotado acaso una hora hacía, o
desdeñado en aquel mismo instante, que era mayor
azote, traía descubierto y trémulo el caballo arrogante a que lo montara el castellano,—y el caballo, vestido de paramentos de oro, parecía y era en verdad,
llevado de la mano por el escudero de sayo burdo
el señor del hombre. Ahora el hombre libre ha puesto en rieles al caballo mudo, y tiene el estribo, frente a las cordilleras abatidas, al vapor que monta.

Estas inquietudes y vehemencias se nos perdonen.
Es que estamos entrando en mayo, mes de flores.—
Y nos place que la locomotora mayor del mundo
sea nombrada con un palabra de la lengua que hablamos. Ya le tenemos cariño a ese escalador de
montañas, a "El Gobernador".

La América. Nueva York, abril, 1884.

5

COMISIONADOS NORTEAMERICANOS PARA ESTUDIAR LA AMERICA LATINA

No se habla bastante en la América Latina de un proyecto de que se habla ya con mucha frecuencia entre políticos de nota en los Estados Unidos, del proyecto de unir por medio de un ferrocarril a través de la América los Estados Unidos del Norte y la República Argentina.

No recordamos esto ahora como motivo de conversación con nuestros lectores; ni como alarma embozada: que otras cosas con algunos de nuestros países sí la necesitan; pero ésta no. Lo recordamos porque están estos asuntos actualmente sujetos, en los que se estiman sus preliminares, al debate y voto de la Casa de Representantes.

En cumplimiento de una orden de la Comisión de Relaciones Exteriores, el representante Stewart de Texas tiene preparada en forma de proposición, la idea de diputar cierto número de viajeros oficiales que durante un tiempo fijo estudien sobre el campo los países hispano-americanos, sus riquezas naturales, las ventajas o desventajas que ofrezca para su cultivo y el comercio que viene de ellas, la constitución social y política de aquellos países, las vías de tráfico que existen y las que habría que crear,—todo lo que pueda contribuir, en suma, a dar a los Estados Unidos del Norte un conocimiento exacto del alcance, significación y constitución de nuestras tie-

rras y las ventajas comerciales inmediatas que podrían los negociantes de Norte-América irse procu-
rando con el desarrollo de las relaciones entre las
dos razas que habitan el continente.

Esta es la substancia del proyecto: los comisionados serán tres. Su viaje durará dos años. A pagar
los gastos de este viaje se dedicarán $70,000, y de
éstos se sacará el sueldo de $5,000 que disfrutará
durante la excursión cada uno de los comisionados.
La Comisión tiene los objetos generales que arriba
quedan apuntados, y el especial de investigar las posibilidades o dificultades que ofrezca la comunicación por ferrocarril de los Estados Unidos del Norte y los países de Centro y Sud América. La Comisión visitará a México, Guatemala, Honduras,
Salvador, Nicaragua, Costa Rica, Colombia, Venezuela, Ecuador, Perú, Bolivia, la República Argentina, Chile, Uruguay, Paraguay y Brasil.

El pensamiento de construir un ferrocarril dorsal
que de Norte a Sur atravesase, con ramales a ambas costas, toda la América, fué al principio la concepción de un entusiasta, que ofreció premios y los
pagó, a los ingenieros que probasen su posibilidad,
a los pensadores que encareciesen con razones cla-
ras su influencia, y a los poetas que mejor lo can-
taran.—Hoy la idea, que nunca pareció completamente ilusoria, sin tener por qué parecerlo, puesto
que no es más que una obra de tamaño, y el hombre gusta de acometerlas y entra sin miedo a construir toda obra que pueda serle útil; hoy la idea,
decimos, es ya informe del representante Stewart
ante la Casa Americana.

Y habla de esta manera del proyecto del ferrocarril que hemos llamado dorsal:

"La idea de construir un ferrocarril desde los Estados Unidos hasta la República Argentina es algo sorprendente para los que no han pensado nunca en el asunto; pero no hay obstáculo insuperable
para la realización de esta empresa. Pocas dificultades encontraría en su camino un ferrocarril co-
nectado con el que va de los Estados Unidos a
México, y que de éste siguiese a través de la América Central, pasara a lo largo del Istmo de Darien,
y continuase por el Este de los Andes, cruzando
toda la América del Sur hasta la República Argentina. No excedería el trayecto de 6,800 millas; y
comenzando el ferrocarril en la ciudad de México,
la distancia quedaría reducida a 6,000 millas, lo que
no causaría trastorno, pues ya México está en conexión con ferrocarriles a varios lugares del Norte.
Créese con fundamento que los obstáculos para la
realización de esta via no son más formidables que
los que tuvieron que vencerse veinte años hace en
la construcción de la primera línea trascontinental
americana. Y tan extraordinarias ventajas vendrían
a nuestro comercio de la existencia de esa vía a través de la América, que predecirlas siquiera hoy imposible".

Indudablemente no se trata de una empresa irra-
cional ni antipática. Y es cierto que en los Estados
Unidos, gente sensata, rica e influyente la ayuda.

Parece también cosa acordada el envío de los tres
Comisionados a los países de nuestra América.

La América. Nueva York, mayo, 1884.

6

Los libros que debe estudiar un buen mecanico

Hay en los Estados Unidos la excelente costumbre de dirigirse a los periódicos pidiendo consejo para alguna situación difícil, guía para alguna carrera, respuesta para alguna duda.—Supónese, con razón, que en una redacción de periódico concurren aptitudes varias y supremas, como que en las redacciones de periódicos es donde hierve ahora el genio, que antes hervía en cortes, en conventos y en campos de batalla. Y los periódicos, los mercantiles y los científicos sobre todo, responden a los solicitantes, ya en las columnas de la publicación, cuando la respuesta puede ser de interés general, ya en carta privada que suele ahorrar gran trabajo, poner en buen camino y servir de mucho al preguntador.

Muchos periódicos hay que tienen constantemente abierta una sección de respuestas. Uno responde a toda pregunta literaria, y con gran lucimiento: se llamaba *The Critic* antes; pero por agradar más al vulgo y lograr más ventas se llama ahora *El Crítico y Buena Literatura*. Otro, que es el *Journal of Commerce* responde con opiniones que son verdaderas sentencias de tribunal a toda pregunta sobre asuntos mercantiles, o de cualquiera otro género, que sus suscriptores comerciantes le hagan. Otro que es el *Scientific American* contesta a todos los que quieren resolver algún punto dudoso sobre maquinaria o ciencias.

"¿Cómo llegaría yo a ser un buen ingenio mecánico? ¿Qué libros tendría yo que estudiar?" Así inquiere de uno de esos periódicos un joven de buena voluntad: y nosotros copiamos aquí, para que la lean y aprovechen algunos jóvenes de nuestra América, la respuesta del periódico:

"Muy varia y sólida instrucción necesita tener si ha de ser bueno un ingeniero mecánico. Más que todo, necesita aprender la mecánica en las máquinas. Los textos que se estudian en nuestras escuelas mecánicas, son éstos, entre otros:

"Mecánica Elemental" ("Elemental Mechanics"), por De Volsen Wood.

"Materiales de Ingeniería" ("The Materials of Engineering"), por R. H. Thurston".

La América. Nueva York, mayo, 1884.

NUESTRA AMERICA

INDICE

NUESTRA AMERICA

Volumen 5

Facsímile de una nota de Martí de artículos por escribir para *La América*.

DE *LA AMERICA*, NUEVA YORK

VARIOS (1)

(1)   Aunque algunos de estos trabajos no están directamente relacionados con los países de *Nuestra América* se incluyen
aquí porque es evidente que Martí los escribió con el progreso
y bienestar de nuestros pueblos en mente, como fué el caso de
casi toda su producción en la revista *La América.*

1

INVENCIONES RECIENTES.

QUINIENTAS PATENTES NUEVAS

Como quinientas patentes concedió en un solo día, el 15 de abril pasado, la Oficina de Privilegios de los Estados Unidos. Y tenemos entendido que pronto concederá alguna a un notabilísimo invento de un joven mecánico hispano-americano.

Aplicación para nuestros talentos, es lo único que necesitamos en Hispano-América: esto es, necesitamos levantar nuestros países a la altura de los hombres que viven en ellos. La oscuridad e ineficacia actual de la raza hispano-americana depende sólo de falta de analogía entre nuestros pueblos forzosamente embrionarios y los habitantes cultos, y relativamente ultracultos, de nuestros pueblos. Estos son males necesarios y transitorios, que alarman mucho a los veedores miopes, mas no a los de larga vista. El hombre no puede contener su actividad, ni su deseo de adquirir los medios de subsistencia, que muy frecuentemente, subiendo de grado y con el incentivo de los apetitos de satisfacción costosa, llega a ser desatentada pasión por la riqueza; de manera que, ya por su energía activa, ya por necesidades apremiantes, el hombre obra en aquello que más a mano halla para satisfacer unas y otras. Pero tampoco puede contener el hombre su natural amor al sosiego y decoro; y cuando construye, se siente mejor y goza; y cuando destruye, aunque quiera aturdirse y hacer gala de su victoria y cinismo, se avergüenza y padece: de modo que cuando puede el hombre dar empleo a sus fuerzas y cumplimiento a sus necesidades por medios seguros, dignificantes, nobles y de durable resultado, se aparta con rapidez y regocijo, como de compañero venenoso, de los quehaceres violentos o impuros en que se había venido ocupando.

En América, pues, no hay más que repartir bien las tierras, educar a los indios donde los haya, abrir caminos por las comarcas fértiles, sembrar mucho en sus cercanías, sustituir la instrucción elemental literaria inútil,—y léase bien lo que decimos altamente: la instrucción elemental literaria inútil,—con la instrucción elemental científica,—y esperar a ver crecer los pueblos. Van a dar gozo, por lo desinteresados y brillantes. No nos apresuramos; y como que estamos seguros de estas glorias, no renegamos de nuestras tierras: ¿quién de su hijo reniega, porque le oye balbucear en la cartilla?: lo que no quiere decir que no le hierva al niño un Hamlet o un invento pasmoso en el cerebro, que a su tiempo y sazón saldrán a la tierra.

Ya, por hablar de la constitución y porvenir de nuestros países, no nos queda espacio para contar brevemente algunas de las invenciones que acaban de ser privilegiadas, entre las que no hay, sin embargo, ninguna de notable trascendencia. El mundo está haciendo ahora su tránsito del vapor a la luz eléctrica, y no hay en esas patentes de abril ninguna que ayude de un modo señalado a estos trabajos. Hay una nueva máquina de cosechar granos de Knoop y una máquina de izar de I. F. McNeil, cultivadores varios, una secadora de ladrillo de I. Blum, gran número de escaleras de escape para incendios; y de electricidad, lo más curioso que hay es un portero eléctrico.

La América. Nueva York, mayo, 1884.

2

Tranvias de cable.—Ventajas de los paises
Hispano-Americanos para la aplicacion de
los nuevos inventos

Nuestras tierras americanas tienen la ventaja de que al aquietar sus pasiones de pueblos mozos y decidirse a ser personas de provecho, hallan ya depuradas y probadas muchas invenciones fascinadoras, que han resultado al cabo falaces, rudimentarias o inconvenientes, y cuya experimentación ha sido hecha por pueblos que se nos anticiparon en la prosperidad y el empuje.—De manera que, si obramos con juicio, aprovecharemos de lo que lleva averiguado a gran costa la experiencia ajena, sin haber gastado en adquirirla las sumas y el tiempo que a otras tierras cuesta.

Y sucederá en lo físico e industrial en nuestras

tierras como en lo político ha sucedido, lo cual en lo político ha sido un bien, a pesar de las dificultades actuales para el acomodamiento en el nuevo estado súbito. De la colonia frailesca fuímonos de un salto a la política acabada; y del kerosene nos estamos yendo a la luz eléctrica.—Y aun deben esperar los pueblos que quieran nuevo alumbrado, que de aquí a poco éste será más barato y perfecto que ahora: bien tienen merecido estos premios nuestros dolores. ¡Cuán grandes nuestros padres, que de la capilla de los oídores recortaron el manto de la Libertad, que ahora se nos empieza a ver sobre los hombros!

Las ciudades que quieran establecer ahora tranvías, deben antes de echar sus rieles para carros de caballos, hacer examinar los que andan sin ellos, por ser su motor constante un cable que corre dentro de un gran tubo, colocado bajo la superficie de la calle, como se colocan las cañerías de gas o de agua. Este gran tubo tiene una espaciosa ranura en su parte alta, por la cual pasa el timón que maneja el conductor desde su plataforma, y llega hasta el cable, del cual se desase cuando se quiere detener el carro, o se prende cuando se quiere que el carro continúe en movimiento. Lo mismo que las mandíbulas prenden el alimento, lo mismo que los dientes de una draga se cierran sobre las piedras y sedimentos que ha de sacar a la superficie, así asen el cable los dientes, o ruedas, en que remata el timón. Y como el cable está siempre en movimiento, en virtud de la máquina motriz establecida en la estación de que arranca el cable, el carro es arrastrado por él a gran velocidad, sin que esto impida que

cuando el conductor lo desee, oprima el freno o timón que por una ranura abierta en el pavimento
entre los rieles se comunica con la de la parte alta
del tubo, y desasidos del cable a esa presión los
dientes del timón, el carro se detenga, por cuanto
tiempo se quiera. Con este sistema de tranvía de cable, los carros andan con mucha mayor ligereza, se
gasta mucho menos en poder motor, por ser el vapor y su máquina más baratos de comprar y con-
servar que las pobladas caballerizas que ahora se
requieren para los tranvías de tracción animal, y se
ocupan menos empleados y menos espacio en las calles.—Sobre que es bueno alimentar la fantasía, y
un carro así parece que lleva alma.

Que el sistema no es ilusorio lo prueban, no sólo
el ferrocarril del puente de Brooklyn, a pesar de las
dificultades especiales que allí presenta la vía por
tener que ir el cable sobre el borde de ruedillas en-
clavadas de trecho en trecho en los durmientes aéreos; lo prueban mejor Chicago y San Francisco
de California, donde este sistema está en uso constante, como de derecho le viene por su sencillez y
baratura, sobre todo en las tierras calientes en que
los animales padecen tanto, y la rapidez del tráfico
con ellos, o en los países fríos donde en los días en
que la nieve está acumulada en las calles es fácil
ver en el rostro de los pasajeros de los carros de
caballos la imagen de la muerte. *La América* dará
con placer más informes a las personas que se inte-
resen en tener noticias de este sistema de tranvías,
en los Estados Unidos muy favorecido.

La América. Nueva York, junio, 1884.

3

INTERESANTE EXPERIMENTO

La doctrina de que la tierra no debe considerarse como propiedad individual, tendrá aplicación, como prueba, en la Nueva Zelanda, donde el Gobierno se prepara en la actualidad para hacer arreglos con los colonos de modo que los terrenos vengan a ser al fin propiedad del Estado. Esta aplicación práctica será estudiada sin duda con interés por otras colonias nacientes.

El plan en proyecto consiste en el arrendamiento de las tierras por el Gobierno, por el término de veinte años, en vez de venta, compensando a los poseedores por las mejoras introducidas si se anula el contrato al expirar este término. El objeto es dar al Gobierno dominio sobre la tierra, con el valor adquirido por ésta y el correspondiente aumento de la renta. La ventaja del colono consistirá en la facilidad con que se podrán obtener los terrenos y las compensaciones por los adelantos en ellos introducidos.

También se trata de un aseguro forzoso en la misma colonia; cada hombre debe ganar 66 £ antes de tener 23 años de edad, o dos chelines por semana durante doce años, con el objeto de asegurarse 15 chelines a la semana si es soltero, y 22 si es casado, mientras esté enfermo; y 10 chelines por semana en su incapacidad por vejez, después de los

65 años. Ambas medidas serán de provecho para el público y el Gobierno al mismo tiempo; y en pocos años gozará la colonia de una sólida prosperidad.

La América. Nueva York, marzo de 1883.

4

El horografo.—Invento reciente

A veces no se pone atención en cosas importantes, porque parecen demasiado sencillas. Sin embargo, importa mucho,—tanto como tender rieles cuando se trata de hacer andar ferrocarriles,—enseñar a los niños hechos fundamentales, que les ahorren trabajo útil, y les preparan a conocimientos mayores. Es innumerable la cantidad de niños que dicen de coro trozos de Cicerón o tocan en el piano melodías de la Traviata, sin saber todavía conocer la hora en el reloj. Se acaba de inventar un instrumento colocado sobre un pie simple, que se conoce con el nombre de "Horógrafo de Mathey", para enseñar a los niños el movimiento del reloj, a la vez que la esencia de la división en Aritmética, y el uso de los números romanos. El reloj es un disco sencillo, cuyo minutero y horario giran hacia atrás o adelante por medio de un tornillo. Son numerosísimas, las explicaciones a que se presta el horógrafo. Con él pueden los profesores llenar a un tiempo muchos objetos y entretener en amena y muy provechosa conversación a sus alumnos. En Francia, todas las escuelas se han hecho del horógrafo. En los Estados Unidos el invento está siendo prontamente aceptado. La grandeza de los pueblos no depende acaso sino de aceptar a tiempo y sin demora, todo lo útil:—y en educar racionalmente a los niños.

La América. Nueva York, marzo de 1883.

5

Arbos senior

Arboles ha habido muy viejos, como estos de California, en cuyo tronco danzan cien parejas; o el ahuehuete de los alegres almuerzos en el bosque canoso de Chapultepec, antes mansión de aztecas reyes, y ahora de Presidentes de la República de México;—o el sicomoro aquel que hasta 1636 elevó su misteriosa copa en las cercanías del Cairo,—y a cuya falda es fama que en su fuga por Egipto, se cobijaron del sol María y su hijo, no lejos de aquella mata de bálsamo aromosa, que cuentan los creyentes que nació de gotas de agua caídas de los pañales que puso a secar, bien lavados por sus manos blancas, la linda madre de Bethlem.

Pero el *Knowledge*, que es un buen diario inglés, dice que más que todos esos árboles californianos, y los sabinos de los aztecas, es viejo otro árbol que aun mece su ramaje venerando en la ciudad sagrada de Amarapoorah, en Burmah fantástica, testigo to-

davía de la devoción solitaria y estéril de los brah-
manes, empeñados en escaparse de su propio cuerpo al divino, como al calor del sol un vaso de esen-
cias. Este árbol de la ciudad india estaba ya cargado de ramas 288 años antes de Cristo.

En Inglaterra hay un sabio en árboles, Sir Ter-
ment, que aunque mira con amor al roble de Wind-
sor, anciano de cien años, afirma que hay razón para creer en la suma vejez del árbol de Amarapoorah, en tanta prez tenido, que parecería como poner
mano en padre ponerla en el árbol, del cual guardan
con respeto los peregrinos que por la comarca pasan, las hojas que el viento, a modo de bendiciones
patriarcales de gigantesco sacerdote, arranca a las
ramas gloriosas.

La América. Nueva York, junio de 1883.

6

INVENTO MUY UTIL

Notabilísima como fué la última Exhibición de
Ferrocarriles en Chicago, de que *La América* de
este número da acaso la única noticia que de ella
anda en lengua de Castilla,—no tuvo, sin embargo,
en sus salones el último invento de George Bedlinger. Distinguiéronse los tiempos feudales por su
modo de ahondar fosos: y estos tiempos por cegarlos. Distinguiéronse los reinados de Enriques
y Franciscos por la fabricación de pesadas arma-

duras y mortíferas catapultas: y el reinado del hombre, que comienza, distínguese por enemigo de la muerte. Aun se mata; pero se fabrican ya más locomotoras que cañones.—Y a nadie extrañe que demos así las noticias, y que con la máquina que describimos, y como surgiendo de ella misma, vaya el comentario que inspira. Ciencia y literatura han de copiar a la naturaleza en la que lo útil va siempre acompañado de lo trascendental. Ha de tenderse a desenvolver todo el hombre y no un lado del hombre. El mero progreso mecánico, si no encajase en el glorioso movimiento universal, sería como la habilidad estéril de un cigarrero chino. El árbol de la naturaleza está cargado, como todos los árboles, de frutos y de flores,—que llevan la semilla de los frutos. Flor sin fruto viciaría el árbol, que se iría todo en hojas: —fruto sin flor, no podría ser. La imaginación es la vanguardia y como el profeta de la ciencia. La idea, madre del hecho. La flor, cubierta maternal del fruto.

Hace daño a la inteligencia de los hombres quien les cuenta un hecho desnudo, y no lo engrana con los demás hechos humanos. Y quien lo hace, ahorra tiempo, desbroza el juicio, fertiliza la mente, la deja limpia y preparada, con más seguro conocimiento de la importancia de las cosas, a mayor obra.

La invención de Bedlinger viene a hacer menos fáciles los choques entre ferrocarriles, ya por falta de aviso oportuno, ya por error en el cálculo del tiempo, ya por imposibilidades de mutua comunicación.

En Erlanger, Kentucky, se ha dado a luz el in-

vento. Es éste un aparato eléctrico de señales para
telegrafiar entre los trenes en camino, o entre los
trenes y las estaciones, manteniendo así a los en-
cargados de la salida de los trenes en conocimiento permanente de la marcha de los trenes de su línea, con lo que pueden evitar todo choque o conflicto. Y los trenes quedan al habla entre sí.

Consiste el aparato en un conductor ligado
(*jointed conductor*) que rompe la conexión por presión, y cuya corriente pasa por el carro por medio
de cepillos. Cada tren lleva su propio operador e
instrumentos. Y como para completar esta invención, se anuncia otra ya en boga en Inglaterra, sencilla y de resultados beneficiosos, como que tiende
a mejorar el sistema de señales por luces en las
vías férreas, sistema que a veces hacen peligrosos,
cuando no inútil, las curiosas enfermedades de la
vista que suelen afligir a los conductores de trenes.
Debe ir siempre un maquinista de ferrocarril como
arrebatado, como montado sobre llamas, como fas-
cinado. ¿No se les ve en los ojos, por menguada
persona que a veces sea, cierta serenidad grandiosa, luz extraña y heroica osadía?—Pues se las da
el contacto constante con el espacio grandioso,—y
el hábito fiero y saludable de enfrenar, acariciar,
desatar, graduar una de las fuerzas locas de la naturaleza. Ver grandeza, hace grande:—quien entre
en un taller norteamericano, donde las máquinas
ruedan y rugen, y susurra el vapor y cuchichea,
y pasan hombres con montes de artefactos a la espalda, y asciende el elevador, moderno recadero,
como un espíritu sutil por entre las paredes, y hor-

miguean centenares de trabajadores, y no cesan el
ímpetu, el esfuerzo, el movimiento frenético y fantástico, la labor regular y colosal, la maravilla de
tamaño y tiempo—no se asombra de que tales aprendices de taller hayan hecho tal pueblo.—Lo maravilloso les es natural, porque se crían en ello. Lo acometen todo, porque lo han visto acometer todo. De
nada se sorprenden, porque viven en medio de lo
sorprendente.

De este contacto de lo grande, sin el cual vive
el hombre como larva pesada, y con el cual siente
que, cansadas del sueño, se le abren en la espalda
las alas; de este constante comercio con la luz, con
el fuego, con el viento cargado de chispas, con
la noche sombría o serena, que deslumbra y fatiga
los ojos, suelen venir a los maquinistas caprichosas enfermedades ópticas, o vicios visuales, que a
menudo les impiden distinguir bien a la distancia
en que ya es necesario, los colores de las luces diversas de los aparatos de señales. Frecuentísima e
inevitablemente confunden la luz blanca con la roja.

Y a eso viene el invento inglés.

La América. Nueva York, agosto de 1883.

7

UN MASTODONTE.

Acaban de sacar de la tierra en la ciudad de
Manlius, a ocho millas de Siracusa, un animal del

período post filioceno de la época terciaria. Tan
grande es, que es más grande que el famoso mastodonte de Newburgh. Y tan genuino, que el profesor Boynton, que descubrió y probó el fraude del
gigante de Cardiff, asegura que éstas de ahora,
que ya se disputan los museos, son las reliquias reales de un mastodonte que debió tener quince pies
de alzada, y pesar como un tercio más que el formidable elefante a quien pasea entre cadenas por Europa y América ese hombre de genio que lo ha
puesto todo en casas de fieras y circos, Barnum.
—La tierra, que da dolores, da a quien los alivia.
El que descubre medios de atraer y distraer a los
demás—es un benefactor de los hombres. La alegría es el vino del espíritu.

No se está aun bien seguro de la especie del animal descubierto. Mastodonte lo creen unos, y mammoth otros. El colmillo, es tal que mide once pies.
Una de sus muelas pesa veinte y cinco libras. Grandes son los esqueletos que se han descubierto antes
de ahora en la América del Norte; y los que Darwin cuenta que vió en aquel fructífero viaje que,
con singular modestia y llaneza, cuenta en los dos
libros que escribió como cronista científico de la expedición inglesa, a través de mares lejanos y de
extrañas tierras. Leer aquel libro, sincero, ordenado, más lleno de deseos de saber que de generoso
calor humano, más preocupado del modo con que
los insectos vuelan que del modo con que vuelan
las almas—es como entrar por los espacios vastos
de aquel maravilloso cerebro, a cuya implacable lealtad no faltó acaso, para poner a su dueño entre los

seres casi divinos de la tierra,—más que el don de amor, lo que hace fecundo al genio.

Darwin vió en Buenos Aires, restos de gigantescos animales: pero dicen que éste que acaba de descubrirse en Manlius, es esqueleto tan grande que figura entre los más notables conocidos.

Los paleontólogos están animados, y ya emprenden viajes al lugar del buen suceso, ya publican comentarios sabios.

Da gozo ver a los hombres de ahora. Puede asegurarse que ya empieza la época de la verdadera revelación.

La del hombre a sí propio.

La América. Nueva York, agosto de 1883.

8

El glosografo

Ya parece inventado el instrumento desde tanto tiempo hace apetecido por los pensadores de mente volcánica, y por los poetas de veras, a quienes suelen venir las ideas en bandadas compactas y fugaces, y como en haces de relámpagos. Dicen los tales que las ideas les vienen a veces, luego de estarse quedos mucho tiempo, como si fueran ejércitos de mariposas, que les baten las sienes con las alas, y les rozan los labios, como llamando a ellos las palabras que las pinten, palabras que jamás llegan con rapidez bastante para colorear sobre el papel las inquietas y atropelladas mariposas.

Un Gentilli—que merece su nombre—ha inventado el glosógrafo,—y lo ha exhibido en la Exposición de Electricidad de Viena.

El glosógrafo es un aparatillo ingeniosísimo, que puesto en lo interior de la boca, a la que se acomoda sin trabajo, no impide el habla, y la reproduce sobre el papel con perfección de escribiente del siglo XV. Sólo exige que se pronuncie con toda claridad; y cada sílaba, al punto que es pronunciada, ya es colocada sobre el papel que la espera, sin molestia alguna para el que habla; y sin confusión para el que lee, una vez que aprende la correspondencia de los nuevos signos.—¡Qué alegría, sí, como dice el *Pall Mall Gazette* que ya se sabe que es periódico de gran respeto, no hubiera en el nuevo aparato más dificultad que la de descifrar los caracteres! Más claros que los de la música han de ser, y no más difíciles que ellos,—y los de la música se leen de corrido.—Nunca, nunca llegará la mano rápida a reproducir los escarceos, carreras, súbitas paradas, inesperados arranques, hinchamientos de ola y revelamientos de corcel del pensamiento enardecido!—¡Sea bienhadado el inventor del glosógrafo! Sólo que sienta mal al pensamiento toda ficción y freno: y de fijo que con saber que se va a pensar, y fijarse el aparato en la boca, y prepararse para el suceso, ya se piensa menos. La inspiración es perpetua doncella.—La soledad es su amiga. El esposo que la fecunda es el silencio.

De tal modo está construido el aparato que una

vez puesto en la boca, queda en contacto con el cielo de ésta, los labios y la lengua. Un registro electo-magnético recibe los sonidos y los trasmite al papel.

"No se necesita —dice Gentilli— alzar la voz. Con la voz más baja se logra la más fiel reproducción. Lo que se necesita es pronunciar bien".

"Póngase de un lado —dice un comentador— el que presuma de escribir más rápidamente con la pluma,—y del otro lado el que hable con el glosógrafo. Es seguro que éste escribe con el aparato cinco veces más que el más veloz escribiente".

Aunque ocurre que el glosógrafo pudiera no ser más que una mejora sobre el fonógrafo de Edison, —dícese que no,— que es de fecha mucho más antigua, y sobre descansar en otro principio acústico, no reproduce los sonidos en forma microscópica.

¡Oh todo, todo podrá inventarse—menos las alas!

La América. Nueva York, noviembre de 1883.

9

BOTES DE PAPEL.

Anda por las librerías y tuvo éxito en su tiempo, un libro ameno de un viajero osado que de Quebec, en el lejano Canadá, vino en un bote ordinario de madera hasta la ciudad de Troy, a la orilla del Hudson imponente; y allí vió unos botecillos de papel que pesaban menos que un baul de señora en via-

je a punto de baños, y le parecieron tan bien, que
ya no quiso usar su bote de madera, sino que en
uno de papel, sin miedo a hielos ni ventiscas, fué a
dar al Golfo de México; cuya accidentada travesía
narró luego, en ameno lenguaje, en el "Viaje de
la canoa de papel": que así llama a su libro, impreso en la casa de Lee & Shephard, Boston, el viajero N. H. Bishop.

Corrió el suceso el mundo, con ser menos famoso
que otro con que acaban de asombrar a Venezuela
ahora unos maracaiberos, que por mar se vinieron
en otro botecillo del distante Maracaibo a las al-
borotadas aguas de la Guayra, a dejar a los pies
de Bolívar, como digno de él en la fiesta de su
Centenario, el heroico barquichuelo.

Pues aquel bote de papel de Bishop no fué una
casualidad, ni un mero capricho; sino el producto
regular de una próspera industria. De ese viaje
se habló mucho; pero ¿se sabe acaso que en Troy
existe una fábrica de botes de papel,—una fábrica
que ha solido ganar al año, haciendo estos botes,
cincuenta mil pesos? ¿Se sabe que las bóvedas que
coronan varios altos colegios y observatorios de los
Estados Unidos, de papel son también, y de la fábrica de botes? ¿Se sabe que en estos instantes
mismos las fábricas de Westinghouse, que se anun-
ció en *La América* en el número de septiembre, está montando una de sus ingeniosas y sencillas máquinas de vapor en un buque de papel? Pues eso
esperan saludar pronto los habitantes felices de las
orillas prósperas del Hudson:—un vapor de papel.

Ya peina canas el que inventó estos botes, im-

permeables, ligeros, seguros, muy usados en regatas,
a tal punto, que hay club de remadores que tiene
cuarenta de ellos, de precios varios, porque desde
60 pesos hay botes hasta 600 pesos.

Fué el inventor un bravo muchacho que ayudaba
a su padre a hacer cajas de cartón para sus potes de
tinta y sus siropes, de los que había tan gran consumo que ideó el preparador tener fábrica propia de
envases.

El muchacho norteamericano de la ciudad no es
por cierto modelo apetecible,—porque el ansia de
goces, la facilidad de satisfacerlos y el amor descar-
nado y desequilibrado de lucro, le relajan las fuerzas,
o se las echan por caminos de aventuras, o no les
permiten la necesaria disciplina y desarrollo.—Pero
el muchacho campesino, o de ciudad pequeña, que vive en más directo trato con los trabajadores, y ha de
esforzarse más en obtener lo que desea,—es noble
especie de hombre, que a singular astucia junta un
ciego y grandioso ímpetu, al que nada pone miedo
ni coto. Jorge Waters quiso un día ir de gigante
a una fiesta carnavalesca; pero como no llegaban
sus pesos a ocho que le pedían por una recia careta
de gigante, imaginó hacérsela él, a imitación de una
que le prestaron. Y puso lámina de papel sobre lámina, y las moldeó y repujó luego, y tuvo en risa a
todo el pueblo con su gran careta; de lo que le quedó tanta fe en la eficacia del papel, que otro día que
quiso calafatear un bote viejo de madera, con papel
lo hizo, como su mascarilla de gigante, y le fué bien,
y triunfó en mar y en tierra.

Quiso luego bote nuevo, y, con ayuda de su padre, fabricó uno tan bueno que, tras muchos años de servicio, aun dura y se llama "El Experimento".

"María Teresa" se llamaba el bote en que hizo Bishop su viaje al Golfo de México. De largo, tenía quince pies; de espesor, un octavo de pulgada; de peso, cincuenta y ocho libras.

Y no hay cosa más sencilla que la fabricación de estos botes. Sobre un molde de madera se van tendiendo una sobre otra tantas láminas de papel cuantas requiera el espesor del bote, cortado de manera que ajuste holgadamente en ancho y largo al molde, de modo que al secarse no se encoja. Una vez seco, se saca ya el casco, que es de suyo impermeable. Se remata el bote, como se pudiera rematar uno de madera; y queda un lindo barquichuelo, liso, ligero, airoso, apto para recibir cualquier barniz o pintura, fuerte, menos susceptible que los de madera a la acción del frío o del calor, por ser el papel un no-conductor excelente,—y sin costura ninguna ni clavo que raje la madera, ni intersticio de ningún otro orden, lo cual lo salva de hacer agua, del quebranto y separación de los cinchos y tablas, y del hundimiento.

El casco de la lancha de vapor, a que pone ahora máquina la fábrica de Westinghouse, es ya más complicado, y se ha hecho en dos mitades unidas por la quilla.

Es un hermoso bote de recreo; mas no nos parece que se le pueda dar tan segura aplicación como a los botes pequeños de remos.

Nos parece ver, al cerrar estas noticias curiosas, el rostro fresco y atrevido del muchachuelo que modeló su cara de gigante. Recordamos a Peter Cooper, que de nadie recibió instrucción mecánica, y reformó las máquinas de vapor, y halló aparatos para vaciar las montañas. Y pensamos que no hay mejor sistema de educación que aquel que prepara niño a aprender por sí.

Asegúrese a cada hombre el ejercicio de sí propio.

Si sólo para apoyar esta verdad hubieran servido—ya no habría sido inútil la influencia de los botes de papel.

La América. Nueva York, noviembre de 1883.

10

La Exposicion de caballos.

Celebró New York, con éxito grande, la suntuosa Exhibición de caballos, que en nuestro número de octubre anunciamos. De tal manera previmos lo que en ella había de ver el público, que ya apenas nos queda cosa nueva que decir de la Exhibición.

Veinte mil personas cada día la vieron, más de $40,000 produjo. Cerca de cuatrocientos caballos entraron en las cuadras. Excepto Clydesdales, buenas bestias de tiro, allí estaban representadas todas las grandes razas.

De mañana al alba, el Hipódromo de Madison, en

que caben diez mil espectadores, rebosaba gente. Ya
era que en el amplio circo paseaban en triunfal procesión, guiadas por los premiados de cada grupo,
las diversas especies del hermoso bruto en cuyo honor y para cuya mejora se celebraba la fiesta;—ya
que, en caballeresca competencia una cincuentena
de elegantes jinetes hacía caracolear, trotar, enca-
britar, pasear a sus caballos dóciles de silla, sin que
hubiera jinete mejor que uno cubano, que lucía su
caballo premiado, y parecía el gentil espíritu de la
caballería. Ya eran las bombas de fuego, que para
abrir la fiesta cada día, en desatada carrera salían,
campaneando y chispeando, de su tienda en el fondo del circo, a ver cual de ellas, tiradas por caballos poderosos, que parece que saben que van a salvar gentes, llegaba al cabo opuesto. Ya eran ejercicios de policía montada, no más experta por cierto
que un vulgar escuadrón de caballería de ejército,
a no ser en una suerte notable, que consiste en salir
corriendo a la par de un caballo desbocado, y de-
tenerlo o arrancar de la silla a su jinete. O ya era
un centenar de caballos saltadores, que montados
por audaces équites, daban tres vueltas al circo, entre las palmadas de la elegante muchedumbre, por
sobre vallas, matorrales fingidos y altas cercas.

Los palcos que ceñían el circo estaban cuajados
de las más notables familias neoyorquinas. Cuantos
galanes tiene la ciudad, que son muy numerosos,
mas sin que sobresalga en ello mucho lo galán, parecían por lo asiduos en los cinco días de la fiesta,
frutos de circo: y muchos lo eran. Alrededor de la
arena, las más notables fábricas de Inglaterra y los

Estados Unidos lucían sus más bellos carruajes y
arneses.

En las caballerizas, que eran tantas que se salieron del circo e invadieron las calles a que da el
Hipódromo, lucían los trotadores su cabeza grande,
de ojos avisados y lucientes, sus musculosos pechos
y sus ancas caídas,—y los caballos de camino su
cuello largo y sus ancas redondas,—y cada especie
sus mejores hijos.

Triunfaron, como triunfan siempre, y en todo, el
tamaño, la elegancia y la gracia.

Por tamaño, los percherones, que parecen hechos
para llevar a lomos torres y castillos: percherón había, parecido a los caballos del Automedonte de Reg-
nault que pesaba 2,000 libras: como hemisferios de
colosal albaricoque se levantaban sus macizas ancas.

Por elegancia, ¿qué caballo había de vencer sino
el árabe? Dos árabes había: los dos premiados.
Fueron los que el Khedive de Egipto regaló al General Grant, cuando en busca de fama que le llevase a la tercera presidencia, corría el mundo, en
amistades grandes con los políticos de espada y puño. De estas dos lindas bestias, que vienen de padres casi bíblicos, uno tiene probada su nobleza por
abolengo escrito de trescientos años: y el otro lleva la suya en su hermosura y arrogancia: por lo que,
a pesar del abolengo, el primer premio fué del más
hermoso, y no del vástago de establos viejos.—
Moros son estos dos caballos árabes: corta y finísima cabeza; ojo leal, centelleante, humano; majestuosa quietud; forma pictórica. Las crines sedosas

y luengas; pecho y ancas musculosos y de líneas puras; cuello corto, ancho al pecho; cañas aéreas.

Por la gracia triunfaron los ponies de Shetland. Un perro de Spitzberg es más alto que el mayor de ellos. Les chispea en los ojos relucientes, medio oculto entre las crines abundantes, una casi humana malicia. Cuando miran, ya dicen que tenderán por tierra al que intente montarlos. Eran los jocosos de la fiesta. Cuando salían juntos a la arena todos los caballos en procesión,—por donde andaban los ponies, había alboroto. Los percherones sobre todo les enojan: les muerden la crin larga, cocean entre ellos como para hacer venir a tierra aquella admirable mole viva, que pone más en relieve su pequeñez. Los hombres son como los ponies de Shetland.— Estos de la Exhibición nunca andaban al paso, sino trotando o corriendo. Eran rechonchos, crinudos, de cabecita gruesa, de pies cortos y finos. Verlos, movía a risa: parecían caballos de casa de muñecas.

Aun no se ha cerrado la Exposición, y ya los criadores se preparan, con el estímulo avivado, a ir mejorando sus brutos, de manera que sus rivales no los venzan en las Exposiciones próximas. La naturaleza humana necesita espuelas:—el mismo caballo árabe, cuando ve correr a otro en la llanura, saca de sí más bríos.

La América. Nueva York. noviembre de 1883.

11

REFORMA ESENCIAL EN EL PROGRAMA DE LAS
UNIVERSIDADES AMERICANAS.—ESTUDIO DE LAS
LENGUAS VIVAS.—GRADUAL DESENTENDIMIENTO
DEL ESTUDIO DE LAS LENGUAS MUERTAS.

Famosa es la Nueva Inglaterra por sus colegios,
y sus costumbres, y su gente sabia. Con cofia y espejuelos representan los satíricos a Massachusetts
todavía, como para indicar que el estado histórico
de Bunker Hill y de Concord vive aún apasionado
de lo viejo. Pero es lo cierto que por esa natural y
sencilla arrogancia que da la superioridad legítima
de la inteligencia, y por el mejoramiento que viene
al espíritu de su roce con ideas y gentes que gustan de ellas,—distínguese de los demás habitantes
de la nación, sin gran dificultad, a un bostoniano.—
De Massachusetts fué Motley, el historiador profundo y pintoresco, cuyas inolvidables obras debiera enriquecer toda buena librería; de Massachusetts, —Emerson, un Dante amoroso, que vivió sobre la tierra, más que en ella,—por lo que la vió
con toda holgura y certidumbre, y escribió Biblia
humana. De Massachusetts,—Longfellow, el poeta
melodioso, y sereno, que forjó en nueva fragua el
inglés duro—y lo sacó de ella redondeado y sonan-
te, a que dijese en nítidas estrofas pensamientos

sentidos, melancólicos y tersos. De Massachusetts,—Ripley el crítico; Dana el periodista; Lowell
el poeta de la lengua yankee, que ahora está de embajador en Inglaterra, donde lo han elegido por desusada muestra de cariño, Rector del Colegio de
San Andrés. De Massachusetts son, como de raza
acrisolada, en que la facultad de meditar ha venido
acendrándose y aquilatándose, los mejores "divinos" como aquí llaman a los sacerdotes, casta aten-
dible en esta tierra, por lo culta, generosa y útil;
—los novelistas sagaces y delicados, como Howell,
cuya fama empieza; los rimadores atildados, que no
poetas, porque aunque Whittier, el cuáquero, y
Holmes, rey del álbum, y Lowell, el embajador, viven—no hay ahora en los Estados Unidos más poeta, desde que el pobre Sidney Lanier es muerto, que
Walt Whitman, un rebelde admirable, que quiebra una rama de los bosques, y en ella halla poesía—más que en rugosos libros y doradas cadenas
de academia. De una academia es miembro Walt
Whitman: su presidente se sienta en el cielo.

Y como por Boston viven los maestros, y de siglos
atrás vienen viviendo allí, allí están las más notables
Universidades, que aquí llaman colegios; allí Har-
vard y Yale, que son el Oxford y el Cambridge de
los Estados Unidos; allí, en tanto número como esas
bandadas de pajarillos negros que picotean alegres
y se bañan en la nieve, abundan, bajo sesudos Directores, los colegios buenos,—hogares hasta ahora.
por desdicha como los de todas partes de la tierra,
de la mente clásica. Pues ¿enseñar a los hombres
que han de vivir en estos tiempos,—lenguas, senti-

mientos, pasiones, deberes, preocupaciones, cultos
de otros y nutrirlos de madrigales y epopeyas idas
y de melindres cortesanos—son torpeza y delito menores que sacar a batallar con escudo de cuero retorcido, y casco ponderoso y parte sana, a soldados
que han de combatir con otros precedidos de máquinas rugientes, armados del rifle-cartuchera—,
con su depósito de tiros colgando del gatillo, que están sacando ahora a la venta,—o del sable afilado
de Solingen?

Este mes se han reunido los directores de todos
los colegios de Massachusetts, a ver si—como Charles Francis Adams quiere—se enseña menos griego
y latín en los colegios; o si—como mantienen el director de la vieja escuela de Amherst, buena en
lenguas, y el de la de Darmouth—ha de reconocerse
que para vivir la existencia arrebatada, lujosa y directamente individual de estos tiempos, son lo más
necesario el Griego y el Latín. Directamente individual decimos, y no vida de castas como antes:
cuando había reyes favorecedores, con ser hongo de
antesala y saludador del favorito, ya se hacía carrera; o como se andaba siempre en guerra, con irse
a la milicia se entraba en vía de ganancia y de honores; o con hacerse fraile, porque del fraile cuidaba la iglesia.—Pero hoy, desvanecidos en unas
partes y mal puestos en otras, estos viejos poderes,
el hombre no puede arrimarse a su sombra, y como
la parásita del muro vivir de ella. El hombre tiene
que sacar de sí los medios de vida. La educación,
pues, no es más que esto: la habilitación de los hombres para obtener con desahogo y honradez los me-

dios de vida indispensables en el tiempo en que existen, sin rebajar por eso las aspiraciones delicadas,
superiores y espirituales de la mejor parte del ser
humano.

Esta cuestión del Griego y el Latín está siendo
ahora muy tratada. Se gira en torno de ella, y en
ella se concretan los diversos sistemas de enseñanza. Mas: se concretan dos épocas,—la que muere
y la que alborea. La educación ornamental y florida que bastaba en los siglos de definidas aristocra-
cias a hombres a cuya existencia proveía la organización injusta e imperfecta de las naciones; la educación literaria y metafísica, último mampuesto de
los que creen en la necesidad de levantar, con una
clase impenetrable y ultra-ilustrada, una valla a las
nuevas corrientes impetuosas de la humanidad, que
por todas partes acometen y triunfan; la educación
antigua, de poemas griegos y libros latinos, e his-
torias de Livio y Suetonio,—libra ahora sus últimos
combates contra la educación que asoma y se impone, hija legítima de la impaciencia de los hombres, libres ya para aprender y obrar, que necesitan
saber como está hecha, y se mueve y transforma, la
tierra que han de mejorar y de la que han de ex-
traer con sus propias manos los medios del bien
universal y del mantenimiento propio.

Revista quisiéramos tener para tratar esto con la
amplitud y variedad de modos que las Revistas permiten, y el asunto quiere. Pero tenemos que pasar
apuntando.

Unos mantienen que el Griego y el Latín son de
cabo a rabo inútiles. Ni el Griego ni el Latín han

saboreado; ni aquellos capítulos de Homero que parecen primera selva de la tierra, de monstruosos troncos; ni las perfumosas y discretas epístolas del amigo de Mecenas; los que dicen esto. Pero éste es saber de gala y regocijo de la mente dada a letras, y nacidas para ellas; este es cierto saber aristocrático y de desocupados, que al que viene predispuesto a adquirirlo, le irá inevitablemente porque deseará tenerlo; y al que no tenga natural afición a él, no le quedará impreso, porque se lo quitarán de la memoria, donde está de mal grado, las tumultuosas aficiones modernas.

El problema es éste: ¿Debe emplearse la mayor y más útil parte de la época de colegio en el aprendizaje de dos lenguas que sólo influyen, cuando más influyen, en fijar las raíces de la lengua?

¿El conocimiento del lenguaje es la principal necesidad del hombre moderno?

¿Debe educarse a los hombres en contra de sus necesidades, o para que pueda satisfacerlas?

Como gimnasia y disciplina de la mente, ¿el orden admirable y nunca contradictorio de la naturaleza no será más benéfico a la mente que el caprichoso del hipérbaton latino, o el contraste de los varios dialectos griegos?

Si la gota de esencia, si el jugo, si el remanente científico, si la utilidad definitiva del estudio de las lenguas latina y griega, viene a ser—descartado lo de la gimnasia mental por serle preferible en esto la más adecuadas ciencias físicas—el conocimiento verdadera e innegablemente útil de las radicales de la lengua, y los cauces por donde ésta anda, y los ejes sobre que gira ¿por qué no dar en breve, en compendio, en espiga, en fruto, estos conocimientos ya claros y adquiridos, y hacer perder a cada alumno preciosísimo tiempo en adquirir directamente fárragos y laberintos de inútiles reglas que no han de llevarle más que a averiguar lo que ya está sabido? ¡Vale tanto semejante sistema como tener a mano una cesta de albaricoques maduros, y dejarlos sin comer a un lado, esperando a que el árbol que se acaba de sembrar dé albaricoques!

Uvas hay en un racimo: no más que argumentos contra este predominio de un estudio de resultados mínimos en el sistema de enseñanza de una época que requiere resultados máximos y esencialmente diversos de los mínimos que da el estudio que ahora predomina.

La educación tiene un deber ineludible para con el hombre,—no cumplirlo es crimen: conformarle a su tiempo—sin desviarle de la grandiosa y final tendencia humana. Que el hombre viva en analogía con el universo, y con su época; para lo cual no le sirven el Latín y el Griego.

Por eso se han reunido en Congreso, a ver cómo los van reduciendo en sus programas, los directores de los colegios más importantes de los Estados Unidos.

La América. Nueva York, enero de 1884.

12

PETROGRAFIA.

Petrografía, litografía, así llaman los naturalistas
a una pequeña ciencia nueva, ciencia sucursal que
arranca con miradas intensas a las piedras la leyenda de su formación lenta y misteriosa, que el microscopio y el análisis químico, tenidos sin embargo hasta ayer por maravillas, sólo analizaban de un
modo imperfecto. La petrografía, que apenas tiene
veinte años de nacida, y empieza ya a pedir puesto propio entre las ciencias, viene como a poner til-
des y remates a las averiguaciones del espectroscopio.

Cuenta el espectroscopio cosas sumas, de las que
se ve cómo es cierto que es una en formas sin cuento la materia, y una el ánima que la penetra y surge de ella; con lo que puede el hombre, en sus horas de orgullo, imaginarse centro de toda la tierra,
porque ve en sí cuanto en la tierra ve, sin notar que
esto depende de que el ser humano refleja la naturaleza, como cada ser extra-humano la refleja.
De que el hombre halla a la naturaleza en sí, y en
ella se halla a sí, no se sigue en buen juicio sino
que hay en ambos elementos, y trances, y fines iguales. ¡Quién mide su cerebro con el de la naturaleza,
no le pide perdón de haberse creído su monarca! A
todo hombre debieran enseñarse, como códigos de
virtud, fijadores de ideas y esclarecedores de la

mente, las ciencias naturales.—Dejan en el espíritu, con cierto desconsuelo de ser tan poco por sí mismo, cierto gigantesco ímpetu, por ser miembro de la obra universal en que se colabora: y parece, cuando se acaba de penetrar uno de sus misterios, que se recibe bendición de un padre magno ignorado, y que al levantarse de sitial tallado en montes, a seguir la ruta, se han posado las manos, ya más fuertes, como si en mundos acabasen los brazos del sitial, en dos mundos. La naturaleza, enseña modestia:—luego de conocerla, la virtud es fácil; ya porque la vida se hace amable, de puro hermosa, ya porque se ve que todo no remata en el cementerio.

Antes, sólo podía examinarse la formación de las piedras con la lente de mano, o por el análisis químico. La lente, con acusar tanto, dejaba mucho por saber: revelaba las grandes líneas; pero no la urdimbre sutil de la roca, que ya puede verse ahora. Y el análisis químico, que naturalmente destruía para saber, al romper el tejido de la piedra para inquirir sus componentes, borraba los más curiosos capítulos de la leyenda; sobre que, no pudiendo llevar su acción a ciertos cuerpecillos, o destruyéndolos por su misma eficacia, solía suceder que dos trozos de roca de constitución diversa, daban sin embargo ante el análisis elementos iguales.

William Sloane es excelente petrógrafo, y describe bien el instrumento que permite sus acuciosas observaciones a la Petrografía. Es el microscopio polarizador, construído como un microscopio compuesto común, en que están colocados a distancia dos prismas de carbonato de cal, uno de los cuales polariza la luz, cuya operación, no bien está acabada, nuncia el otro. Polarizar la luz, todos sabemos lo que es: la teoría corriente considera la luz común como el resultado de las vibraciones de las partículas del éter, el sutil habitante del espacio. Cuando el impulso viene adelantando por el éter, cada partícula de éste vibra en todas direcciones en ángulo recto con el impulso propagado. Concentrar todas estas direcciones en una, es polarizar la luz.

Pone el petrógrafo la piedra que examina entre los dos prismas de este poderoso microscopio polarizador de Nichols, y no hay hilillo de color, ni quiebro, ni juntura que con gran gala de luz no enseñe sus secretos al sabio curioso. Y con éste y otros instrumentos, de los que no son los menos notables unos termómetros usados para averiguar como obra el calor sobre los gases y líquidos contenidos en las piedras que se observan,—llega la Petrografía a determinar el origen de una roca,—y a contar —con la historia, mutua influencia y obra común de sus diversos elementos— todos los lances, variedades y estados de su vida.

Pero la época influye de tal modo en la mente científica, que ésta, para que le excusen su amor a la ciencia pura, halla siempre manera de ponerla al servicio de las artes prácticas. Los hombres sólo aman ya lo que les es visible e inmediatamente útil. —La Petrografía es ahora auxiliar grande de los edificadores: con su microscopio se sabe qué piedra será buena para fabricar, y se averigua, con tal

menudez que no deja ya que saber, qué partes de la
piedra se irán gastando con la lluvia y el peso, y de
qué lado se empezará luego a caer, y cuanto tiempo resistirá a los elementos.

Y de ese modo, la pequeña ciencia se va haciendo grande, el espectroscopio enseña de qué están
hechas las estrellas, y en el rayo de su luz sorpren-
de los elementos mismos que nuestros pies pisan y
nuestros pulmones absorben. El microscopio polarizador descubre la composición de los meteoritos,
que nos caen de los altos espacios, como para decir
a los hombres que no es vana su fe en mundos futuros, y que cuando el cuerpo que ahore usamos se
canse de darnos casa, y nos abra salida,—en tierras desconocidas se nos ofrece casa nueva.

Los mismos que cuidan poco de ciencias, gustan
de que se crea que saben de ellas. Ahora, es caso
de vergüenza desconocer los nombres de los grandes trabajadores científicos, que suelen ser, como
Pasteur, ardientes espiritualistas. Alemania, ponderosa y lupúlea, cría hombres de talentos menudos
y pacientes: en un aspecto de la vida sabios, a ex-
pensa de todos los demás aspectos, que ignoran.
Y lo que saben, lo saben en el hecho, que penetran,
desencajan y excrutan con mirada invasora; pero no
en su vaporoso sentido y flor de espíritu, que de
todo caso y cuerpo de la naturaleza surge, como el
suave olor del heno, y es su real utilidad científica:
—por eso, cuando nace un alemán kantiano, cons-
tructor e imaginador, como que los de la tierra no
le han desflorado mucho estos campos, se entra en

ellos y saca a brazadas gran suma de mieses.—El
desamparo mismo, o forzado recogimiento, en que un
ideador se encuentra en un pueblo de entendimiento recio, irrita, exacerba y agiganta la facultad de
idear, y la saca de sus bordes legítimos. El que
posee una condición, se apega más a ella y la su-
blima cuando vive entre los que no se la reveren-
cian ni entienden. Así surgen los grandes agentes,
los oradores grandes de los estados públicos en que
hay gran carencia de la virtud o condición que los
anima.

Rosenbuch, Zirkel, Cohen, Van Lasaulex, son los
petrólogos alemanes más notables. ¡Con qué cuidado colocan en el microscopio polarizador los dos
prismas de Nichols, los dos cristales de carbonato
de cal, bien pulidos, bien aserrados diagonalmente,
y luego bien reunidos con resina de bálsamo de Canadá! ¡Y con qué finura muelen la lámina de roca
que van a examinar, hasta que esté transparente, o
a lo menos traslúcida, lo que logran frotándola a
fuerte presión contra esmeril, o un disco de hierro
cubierto de polvo de diamante, después de lo cual,
para poderla observar bien, ponen la lámina entre
otras dos de cristal, a la que la adhieren con la resina del bálsamo! Y después de esto, ya colocada
la laminilla entre los prismas, mueven éstos de modo
de verla a media luz, y a luz entera, según las dia-
gonales más cortas de los dos prismas estén en
ángulo recto o paralelas. Ni una cabeza de colibrí de México, que es joya de plumas, da tantos
reflejos como esas láminas de roca ante la luz po-
larizadora.

Y así se va sabiendo como están hechos los cielos y la tierra.

La América. Nueva York, febrero de 1884.

13

La Exhibicion sanitaria

Varias exhibiciones están ahora en proyecto. Filadelfia está acabando el edificio en que ha de celebrarse la de electricidad. El Congreso de los Estados Unidos acaba de prestar un millón de pesos a la Comisión Directora de la gran Exposición Agrícola de New Orleans, que la Exposición devolverá luego al Tesoro de la Nación, como le devolvió la suma recibida por el mismo concepto la Exposición del Centenario en Filadelfia. No se pueden hacer grandes cosas sin grandes amigos.

No es menos interesante que la de New Orleans o Filadelfia la que en estos momentos acaba de abrirse con gran pompa y concurso público en Londres. Merece cuanto bien se diga de ella, porque no sólo tiene por objeto acercar a los hombres, ponerlos en conocimiento mutuo y facilitar a las naciones el cambio de sus riquezas; sino que ha sido realizada más que para el provecho, para la salud del hombre. Comer bien, que no es comer ricamente, sino comer cosas sanas bien condimentadas, es necesidad primera para el buen mantenimiento de la salud del cuerpo y de la mente.—La angustia con

que se vive en todas partes del mundo en la época
de transición en que nos ha tocado existir, hace más
necesario hoy que nunca la reparación inmediata y
cuidadosa de las fuerzas que en grado mayor que
en ninguna otra época se pierden. La clase de alimentos; la manera de conocerlos para desechar los
maleados e impuros; el modo de prepararlos, con tal
arte que los elementos dañinos que hay siempre en
la materia viva desaparezcan, y resalten, por el buen
modo de cocinar, los elementos nutritivos; todo esto,
que es en la vida a tan altos objetos destinada, tan
necesario como los buenos cimientos al palacio en
que han de desplegar sus galas la inteligencia y la
hermosura, si es que la hermosura es cosa diferente
de la inteligencia; todos esos manjares crudos, pla-
tos preparados, alimentos mal cocidos al lado de los
mismos alimentos bien hechos, fonda en que se guisa
a la manera de los varios países, explicaciones ha-
bladas de todo lo que el público ve, y se va haciendo
a la vista del público; todo eso hay en la primera
sección de la Exposición Sanitaria destinada a "Alimentos".

Hay otras cinco secciones: la segunda para
"vestidos"; para "La Habitación", y todo lo que
pueda contribuir a hacerla clara, ventilada y saludable la tercera; la cuarta para "La Escuela", en la
cual se ve cómo ha de ser ésta, en espacio, ventanas
y muebles, para que no empobrezca con su aire viciado y con la larga sesión en bancos incómodos la
naturaleza física de los niños que en la escuela se
instruyen y necesitan tanto de buen aire como de
buenos libros. A "La Educación" se ha dado la

sección sexta. La quinta sección, interesantísima por cierto, está consagrada a "El taller".

No se puede ver a un obrero de estas grandes ciudades sin sentir lástima, respeto y cariño. ¡Padecen tanto! ¡Gastan tanta fuerza! ¡La reparan tan mal! ¡Gozan tan poco! Y si son mujeres, mientras más desgreñadas y pálidas vayan, y más lleven la marca del rebaño en la frente marchita o en la risa pueril, más deseos dan de abrirse las venas y vaciar la sangre propia en las suyas empobrecidas. De manera que todo lo que se haga para mejorar la vida en los talleres es una obra que debe verse con respeto religioso.

Para comentar no tenemos tiempo; sino apenas para anunciar. Cuanto hay de nocivo a la salud y a la inteligencia en ciertos oficios, y el modo con que se puede remediarlo; cuanto es necesario tener en cuenta para evitar catástrofes en las fábricas y en las minas, y para hacer menos ingrato el trabajo en unas y otras, está representado de manera elocuente y visible en el departamento destinado a "El Taller". En un lado se ve cómo puede ventilarse, sacando de él el aire viciado, o destruyendo sus elementos nocivos. En otro lado se ve cómo pueden condensarse, utilizarse o consumirse, a la manera en uso en los gasómetros, los vapores y efluvios de las materias trabajadas que suelen sofocar, cuando no envenenar, a los operarios. En los telares y en las fábricas de agujas y de nácares se produce un polvo dañino, que allí se enseña cómo puede hacerse desaparecer. Bien se saben los riesgos de envenenamiento que corren los que trabajan en albayalde y arsénico, los que broncean, los que fabrican fósforos, los que hacen barajas, así como los que absorben las materias ponzoñosas que emanan las lanas y desechos revueltos: en el departamento de "El Taller" se aprende cómo librarse de unos y otros daños, y cómo proteger los ojos, que tanto sufren en esas labores, y aliviar el calor excesivo que llega a pesar sobre los obreros en ciertos meses como una desdicha insoportable.

Medalla de oro merecen todos los que han tenido parte en la preparación de la "Exhibición sanitaria". La gloria de nuestro siglo es que desde Jesús a acá, nunca ha sido tan ardiente y fructuoso el amor humano.

La América. Nueva York, mayo, 1884.

14

UNA DISTRIBUCION DE DIPLOMAS EN UN COLEGIO DE LOS ESTADOS UNIDOS.

Estamos en un colegio afamado de los Estados Unidos, en un día de grados. Treinta son los alumnos favorecidos y lucen en las manos sus diplomas, atados con cintas verdes, azules y encarnadas. Los aprietan con gozo, como si apretaran las llaves de la vida. De allí saldrán a verter luz, a mejorar ignorantes, a aquietar, elevar y dirigir: es grande la palabra francesa: "elevar" por educar. Los que han vivido, ven con tristeza a los que comienzan a vivir; y echar los colegiales a la vida parece como cortar las alas a los pájaros. Lleno se ve el suelo de alas blancas. Pero la vida, que consume fuerzas, exige, para reparar el nivel, que periódicamente le entren por sus venas cansadas fuerzas nuevas. El candor y el empuje de los colegiales reaniman, aun cuando no se les sienta, la esperanza, la honradez y la fe públicas, tal como las aguas generosas de las nuevas lluvias, bajan cargadas de las flores y yerbas fragantes de los montes vírgenes, a enriquecer con sus caudales la empobrecida corriente de los ríos.

Abre la sesión un pastor protestante: en los Estados Unidos, toda ceremonia privada o pública, de gozo o de tristeza, bien sea fiesta de colegio, bien sea congreso de delegados de un partido político, empieza con plegaria; el pastor, vestido de negro, alza los ojos al cielo e impreca sus plácemes; los oyentes, sentados en sus bancos, se cubren con las manos el rostro, que apoyan sobre el respaldo del banco vecino. Y aquella plegaria espontánea de hombres libres, vibra. Después, con las querellas de iglesia, la virtud de la plegaria desmerece. Una iglesia sin credo dogmático, sino con ese grande y firme credo que la majestad del Universo y la del alma buena e inmortal inspiran ¡qué gran iglesia fuera! ¡y como dignificaría la religión desacreditada! ¡y como contribuiría a mantener encendido el espíritu en estos tiempos ansiosos y enmonedados! ¡y como juntaría a todos los hombres enamorados de lo maravilloso y necesitados de tratarlo, pero que no conciben que pueda haber creado en el hombre facultades inarmónicas la naturaleza que es toda armonía, ni quieren pagar a precio de su razón y libertad el trato con lo maravilloso!

Estamos en el colegio afamado. Acabada la plegaria, sube a la tribuna uno de los alumnos graduandos. Y tras él otro, y otro tras él. Hablan de cosas hondas en lenguaje macizo. No repiten de memoria las pruebas de la redondez de la tierra; ni disertan en párrafos balmescos sobre la capacidad y calificación del conocer; ni dicen de coro los nombres antiguos de las ensenadas, remansos y recodos de la histórica Grecia, como en nuestros tiempos nos hacían decir, con gran satisfacción de padres y maestros que de muy poco en verdad se satisfacen; porque el plumaje gana colores con todos esos utilísimos conocimientos; pero el seso no queda aprovechado, ni la vida en que ha de bracear ensenada, ni la manera de timonear por ella y precaverse contra sus angustias. En los colegios no se abre apenas el libro que en ellos debiera estar siempre abierto: el de la vida.

No hablan de esas oquedades los alumnos del colegio en que estamos, sino que se entran en su discurso por las más severas cuestiones del momento y por otras de física y psicología, momentosas siempre. Sus discursos no vuelan como las hojas, ni como tantos discursos, sino que pesan como rama bien frutada. Y eso que no estamos entre doctores, sino entre meros bachilleres. Uno lee un estudio sobre la imaginación en las matemáticas, y dice que aquélla tiene en las construcciones de ésta tanta parte como en las concepciones dolorosas y lumíneas de la poesía, y que para escribir el "Paraíso Perdido" no se necesitó más poder de imaginar que para establecer los principios fundamentales de las secciones cónicas. Examina otro las razones del dañoso influjo de la ignorante inmigración irlandesa en las ciudades, donde con su número sofocan el voto y se lo adueñan, sin que por su hábito de no reunirse más que con gente de su terruño y por no ser la idealidad elemento singular de su naturaleza, ascienda en ellos la cultura a la par con su influencia y autoridad de sufragantes en el pueblo que los recibe como a hijos. Crían por las lomas de los suburbios los irlandeses, gansos, patos y chivos e hijos descalzos, que de sus padres encervezados y de sus madres harapientas y del sórdido cura de la parroquia, no pueden sacar modelos para mejor vida, sino que en cuerpo y espíritu salen de sus chozas de mala madera, depauperados: y como la inmigración de Irlanda a New York es tan cuantiosa, sucede que de veras está gravísimamente amenazada de miseria mental y moral la gran ciudad. Los alemanes la remediarían, si no fueran tan dados al goce de sí propios y tan desentendidos del bien ajeno. Se ve que son mal cimiento de un pueblo formidable el abrutamiento y el egoismo. Y hay escuelas por cierto; pero en los hijos de irlandeses lo que la escuela cría, el chivo se lo come. El hijo del alemán, como que el padre suele abrirse camino y no vive en comunidad tan ruin, aprovecha sus libros; sobre que el alemán es hombre de su casa y trabajador, lo que sin esfuerzos va dando buenos hábitos a los hijos. Y esto no lo decía el discurso del graduando, pero decía otras cosas excelentes.

Otro joven bachiller asalta la tribuna y lee...
¿pero qué lee que todos lo aplauden? Pues nada
menos que un estudio en que se defiende el derecho
y capacidad de los egipcios para gobernar su propia tierra, y se acusa de mera máscara de la ambición inglesa ese pretexto indecoroso con que, como el boa a la paloma, viene desde hace años enroscándose sobre el Egipto; el pretexto de que unos
ambiciosos que saben latín tienen derecho natural
de robar su tierra a unos africanos que hablan árabe; el pretexto de que la civilización, que es el nombre vulgar con que corre el estado actual del hombre
europeo, tiene derecho natural de apoderarse de la
tierra ajena perteneciente a la barbarie, que es el
nombre que los que desean la tierra ajena dan al
estado actual de todo hombre que no es de Europa
o de la América europea: como si cabeza por cabeza, y corazón por corazón, valiera más un estrujador de irlandeses o un cañoneador de cipayos, que
uno de esos prudentes, amorosos y desinteresados
árabes que sin escarmentar por la derrota o amilanarse ante el número, defienden la tierra patria, con
la esperanza en Allah, en cada mano una lanza y
una pistola entre los dientes. Pero como la libertad
vive de respeto, y la razón se nutre en la controversia, edúcase aquí a los jóvenes en la viril y salvadora práctica de decir sin miedo lo que piensan; y
oir sin ira y sin mala sospecha lo que piensan otros:
de modo que no bien cesan las palmas con que acojemos todos al mantenedor del decoro humano, ya

está en la tribuna un bachiller defendiendo el buen
derecho de Inglaterra a poner definitivamente manos sobre la gente abandonada del Egipto, y a co-
gérselo brazada a brazada, como han cogido los
Estados Unidos el territorio de los indios.

Otro graduando ensalza el sistema de instrucción
pública de Norte América y dice que en la homo-
geneidad de los nuevos ciudadanos se prueba que
aquel modo de enseñar es digno de un pueblo fuerte; pero el graduando vecino se levanta, depreca el
sistema en uso, y dice que no hay mayor fracaso
porque las escuelas enseñan a los niños para hijos
de rico, que han de vivir de herencia y no de sus labores, y porque apenas hay pueblos en que los niños a los quince años, tengan al salir de la escuela
instrucción más deficiente y rudimentaria: deletrear,
escribir y contar saben; pero ni se les ha abierto el
apetito de saber, ni se les ve poseídos de aquella
noción y simpatía humanas; sin las cuales se truecan los hombres en esa criatura vacía, dañina y horrenda: el egoísta.

Bachiller muy joven, y que se lleva todas las miradas, es ése que cuenta en seguida, no sin histórico estilo y buena crítica, la vida de las dos Isa-
beles: la odiosa de Inglaterra y la grande de España. Maestro en ciencia parece el que le sucede
en el discurso, y con argumentos ingeniosos y frase
pintoresca niega que vayan a la par las fuerzas vi-
tales y las físicas, y que éstas puedan alcanzar jamás la potencia original de la creación, que sólo reside en la voluntad colosal desconocida:—"la quí-
mica, dice el bachiller, ha podido fabricar huevos;

pero no empollarlos". Y el graduando que cierra
estos animados ejercicios, perora, con ternura exquisita, apretado lenguaje y profunda visión, sobre
la sana y triste filosofía de George Elliot, la noble
y desventurada novelista ınglesa, nueva estóica, para quien la vida se puso toda, como siempre para
las almas excelsas, en una copa amarga, que bebió
ella hasta las heces, porque no quedara nada que
beber a los demás; sin que los vapores de la propia
amargura, que a tantos nublan los ojos, se los en-
turbiase, para ver cuanto elemento de sólida ventura hay en la conciencia bien educada y en la naturaleza. De todo lo vivo se desprende una justicia
definitıva y universal, que asegura la próxima compensación de las desigualdades e ınjusticias de la
tierra. La conciencia valerosa, empinada entre los
hombres como un gigante invicto entre liliputienses,
alıenta y acaricia.

Y todavía no hemos dıcho, y lo callábamos de intento, que esos bachılleres tan gallardos, que con
tal maestría andan por las entrañas de un carácter
y repintan imperios pasados, y enarbolan la bandera de los hombres lıbres, y balancean el cuerpo y
alma de la naturaleza, eran mujeres. Niñas de diez
y ocho a veinte años, eran las graduandas de este
año en el colegio de Vassar.

¡Oh! el día que la mujer no sea frívola ¡cuán
venturoso será el hombre! ¡como, de mero plato de
carnes fragantes, se trocará en urna de espíritu, a
que tendrán los hombres puestos siempre los labios
ansiosos! ¡Oh! ¡qué día aquel en que la razón no
tenga que andar divorciada del amor natural a la

hermosura! ¡aquel en que por el dolor de ver vacío
el vaso que se imaginó lleno de espíritu, no haya de
irse febril y desesperado, en busca de alma bella, de
un vaso a otro! ¡Oh! ¡qué día aquel en que no se
tenga que desdeñar lo que se ama! Marisabidillas
secas no han de ser por esto las mujeres; como los
hombres que saben no son por el hecho de saber,
pepisabidillos. Hágase entre ellas tan común la
instrucción que no se note la que la posea, ni ella
misma lo note: y entonces se quedará en casa la
fatiga de amor.

Que cuando el hombre haya menester de quien le
entienda su dolor, le admire su virtud o le estimule
el juicio, no tenga que ir a buscarlo como sucede
ahora, fuera de su casa. Que no sean la compasión,
el deber y el hábito lo que a su esposa lo tengan
unido; sino una inefable compenetración de espíritu,
que no quiere decir servil acatamiento de un cónyuge
a las opiniones del otro: antes está ese sabroso apre-
tamiento de las almas en que sean semejantes sus
opiniones, capacidades y alimentos, aun cuando sus
pareceres sean distintos.

Crece el esposo con los merecimientos de la esposa; y ésta, con ellos, echa raíces en él.—Lo cual
es bueno: el único placer que excusa la vida dolorosa, y la perfuma, levanta y fortifica, es el de sentir que, como un árbol en la tierra, se han echado
raíces en un alma caliente y amante.

Los pueblos necesitan además como las aguas, de
nivel. Cada nación requiere, si ha de salvarse, cierta porción de intelectualidad y elementos femeninos:
y aun como no se da hijo sin padre y sin madre,

así no se da pueblo sin la comunión afortunada de
los elementos viriles y femeniles del espíritu.—Los
pueblos mueren de hipertrofia de fuerza, que los en-
soberbece, ofusca y embriaga, y causa dolores y
trastornos sin cuento con su propio exceso, lo mismo que de hipertrofia de sentimiento y arte, que los
afloja y ahembrea.—Las condiciones espirituales
tienen su higiene, lo mismo que las físicas; y de una
condición se ha de reposar en otra, que la modere y
molifique.—De la fuerza se ha de descansar en la
ternura.—A más de esta necesidad de femeneidad
en la vida de la nación, existe en los pueblos dados
a la fatiga, la labor nerviosa, y el ansia de la riqueza, urgencia grande de balancear con la educación
de la mujer, que lleva a la vida de la nación sensi-
bilidad y semilla de intelecto, la escasez en que naturalmente quedan estas condiciones por la consa-
gración casi exclusiva de la mayoría nacional a las
batallas, emociones y goces de la posesión de la
fortuna.—Como estrellas viajeras, a derramar luz
suave e iluminar lo sombrío, se vierten cada año por
el país esos bachilleres de cabellos largos y armoniosas formas: de vergüenza de no parecerse a ellas,
se mejoran los gañanes de la riqueza que las corte-
jan y desean: su contacto, ejemplo y enseñanza, dul-
cifican y espiritualizan la existencia en torno suyo.
—Y así como se gusta mejor el vino bueno en copa bien labrada, o de cristal delgado y limpio, así
se recibe con mayor mansedumbre, placer y provecho el influjo del espíritu de una mujer culta y
hermosa.

La América. Nueva York, junio de 1884.

DE *LA AMERICA,* NUEVA YORK

INMIGRACION

1

SOBRE EMIGRACION

Inmigrantes, diez y ocho mil más han pisado este año tierra bonaerense que el año anterior: y son gente de Italia campesina, de ojos ardientes y manos callosas, que no van a vender desde innobles rincones de ciudad dulcecillos y frutas, sino a enriquecer las siembras. Savia quieren los pueblos y no llagas;—de Massachussetts, y de todos los Estados Unidos, echan hoy a páuperos ruines que, como insectos enojosos, suelen sacudir sobre América los pueblos de Europa.—Da gozo ver entrarse, sonrientes y serenos, por los campos solemnes y fragantes de Buenos Aires a esos poéticos trabajadores italianos! Y traen calor de alma, como de quien vive cerca de volcanes, y en tierra que fué dos veces alma universal:—que no hay inmigración buena, cuando, aunque traiga mano briosa, trae corazón hostil y frío. Es estéril el consorcio de dos razas opuestas.

La América. Nueva York, junio de 1883.

2

Inmigracion

99,000 inmigrantes entraron en los puertos de los E. Unidos en el mes de Mayo.

De Alemania vinieron los hombres laboriosos, sesudos, invasores y temibles, con sus hábitos sobrios, con su educación esmerada, con su pujanza silenciosa, —en número enorme: de estos 99,000 recién venidos, 30,000 han sido alemanes; huyen de la esclavitud: de la conscripción: del sistema de gobierno que les priva de ese sumo y viril goce, a todos los de la tierra preferible, y sin el que ningún otro lo es: el goce de sí propio. Huyen en miriadas.

De Bélgica, en cambio, libre y próspera, con sus campos bien cultivados, con su propiedad bien repartida, con sus garantías personales bien seguras, sólo han venido, al apetito de mayor fortuna que enardece las cabezas locas, unos 300.

Irlanda, esclava, llena de sus hijos preocupados y poco hábiles el vientre de hierro de los inmensos buques: 15,000 ha mandado ese solo mes.

Francia, fiera, 400.

Suecia, pobre y fría, tanto como bella y original, 7,000.

De Mayo del 82 a este Mayo, han llegado a los Estados Unidos 517,000 inmigrantes.

Pues ¿quién se maravilla, después de esto, de esta acumulación de riqueza, que de ser tal y tanta hace temer a veces un conflicto tan tremendo y espantoso que ha de parecer que los cielos se derrumban, y la tierra se abre?

Pero no, no hay contradicciones en la naturaleza. La tierra basta a sustentar todos los hombres que cría.

El conflicto vendría de acumular población excesiva en los centros grandes, pletóricos y lujosos de población, que no necesitan de ella.

Hay aún mucha selva desierta, mucha llanura no labrada, mucha comarca impaciente de cultivo.

Debiera exigirse a cada hombre, como título a gozar de derechos públicos, que hubiera plantado cierto número de árboles.

Lo dicen los árabes, que hablan con el sol,—maravillosos sabios:

"Escribe un libro: crea un hijo: planta un árbol".

La América. Nueva York, septiembre de 1883.

3

INMIGRACION ITALIANA.

30.000 inmigrantes italianos espera New York este año: nueve años hace, no llegaba a seis mil el número anual de inmigrantes de Italia a New York.

New York no lo celebra.—No halla que el trabajo italiano sea tan varonil y fructuoso como lo necesita un pueblo nuevo. No cree que la ciudad gane con acumular centenares de hombres indife-

rentes y estacionarios en mefíticas viviendas, ni con
erigir en cada esquina un puesto de manzanas. Cree
que es más de hombres sembrarlas y recogerlas
que venderlas. Y es verdad que apena ver gañanes barbudos con un órgano al hombro, llevando a
la zaga con coro de blasfemias, una dura mujer de
malas trazas, y uno o dos pequeñuelos alquilados.—
La holganza es crimen público. Como no se tiene
derecho para ser criminal, no se tiene derecho para
ser perezoso. Ni indirectamente debe la sociedad
humana alimentar a quien no trabaja directamente
en ella.

Pero los italianos hacen algo más en New York
que estos oficios vergonzantes. La construcción de
ferrocarriles y canales ocasiona trabajos burdos, que
requieren más fuerza de músculos que conocimientos industriales. Se ha de sacar tierra de unos lados y de amontonarla en otros. Se ha de cavar, te-
rraplenar, desecar lagunas y pantanos. El italiano,
que vive de poco, se presta a hacer todas estas labores a menos precio que el irlandés, que con ex-
clusión de hombres de otra nacionalidad las hacía
antes. Casi todos los ferrocarriles nuevos, o que
se están ahora construyendo, los están llevando selva adelante estos italianos humildes sobre los hombros.

Duele ver que gusten tanto de oficios femeniles, y
de viviendas desaseadas, y de dejar su espíritu sin
adelanto y pulimento. Tienen de árabe y bohemio,
y parece que acaban de salir del seno de la naturaleza. Se encienden tan súbitamente, al amor o a
la cólera, como un montón de paja: y su fuego se

extingue con igual presteza. Dados de naturaleza a
lo irreal y maravilloso, y a lo vasto y libre, prefieren los ejercicios ambulantes y de ruin producto
que les aseguran el ejercicio de sí, que otros oficios
mayores que les rindan beneficios que acaso no an-
sían, por tener ellos a suficiente fortuna la libertad
de sus actos y pensamientos, y el señorío de una
mujer. Pero estas romancescas cualidades que a
los ojos de un pensador clemente son su excusa, a
los ojos de un economista, o fundador de Estado,
son su culpa. Nadie debe vivir entre los hombres
que no los honre, y añada a ellos. Mientras que todo no esté hecho, nadie tiene el derecho de sentarse a descansar. Es peligroso para un pueblo que
nace el espectáculo y el contacto de una agrupación
de hombres inactivos que no crea ni aspira. Las virtudes entran por los ojos, como entran por los oídos. Lo que se ve, se tiene en la mente. La mente
se habitúa a los que ve; y no debe tenerse delante
de los ojos lo que no se quiera que quede en la
mente. Debiera obligarse a todo hombre, como a
enviar sus hijos a la escuela, —sobre todo a una
escuela más práctica y humana que las usuales,—
a vivir en una casa limpia:—para exigir lo cual, debieran las ciudades proveerse de casas aseadas que
ofrecer a los pobres al mismo precio—¡qué bien se
pudiera!—que hoy tienen que pagar por casas mal-
sanas y fétidas.

Pero a la par que se señalan esos perniciosos hábitos de la pobre gente de Italia que arriba a estas
playas, debe tenerse en cuenta como prestan con
mansedumbre y en silencio esos servicios de zapa

y caverna, de cimiento paciente y penoso, sin los
que no se alzarán luego a pasmar a los hombres estas ciudades que parecen sueños de rey asirio; estos canales por donde como el pulmón echa la sangre por las venas, echa este país sus magnas barcadas de productos; esos ferrocarriles, guerreros únicos dignos de guerrear con la inexplorada selva, y
de vencerla. Se debe abominar a los perezosos, y
compelerlos a la vida limpia y útil; mas no se ha
de ser injusto con los buenos y silenciosos trabajadores, humildes insectos humanos, que como los
verdaderos insectos las capas de la tierra, labran
ahora la ciudad venidera del espíritu.

La América. Nueva York, octubre de 1883.

4

TRABAJADORES FRANCESES.

De un hermoso vapor de la Compañía Trasatlán-
tica desembarcaban poco días hace en New York
unos cuantos hombres de faz abierta y franca, cabellera abundante y rebelde, y manos fuertes y rojas. Daban idea de novedad e ímpetu. Parecían
alegres invasores, que no dañan donde invaden.
Era la comisión de trabajadores franceses que el
municipio de París, celoso de la supremacía artística
e industrial de su ciudad, envía a estudiar en la Exposición de Boston, y en los talleres de Norte-Amé-

rica, el estado, ventajas y modos de fabricación de los productos americanos.

París, pueblo industrial, envía a sus trabajadores a examinar en los pueblos extranjeros las industrias rivales: así la América del Sur, comarca agrícola, debiera enviar sus cultivadores a aprender el cultivo agrícola en las comarcas en que está perfeccionado.

El municipio de París hace con eso cosa que llena de regocijo a los amigos de Francia. Por harto generosa parece Francia imprudente: pero los que la estudian bien, saben que es prudente,—que la cordura y un supremo buen sentido van en ella a la par de ese hermosísimo desinterés humano, con que viene de viejo dando sin miedo y sin vacilación su sangre por devolver al hombre a sí.—Ningún pueblo, reune en tanto grado las condiciones ideales a las prácticas. Ninguno goza tanto, ni trabaja más. —Ninguno piensa más ni produce más belleza.

Pues estos trabajadores que sin pompa ni anuncio, y como quien hace viaje natural, vienen a estudiar prudentemente los detalles y adelantos de las manufacturas rivales, ¿no son lo que ha dado en llamarse, con generalización pueril y ligera,— como si el buen sentido no fuera de dominio universal,—una "concepción sajona"? ¡Líbrenos el que libra, de los pueblos hemipléxicos, que sólo de un lado se desarrollan, y del otro quedan atáxicos! No hay pueblo en la tierra que tenga el monopolio de una virtud humana:—pero hay un estado político que tiene el monopolio de todas las virtudes:—la libertad ilustrada: no aquella libertad que es entendida por el predominio violento de la clase pobre

vencida sobre la clase rica un tiempo vencedora
—que ya se sabe esa es nueva y temible tiranía;—
no la libertad nominal, y proclamaria, que en ciertos
labios parece—y son por desdicha los que más la
vociferan—lo que la cruz de Jesús bueno en los
estandartes inquisitoriales;—sino aquella libertad
en las costumbres y las leyes, que de la competencia y equilibrio de derechos vive, que trae de
suyo el respeto general como garantía mutua, que libra su mantenimiento a ese supremo e infalible director de la naturaleza humana: el instinto de conservación.

Tal estado político, sí hay que envidiar; y por él,
y no por ninguna especial virtud de raza, brillan como pueblo magno los Estados Unidos,—que por la
ignorancia y falta de espiritualidad de sus masas a
veces se opacan.

Pero actividad, pero brío, pero perspicacia y cordura mercantil, sutil ingenio y elegante gracia, pero
estrategia financiera, pero amor febril al trabajo—
los tienen en grado igual, cuando no en grado mayor,
latinos que sajones. ¡Cuándo vendrán de Sur América comisiones como esa francesa!

La América. Nueva York. noviembre de 1883.

5

De la inmigracion inculta y sus peligros.

Su efecto en los Estados Unidos.

Hablando de esos inmigrantes sin educación industrial y sin familia, espuma turbia de pueblos viejos y excrecencias de cueva, que de Europa vienen a los Estados Unidos en bandadas—demuestra una estadística reciente que no hay alimento más abundante para las cárceles, ni veneno más activo para la nación, que estas hordas de gente viciosa y abrutada. No embrutecida, no: abrutada.

Aparece de la estadística que si de la embriaguez habitual nace, como de la noche la sombra, el crimen,—de la falta de ocupación regular e instrucción especial en un arte u oficio determinado, como que no permite al inmigrante torpe, cargado de apetitos, satisfacerlos por corrientes seguras en un mercado de trabajo conocido y fijo, se producen tentaciones y necesidades de delitos, no menores en número e importancia que los que la embriaguez estimula.

Una vez quisieron saber en la Penitenciaria del Estado de Pennsylvania cuantos de los presos sabían oficio: 705 eran los presos: sólo 93 habían recibido educación industrial. Lo mismo averiguaron en 1880 en la Penitenciaria de Maryland: de 591 presos, no sabían oficio más que 68.

Self se llama un escritor norteamericano que sabe
de inmigrantes. No hay, a juicio de Self, peligro
mayor para un pueblo nuevo que esas barcadas de
hombres rudos, sin aptitudes y con vicios, llenos de
odios y vacíos de conocimientos agrícolas, mecánicos
e industriales. La langosta hace estragos en los
campos; pero no más que semejantes emigraciones
en las ciudades. Es como hacerse una pierna de lodo: una nación fuerte no podrá mantenerse sobre
ella.

De los inmigrantes que vienen a los Estados Unidos, los alemanes, gente laboriosa, aunque poco expansiva, no comida de grandes amores humanos, sino principalmente preocupada del logro del bien
personal—traen consigo por estas condiciones,—
consigo y con sus numerosos hijos, porque todo alemán es padre Nilo,—menos condiciones de distur-
bio y más partículas agrupables al cuerpo nacional
que otro emigrante alguno. Con más artes prácticas, traen más capacidades constructivas. Suelen
gustar demasiado del comercio, que da ganancias
más fáciles y rápidas que cualesquiera otros empleos;
pero de todos los inmigrantes, los alemanes son de
los que traen a los Estados Unidos mayor número
de gente artesana. De ser criados, no gustan, lo
que no se ha de tener a mal, porque la virtud no se
hizo de alma de lacayo; ni de servilletas y delantales se hacen buenos escudos para las naciones. No
son amigos del campo, donde no hay anchas salas
resonantes con las tocatas estruendosas del órgano,
en que a la sombra de las águilas coronadas o de los
miembros montuosos del Hércules germánico, se va-

cien en monótono silencio hondas y toscas jarras de cerveza. Ni francés sin vino, ni alemán sin Casino. Los alemanes se aglomeran en las ciudades; pero con su inteligencia disciplinada y con sus profesiones mecánicas producen lo que consumen, y crean hijos amigos de su país y del trabajo.

De los irlandeses Self escribe: "Menos de la mitad del término medio de las demás inmigraciones, es el número de los inmigrantes irlandeses con alguna habilidad u oficio. Todo un octavo de la inmigración total en los Estados Unidos componen los irlandeses; y con no ser más que un octavo de la inmigración, proporcionan una mitad del número total de criados y jornaleros sin oficio. Un cuarenta y seis por ciento de la inmigración irlandesa vive en las cincuenta ciudades principales". Son parásitas; no plantas de propio crecimiento. Viven en las hendijas y las grietas. No tienen la pujanza ni el valor de la creación, que da al más burdo hombre de campo o de minas, cierta apariencia simpática y augusta. El comercio con la naturaleza hermosea y fortalece.—Y dignifica: de un pueblo de agricultores no se hará nunca un rebaño.

Entre los suecos, que suelen venir en familias, se cuentan pocos artesanos, y forzudos y útiles agricultores.—Sólo un diez y siete por ciento de los inmigrantes suecos viven en las ciudades.

Menos noruegos se hallan aun en las ciudades que suecos. Vienen con los brazos llenos de hijos. Son sobrios, inteligentes, trabajadores.

De los franceses, cada uno trae un arte. Pocos vienen, y por causas en más o menos políticas casi

todos. En las casas de arte, en las relojerías, en
los hoteles, en todas las industrias que requieren
refinamiento, ingenio e invención, se hallan franceses. Se nota, apenas se ahonda un poco, que en
los Estados Unidos hay dos corrientes intelectuales
diversas:—autóctona la una, perspicaz, preocupada,
a veces ingenua y brutal a veces: la corriente puri-
tánica;—y movible, brillante, perfilada, más culta,
más artística, menos concreta la otra, que es la que,
no vencida por cierto por el espíritu del país, ha
crecido con el acendramiento y mezcla de las varias
corrientes intelectuales de Europa.—En la obra americana genuina, se ven las botas del tío Samuel, y
los pantalones recortados. ¿Quién dijera que los
periódicos mismos norteamericanos, los más notables y típicos, están llenos de extranjeros? El agu-
do cronista de la Bolsa, de la abominable Bolsa, que
entorpece, extravía y amaligna a los hombres; el
crítico de teatros; el biógrafo de los hombres notables que mueren, de fijo es extranjero. Lo que representa en el periódico americano color, movimiento, gracia, variedad y vida, está hecho por manos
francesas, italianas, alemanas, inglesas:—o por una
cohorte nueva y brillante de periodistas jóvenes del
país que han abjurado, como de los vestidos de pa-
ño tosco, de la descolorida y encuellada prosa yankee.—Y de la mezcla de los dos espíritus, del pe-
netrante, frío y factuoso del país—y del artístico,
depurado, amplio, vario y brillante espíritu europeo,
se está haciendo un periódico nuevo, que a poco
tendrá, con toda la amenidad de un diario parisien-
se, variedad mucho mayor, y seriedad y alcance más

grandes. No es ya pequeña en los Estados Unidos la inmigración de los artesanos de la pluma.

Se piden inmigrantes en muchas de nuestras Repúblicas. Los pueblos que tienen indios, deben educarlos, que siempre fructificarán mejor en el país, y lo condensarán más pronto en nación, y la alterarán menos, los trabajadores del país propio que los que le traigan brazos útiles, pero espíritu ajeno. Por que esa es la ley capital en la introducción de inmigrantes: sólo debe procurarse la inmigración cuyo desarrollo natural coincida, y no choque, con el espíritu del país.—Vale más vivir sin amigos, que vivir con enemigos. Importa poco llenar de trigo los graneros, si se desfigura, enturbia y desgrana el carácter nacional. Los pueblos no viven a la larga por el trigo, sino por el carácter.

En emigración, como en medicina, es necesario preveer.

No se debe estimular una inmigración que no pueda asimilarse al país.

Pues ¿quién se sienta sobre las minas que lo han de hacer saltar?

En cambio, no hay cosa más hermosa que ver como los afluentes se vierten en los ríos, y en sus ondas se mezclan y resbalan, y van a dar en serena y magnífica corriente, al mar inmenso.

La América. Nueva York. febrero de 1884.

LETRAS

1

BOLETIN

*Tres libros.—Poetisas americanas.—Carolina Frey-
re.—Luisa Pérez.—La Avellaneda.—Las mexica-
canas en el libro.—Tarea aplazada.*

Hay tres notables libros en la mesa humildísima
de *Orestes*. Llámase uno *Poetisas americanas*, y
está impreso en París. Son los otros *Páginas de
Versos*, de Antenor Lescano, y *Datos para el estudio de las rocas mesozóricas de México*, por Mariano Bárcena. Garantizan estos dos últimos nombres lo que hacen, y autoriza la colección de *Poetisas* José Domingo Cortés, muy distinguido publicador de buenos libros de América, y él, a su vez,
atildado y pulcro hablista. No ha dado espacio a
sus tareas Cortés desde que comenzó en ellas en
París: colecciona y da a luz cuanto de bueno se ha
publicado en las repúblicas sudamericanas, y hoy
mismo fatiga las prensas con un lujoso *Diccionario
Biográfico Histórico* de hombres y cosas de América, que tendrá de seguro en los países meridionales
hermanos, la aceptación que es ya usanza que allí
tenga todo lo que hace José Domingo Cortés.
Pero, ¿anduvo tan escrupuloso como de sus talentos y buena práctica era de esperar en la co-

lección de *Poetisas americanas,* que en una edición
bellísima presenta? ¿No ha olvidado en el libro a
algunas poetisas distinguidas? ¿No ha sido la fama pública consejera un tanto ciega, en vez de lo
que de una nueva e inteligente colección hubiera sido
de esperar? Un tanto confuso habría de verse Cortés,
a haber de responder a estos justos cargos; que hay
en su libro espacio en demasía para las unas, breve e injusto espacio para otras, y para muchas un
tanto desacertada y desfavorable elección. Quejá-
rase, por ejemplo, con derecho bonísimo, la Sra.
Carolina Freyre de Jaimes, muy elegante escritora
en prosa, y a las veces inspirada y no común poetisa: hay de ella en el libro de Cortés una mediana
poesía religiosa, de inspiración difícil y vaga, de
forzada y dura entonación, que no da por cierto
idea de la hábil y seductora manera con que maneja la escritora peruana el habla riquísima española.
   Ni fueran infundadas las querellas de una poetisa de Cuba, Luisa Pérez de Zambrana, si tuviera
su alma delicada costumbre de reproches y resenti-
mientos. Es Luisa Pérez pura criatura, a toda pena sensible y habituada a toda delicadeza y generosidad. Cubre el pelo negro en ondas sus abiertas sienes; hay en sus ojos grandes una inagotable
fuerza de pasión delicada y de ternura; pudor perpetuo vela sus facciones puras y gallardas, y para
sí hubiera querido Rafael el óvalo que encierra
aquella cara noble, serena y distinguida. Cautiva
con hablar, y con mirar inclina al cariño y al respeto. Mujer de un hombre ilustre, Luisa Pérez entiende que el matrimonio con el esposo muerto dura

tanto como la vida de la esposa fiel. ¡Cuán bellos
versos son los suyos que Domingo Cortés copia,
inferiores, sin embargo, a muchos de los que Luisa
Pérez hace! Llámanse los del libro de *Poetisas*,
"Dios y la mujer culpable;" pero a fe que no es
esta paráfrasis la que debió escoger Cortés para
su libro: ¿no ha leído el hablista americano "La
vuelta al bosque", de Luisa? Ramón Zambrana
había muerto, y la esposa desolada pregunta a las
estrellas, a las brisas, a las ramas, al arroyo, al río,
qué fué de aquella voz tranquila que le habló siempre de venturas, de aquel espíritu austero que hizo
culto de los ajenos sufrimientos, de aquel compañero amoroso, que tuvo para todas sus horas castí-
simos besos, para sus amarguras, apoyo, y para el
bien de los pobres, suspendidas en los labios, con-
soladoras palabras de ciencia. Y nada le responde
el arroyo, que corre como quejumbroso y dolorido;
lloran con ella las brisas, conmovidas en las rumo-
rosas pencas de las palmas; háblanle de soledad perpetua los murmullos del bosque solitario. Murió el
esposo, y el bosque, y los amores, y las palmas, y
el corazón de Luisa han muerto. ¿Por qué no co-
pió Cortés estos versos de una pobre alma sola que
oprimen el corazón y hacen llorar?
   Cortés llena, en cambio, muy buena parte de su
libro con las composiciones más conocidas de la
poetisa Avellaneda. ¿Son la grandeza y la severi-
dad superiores en la poesía femenil a la exquisita
ternura, al sufrimiento real y delicado, sentido con
tanta pureza como elegancia en el hablar? Respon-
diérase con esta cuestión a la de si vale más que la

Avellaneda Luisa Pérez de Zambrana. Hay un hombre altivo, a las veces fiero, en la poesía de la Avellaneda: hay en todos los versos de Luisa un alma clara de mujer. Se hacen versos de la grandeza, pero sólo del sentimiento se hace poesía. La Avellaneda es atrevidamente grande; Luisa Pérez es tiernamente tímida.

Ha de preguntarse, a más, no solamente cuál es entre las dos la mejor poetisa, sino cuál de ellas es la mejor poetisa americana. Y en esto, nos parece que no ha de haber vacilación.

No hay mujer en Gertrudis Gómez de Avellaneda: todo anunciaba en ella un ánimo potente y varonil; era su cuerpo alto y robusto, como su poesía ruda y enérgica; no tuvieron las ternuras miradas para sus ojos, llenos siempre de extraño fulgor y de dominio: era algo así como una nube amenazante. Luisa Pérez es algo como nube de nácar y azul en tarde serena y bonancible. Sus dolores son lágrimas; los de la Avellaneda son fierezas. Más: la Avellaneda no sintió el dolor humano: era más alta y más potente que él; su pesar era una roca; el de Luisa Pérez, una flor. Violeta casta, nelumbio quejumbroso, pasionaria triste.

¿A quién escogerías por tu poetisa, oh apasionada y cariñosa naturaleza americana?

Una hace temer; otra hace llorar. De la Avellaneda han brotado estos versos, soberbiamente graves:

Voz pavorosa en funeral lamento,
Desde los mares de mi patria vuela

A las playas de Iberia: tristemente
En son confuso lo dilata el viento:
El dulce canto en mi garganta hiela,
Y sombras de dolor viste a mi mente.

Y cuando alguien quiso pintar a Luisa Pérez or-
nada de atributos de gloria y de poesía, aquella
lira de diez y siete años tuvo estos acordes suaves
y modestos:

No me pintes más blanca ni más bella;
Píntame como soy: trigueña, joven,
Modesta, sin belleza, y si te place,
Puedes vestirme, pero solamente
De muselina blanca, que es el traje
Que a la tranquila sencillez del alma
Y a la escasez de la fortuna mía
Armoniza más bien. Píntame en torno
Un horizonte azul, un lago terso,
Un sol poniente cuyos rayos tibios
Acaricien mi frente sosegada.
Los años se hundirán con rauda prisa,
Y cuando ya esté muerta y olvidada
A la sombra de un árbol silencioso,
Siempre leyendo encontrarás a Luisa.

Lo plácido y lo altivo: alma de hombre y alma
de mujer; rosa erguida y nelumbio quejumbroso;
¡delicadísimo nelumbio!

No pudo ser México olvidado en la colección de
José Domingo Cortés, y son sus poetisas el ornato
mejor de este libro, tan precipitado como hermosa-
mente hecho.

Allí se leen versos bellos de Ester Tapia de Castellanos, de Mercedes Salazar de Cámara, de Dolores Guerrero, de Isabel Prieto de Landázuri. Y
¿no podría la inspirada Soledad Manero reclamar
un puesto distinguido en este libro de las Musas,
que con la muy notable suya indudablemente hubiera honrado?

Leense en las *Poetisas* dos odas de Ester Tapia,
entre nosotros conocidísimas y justamente renombradas: "Al Genio," una, y "A Dios," otra; allí hay,
de Isabel Prieto, su tierna "Caída de las Hojas;" de
Dolores Guerrero, lindos pensamientos "A una estrella;" de Mercedes Salazar, sonoros versos "Para
el álbum de Ofelia Prisé."

En verdad que, con haber andado con tanto desaliño en la elección, todavía fuera difícil a las poetisas de otras repúblicas competir con las muestras que
de las inspiradas mexicanas trae el libro. Hay entre las de Chile, una oda valentísima de Mercedes
Marín de Solar; hay entre las colombianas, los versos de Edda enamorada, que a vueltas con el tiempo
inflexible parecen ser obra del poeta Rafael Pombo,
el de los versos al Magdalena de rumor blando; el
fácil bardo de la patria de Gregorio González, el
muy fiel y cariñoso amigo de nuestro buen pintor
Gutiérrez.

Recuerdan a Cuba en la colección, no solamente
la Avellaneda y Luisa Pérez, sino Julia, la hermana
de Luisa, con una muy bella oda a la tarde; Merced Valdés Mendoza, la de versos fáciles y llenos;
Ursula Céspedes, ora valiente y correcta, ora de

saliñada y quejumbrosa; Luisa Molina, de poesía doliente y meditabunda.

Muéstrase Colombia rica en hijas que la honran: Josefa Acevedo, Leonor Blander, Isabel Bunch, Ubaldina Dávila, Amelia Denis, Elena Lince, Carmen Ballen, Agripina Montes, Mercedes Párraga, Samper de Ancízar y Mercedes Suárez: grupo bello, en verdad, en quien suple la inspiración fácil y suave, lo que en lo común tiene en su estilo de amanerado e incorrecto.

Y seguiría aquí enumerando el boletinista cuanto digno de leerse y recordarse tiene el libro, si no pensara que ha de ser para sus lectores cosa mucho más agradable que su ligerísima reseña, haber por sí propios conocimientos de las bellezas que se callan, en este libro de *Poetisas* que tan bien ha de estar en toda biblioteca de mujer.

Ni espacio había tampoco para más comentarios. Pensó *Orestes* al comenzar que diría de Antenor Lescano todo lo bueno que sus *Páginas* merecen, y de Mariano Bárcena, elogios afectuosos y merecidísimos; pero es ésta tarea agradable que se reserva para cuando le quepa en turno dar quehacer fatigoso e inútil a sus pacientes y benévolos lectores.

Revista Universal. México, 28 de agosto de 1875.

2

LIBRO NUEVO

LOS RECUERDOS DE UN OCTOGENARIO

(The Recollections of an Octogenarian)

Por Henry Hill

MEMORIAS DE LA INDEPENDENCIA

San Martín, O'Higgins, Cochrane, Blanco, Carrera.

¡Qué encanto tienen los cabellos blancos! Parece que viene de alto lo que viene de ellos. Las puerilidades mismas están llenas de gracia en los ancianos. Se les ve como a veteranos gloriosísimos que vuelven heridos de una gran campaña. Los defectos, los delitos mismos, parece como que se funden y desaparecen en la majestad de la vejez. ¡Qué hombres esos que han vivido ochenta años! Aun cuando hablen con voz trémula y anden con paso tardo, se les ve como a titanes. ¡La vida llevaron a cuestas, y la sacaron a la orilla! A fuego lento se les ha ido blanqueando, como la corteza al hierro en la fragua, los cabellos.

Llegan ahora a la mesa de *La América*, en un libro impreso para unos cuantos amigos, los "Recuerdos de un Octogenario"; un octogenario que vió el alba del siglo, y la de la libertad, en Sur Améri-

ca; que vió al Sol en los Andes, y a San Martín
antes de Maipó, y después de Chacabuco; que conoció a Cochrane, a O'Higgins, a Carrera, a Blanco; que, luego de cincuenta años de reposo propio y
visión de catástrofes y maravillas en su tierra, no
escribe de ellas cuando, al dejar ya en manos de
sus hijos y amigos el bordón florido, recuerda y
cuenta; sino de los hombres que vió, montes que
ladeó, himnos que cantó y cosas que admiró en la
época de revuelta y nacimiento de la nueva América, como si aquéllos hubieran sido sucesos y hombres que con su tamaño dominasen y con su luz
eclipsasen cuanto tras de ellos, en sus fatigas de
trance y conatos de reacomodo, ha trabajado nuestro siglo. Y en verdad, en verdad, fué como si de
moradas profundas hubieran de súbito aparecido,
descubierta la cabeza, los pies calzados la espuela
de diamante, y en la mano—como porción de ella—
la espada, hombres hechos de fuego que con el empuje de sus espaldas rompieron, arrastraron tras sí
y cambiaron de lugar la tierra. Ahora no se ve
bien; se verá luego. Los siglos se petrifican y se
hacen hombres; pero para eso es necesario que pasen siglos. Después, a gran distancia, se observan
mejor su tamaño y su obra. El que vió hervir en
tacho burdo el hierro de que se hizo el primer clavo,
no imaginó la fogueante y hendente locomotora, que
cabalga en los montes y los lleva a rastras.

Henry Hill se llama el antiguo comerciante, mi-
sionero y cónsul de los Estados Unidos en la América del Sur, que publica ahora sus recuerdos. No
escribe como un entusiasta, ni como un pretensio-

so, ni como un censor; sino como quien vió con buen
juicio y alma sana, y a los sesenta años esboza. Su
libro no es de opiniones; ¡pobre librillo cariñoso!;
sino de simples y honradas reminiscencias. No llega a doscientas páginas en octavo, pero deja ver un
corazón puro, en quien larga y dichosa vida en la
América del Norte no ha entibiado el amor y respeto que en su época heroica le inspiraron los héroes, naturaleza y hazañas de la naciente América
del Sur.

Deja ver a Carrera, al inquieto Presidente de
Chile, de arrogante, apariencia, de buena casa, inteligente, avisado, culto; pero ambicioso, desconten-
to entonces, lleno de enojo por no ver fácil su pre-
ponderancia en Chile; a O'Higgins, patriota sincero, soldado bravo, hombre amable, sensible y fide-
digno; al almirante Blanco, perfecto caballero, de
militar cultura y raras y seductoras fecultades; a
Cochrane, a Cochrane impetuoso, terco y de genio
vivo, capaz y pendenciero; muy perspicaz, pero menos discreto; amigo de mandar e impaciente del mando de otros, natural señor y consejero de señores,
alto, combado, desgarbado, la mirada movible, pe-
coso el rostro, el pelo rufo; a San Martín, a San
Martín grande y sereno, alto y de tez obscura; de
soberanos, penetrantes ojos; de selvoso y negrísimo
cabello; la nariz prominente y aguileña; los labios
finos, llenos siempre de enérgicas y vívidas palabras, y en su levita azul con charreteras y pantalones de galón de oro, militar imperante, austero y
culto, de tan visibles dotes, que con oirle hablar
aparecía su superioridad considerable entre sus con-

temporáneos, y tan tierno y profundo en sus afectos, que, de ver tan grande hombre, se consolaban
los demás de serlo.

Henry Hill fué a la América del Sur a bordo de
aquel buen barco el "Savage", que llevó en muy
buena hora rico cargo de guerra a los patriotas del
Perú y de Chile.

Era en los magnos días en que las paredes de la
casa sagrada de Tucumán dibujaban aún, como gloriosas de haberle dado sombra, las imágenes de los
atrevidos diputados del 9 de julio; en que el "Censor", enemigo de monárquicos, andaba en manos
hechas al hierro sublime; en que Manuel Belgrano,
con hazañas y humildades, sacaba la cabeza por encima de los héroes griegos. Fué en los tiempos en
que a la boca del Plata libre ondeaba en el mástil
del velero *San Martín* la bandera bonaerense; en
que cruzaba el mar Carrera, embarcado con jóvenes
oficiales norteamericanos a bordo del "Clifton", a
la cabeza de la expedición que, ayudado de algunos
mercaderes del puerto, logró armar en Baltimore.
En los temipos estuvo Hill en Sud América en que,
del paso de los Andes, San Martín reposaba en
Chacabuco; en que repuestas, al mando de Osorio,
las tropas españolas, con tres mil hombres del Perú. no vinieron sobre Valparaíso bloqueado tan de
prisa que no tuviera San Martín espacio para salirles al encuentro en Maipó, y revolverlas y abatirlas; los tiempos eran en que los hombres sabían
castigar, con las coronas mismas que les ofrecían, a
los soberbios o menguados que se las fabricaban; en
que O'Higgins, herido en una mano en Tacahuano,

con un rasgo firmaba sus decretos; en que, para libertar al Perú, que San Martín con maña había
animado a la revuelta, se embarcaban juntos en Valparaíso, aunque no anduvieron siempre juntos después en pareceres, San Martín y Cochrane; y en que
conversaban San Martín y Bolívar.

Henry Hill conoció a lady Cochrane, aquella dama afable y bulliciosa, por cuya alma se había entrado, como una amable locura, el sol de América;
y todo era junto a ella canciones escocesas, paseos
con banda marcial por la bahía, riesgosas expedi-
ciones a caballo. En casa de San Martín estuvo
Hill, en casa de San Martín en Santiago; ¡qué noches; que parecían haber bajado a las almas las estrellas! Una vez por semana se reunía en el salón
de San Martín toda la gente santiagueña. De batallas, de altos hechos, de esperanzas magníficas se
hablaba. Llama parecía la conversación, que a todos envolvía, e iba y venía con lenguas de oro entre todos. Cuando era ya la hora de irse, poníanse
en pie mujeres y hombres, y con vibrantes y apa-
sionadas notas cantaban en coro: "¡Oíd, mortales,
el grito sagrado!" De patria se iban llenos; y San
Martín montaba a caballo, y se iba a ver a sus soldados negros.

Grande como los hombres, cuenta Hill, cónsul por
aquel entonces de Norte América en los países nuevos del Pacífico, que vió la Naturaleza. La luz, el
color, la exuberancia, el ala abierta, la cumbre, el
peligro; esos atributos vió en la América el sencillo
viajero. Cabalgó, sobre los lomos de los Andes
y de su mula, largos meses. De Buenos Aires fué

por mar a Chile; y de Chile, por tierra, a Buenos
Aires. En su viaje de mar leyó la Biblia a los ma-
rineros, e hizo de ellos fervorosos catecúmenos. En
el de tierra leyó a la Naturaleza. Costeó las tierras
lóbregas y fangosas de la Patagonia y las montañas del Continente. De un guanaco almorzaba un
día; y al otro dejaba caer absorto las riendas sobre
el cuello rollizo de su montura, al ver pasar, tendidas las alas corvas, una bandada de altos avestruces. Cruzó el Maipó revuelto, acrecentado con las
nieves derretidas de las cordilleras, sobre el puente
bamboleante de cuerdas de cuero y trémula calzada
de troncos y bambúes; espantábanse los animales;
temían los viajeros. Cubierto vió el lago Aculco
hermosísimo de aves acuáticas. de rosados flamen-
-cos, blancos patos, vivaces agachadizas y mil aladas criaturas de rico plumaje. Nadó en el plácido
Angostura, afluente manso del rapante Maipó; no
fué perdida, a fe, la expedición al Sur de Chile.
  Y de Santiago a la Plata, ¡qué peligro y qué hermosura! Detrás quedaron los amigos buenos; O'Higgins, benévolo y modesto; el almirante Blanco, que
se adueñaba de los hombres; pero delante estaban
Chacabuco, la "cumbre", las "laderas", el "peñón
rasgado", el Aconcagua. En la "cumbre", la nieve los envuelve y duermen en el hueco de una roca;
se siente un frío puro: el de toda altura. Serpen-
tean falda abajo, con gran riesgo. Asómbranse del
puente de los Incas, maravilloso capricho de la Naturaleza. Cobran apenas brío, para perderlo todo en
las laderas; ruge en lo hondo el Mendoza enfureci-
do, que con estrépito tremendo arrastra piedras, en

lodo envueltas; ramas, troncos de árboles; en lo alto, ya revelando sus secretos, vagan nubes; y caballeros y animales van subiendo, del ruido mismo de palabras y pasos temerosos, por la vereda fina abierta a pico, que circunda la costra de la roca; abajo, a quinientos pies, el río. Pero luego, aunque suben por el camino en que Carrera, airado por la sentencia a muerte de sus dos hermanos, vino a morir él mismo de triste modo, viajan con más calma y contento. La caza abunda. La ciudad de Mendoza, afamada por sus dulces uvas y buen vino, les parece, ya para entonces, hermosa. Por todas partes, caballos salvajes que se venden a cuatro pesos; pampeanos fornidos que con gran destreza cautivan en su lazo a guanacos y avestruces. Allá, una culebra, de venenoso diente, asoma; ahora, con sus secantes alas abiertas, viene encima, abatiendo árboles y destechando casas, el pampero; después los frescos higos, cogidos en la higuera; la extensa hacienda, el hospitalario reposo, la amable y pintoresca ciudad de Buenos Aires, de gran río esposa, de prósperas llanuras rodeada, llena de gentes buenas.

Y del libro en que, como vivo que se va, cuenta Henry Hill muy de prisa todo esto, surge, como de aquel mismo grandioso panorama surgía entonces, la figura férrea, solemne, vigilante; la patriarcal figura del hijo de Tapeyú, docto en mundo, tierno en familia, recio en mando, maestro en virtud difícil, menos grande que desinteresado: José de San Martín, padre de América.

La América, Nueva York, febrero de 1884.

3

LIBROS DE HISPANOAMERICANOS
Y LIGERAS CONSIDERACIONES

Sobre la mesa tenemos, esperando turno, un grupo de libros de autores hispanoamericanos, que a cualquier pueblo fueran motivo de honor. Pueblo, y no pueblos, decimos de intento, por no parecernos que hay más que uno del Bravo a la Patagonia. Una ha de ser, pues que lo es, América, aun cuando no quisiera serlo; y los hermanos que pelean, juntos al cabo en una colosal nación espiritual, se amarán luego. Sólo hay en nuestros países una división visible, que cada pueblo, y aun cada hombre, lleva en sí, y es la división en pueblos egoístas de una parte, y de otra generosos. Pero así como de la amalgama de los dos elementos surge, triunfante y agigantado casi siempre, el ser humano bueno y cuerdo, así, para asombro de las edades y hogar amable de los hombres, de la fusión útil en que lo egoísta templa lo ilusorio surgirá en el porvenir de la América, aunque no la divisen todavía los ojos débiles, la nación latina; ya no conquistadora, como en Roma, sino hospitalaria.

La fasces romana se ha clavado en la tierra, y, al calor de la América, enramado y florecido; a su sombra se juntan los hombres. Mucho pensar es, de tener unos cuantos libros sobre la mesa; pero los libros son serios y buenos, y dan orgullo y gozo; y luego, que en meditando en América, los pensamientos se inflaman, relucen, triunfan y caracolean, y son bandera, palma y lava.

Este, ¿qué libro es éste? En tierras en que se hablo el castellano, como el alma tiene más de mariposa que de bestia famélica, y vive de mieles, y el suelo da lo que se necesita, y lleno el espíritu de generosidad y ternura, del suelo se necesita poco, han escaseado las ciencias, hijas de las necesidades humanas, que obligan a la pesquisa y a la observación, y de cierta disposición tranquila de la mente, que entre ojos negros y palmeras de sombra calurosa, no anda casi nunca desocupada. Hambre e invierno son padres de ciencias. Por lo que no hay que buscar en castellano muchos vocablos científicos; y el industrioso y erudito cubano Néstor Ponce de León hace bien en ingerir, con discreción y propiedad, la lengua corriente y necesaria de la industria y el comercio en el idioma español, para expresar los estados del alma muy propio y rico, pero lastimosamente escaso de la verbología moderna. Y como no se ha de decir que para vivir entre los hombres es bueno desconocer su lengua, sino aprender a hablarla, y hoy los hombres se han apeado del caballo de batalla y se están montando sobre arados y ruedas dentadas, es libro de mucho alcance y servicio el *Diccionario Tecnológico*, que con miras y materias más vastas que las de todos los diccionarios de ciencias o artes hasta ahora conocidos, escribe desde su librería de Broadway el cubano Ponce de León. Ya se anuncia el Diccionario de Regímenes, de un hablista ilustre, que es el colombiano don Rufino Cuervo, notabilísimo filólogo, y como un verdadero filósofo del idioma.

Buena lengua nos dió España, pero nos parece que no ha de quejarse de que se la maltratemos; quien quiera oír a Tirsos y Argensolas, ni en Valladolid mismo los busque, aunque es fama que hablan muy bien español los valisoletanos: búsquelos entre las mozas apuestas y mancebos humildes de la América del Centro, donde aún se llama galán a un hombre hermoso; o en Caracas, donde a las contribuciones dicen pechos; o en México altivo, donde al trabajar llaman, como Moreto en una comedia, "hacer la lucha". Y en cuanto a las leyes de la lengua, no hay duda de que Baralt, Bello y Cuervo son sus más avisados legisladores; lo cual no quita lustre al habla en que con singular donosura dicen literarios pensamientos los varones del Guadalquivir y Manzanares, ya como Hartszenbuch la acicalen y enjoyen cual a moza en fiesta; o como Guerra y Orbe, bruñan y saquen lumbre a la plata antigua; o como Alarcón, la den matices árabes; o como Galdós, la hagan llorar, y tener juicio a par que gracia con Valera.

Mejor será, antes que entre en regalos la pluma, decir los títulos de los libros que están esperando turno en nuestra mesa.

De García Merou, de la República Argentina, están aquí los *Estudios Literarios* en linda edición de Madrid, de casa de Fortanet. Hacen bien al alma, y dan gusto a los ojos, esos libros impresos en letras redondas, y a la usanza antigua. Recuérdanse los tiempos pasados, que por muertos ya son buenos, y parece como que se acaricia la barba blanca de un abuelo hermoso. Merece el libro de García Merou esta edición artística, y se desborda de ella, como de un cesto de plata, un ramo de flores. El estilo, con matices franceses, es buen estilo de España, tiene del vino la generosidad, la transparencia y el aroma, y las burbujas, tornasoles y rumor discreto de la espuma. Es un hombre ingenuo que estudia, con mente culta y ánimo libre, la literatura poética, no en lo que rima y halaga los ojos, ni en lo que la literatura tiene de rubensiano y carnal, sino en las penas desgarradoras, esperanzas inocentes y aladas aspiraciones que la animan. García Merou sabe llorar y cincelar, y aquél y éste son méritos que van cayendo en desuso, y sobre todo aquél. Conocimiento amoroso y sazonado de las buenas literaturas revela este libro, y esa fuerza de decante y juicio directo que señala a los literatos de raza. He ahí un escritor que se levanta.

Juan Ignacio de Armas, de Cuba, que en pocos años ha ganado renombre de buscador ingeniosísimo y esmerado poeta, registra ahora a Parras y Bernáldez, y Cabezas de Vaca y Garcilasos, y con todos estos venerables pergaminos desmiente, contra lo que San Jerónimo creyó ver, y pintó en su globo Martín Behem, que haya habido antropófagos jamás. Alegato ameno es esta *Fábula de los Caribes,* y no hay que decir que es victorioso, porque el que está con la naturaleza humana, está en lo cierto. Los datos que tantos otros historiófilos abalumban y revuelven sin orden, aquí van diestramente conducidos, como si lo llevase capitán amaestrado, hasta que lle-

gan a dar de sí, como sin esfuerzo y de manera inevitable, lo que el historiófilo quiere que digan. Y de
vez en cuando, una sutil ironía aguza un pensamiento, y otras veces, una severa justicia realza un de-
talle minucioso. Este Juan Ignacio de Armas vivió
en Caracas unos cuantos años, entre los grandes de
la mente de todas las edades; y de andar entre libros,
llegó a tener su color y sabiduría. Es perspicacísimo
de naturaleza, y de aquellos que tienen la noble y
desusada capacidad de poner por encima de sí mismos, y sacar salvo de todo, su amor al estudio; títulos dan los reyes; pero de ennoblecimiento de alma,
ninguno mayor que el que se saca de los libros. Las
ideas purifican. Venir a la vida usual después de
haber estado del brazo con ellas por bajo de los árboles o por espacios azules, es como dar de súbito
en el vacío. Una adementada angustia se apodera
de la mente en el primer instante del choque. Y se
sigue caminando adolorido, hasta que se ve al fin
que los hombres son buenos y se está bien entre ellos.

La América. Nueva York, junio de 1884.

4

BIBLIOTECA AMERICANA

Nos llena de orgullo todo libro nuevo publicado en
nuestras tierras americanas: parece como salido de
la propia mente, y lo es en parte, por ser todo hombre como átomo de la raza con cuyas cualidades

brilla, de cuyo honor y fuerza se alimenta, de cuyo
espíritu es soldado y depositario. La raza es una patria mayor, a la que deben pagar tributo, como hijos
a madres las patrias pequeñas que de la raza madre
se derivan. La raza es un altar de comunión: y quien
la niega, o la desconoce, o la vicia, o se quiere salir
de ella,—desertor es traidor, como el que plega la
bandera y huye ante el enemigo en hora de batalla,
o se pasa a sus huestes.

La raza es vara de mago, rosa mística, calor en el
invierno, pueblo inefable, y resurrección de la misma
muerte en medio de la soledad: en tierra extraña se
cae en brazos de un desconocido de nuestras propias
tierras sollozando de júbilo, como se caería en brazos de un hermano.

Cada libro nuevo, es piedra nueva en el altar de
nuestra raza. Libros hay sin meollo, o de mero reflejo, que en estilo y propósito con simple exhibición en lengua de Castilla de sistemas inmaturos o
violentos extranjeros, e introducción desdichada en
nuestras tierras nuevas, ingenuas, aun virtuosas y
fragantes, de excrecencias, iras, degregaciones y des-
desmoronamientos de países llagados en la médula.
Tales libros, como aquellos huevos de un pájaro que
nace en nido de otro, no son americanos. Son ramos
de adelfas o mazos de hojas secas. Son libros inútiles.

De los libros honestos, piadosos y fortalecedores
hablamos, que con espíritu americano, estudian problemas de América. No tanto de libros pomposos
y retóricos, y de conocimientos abstractos universa-

les,—cuanto de esos otros concretos y beneméritos, escritos al calor de nuestro sol, y en el fragor de nuestras luchas generosas, sangrientas como todas las entrañas. Hablamos de esos libros que recogen nuestras memorias, estudian nuestra composición, aconsejan el cuerdo empleo de nuestras fuerzas, fían en el definitivo establecimiento de un formidable y luciente país espiritual americano, y tienden a la saludable producción del hombre trabajador e independiente en un país pacífico, próspero y artístico.

De tales libros hará *La América* su biblioteca. A sus autores los pide, para extractarlos con cuidado y presentarlos con cariño.

Cada mes, hablaremos de un libro.

De más pudiéramos: pero al amor pone rienda el espacio.

Y tendremos que decirlo todo en compendio, y de prisa, como esto mismo que vamos diciendo, como a caballo sobre un relámpago,—por no darnos ocasión a más nuestras columnas, bien estrechas para nuestros propósitos.

La América. Nueva York. enero. 1884.

INDIOS

1

ANTIGUEDADES MEXICANAS

Un hallazgo notable tiene en regocijo a los arqueólogos de México;—se ha descubierto en un pueblo de Veracruz una colosal piedra, en la que en perfiles huecos está esculpida una gran figura de indio, que tiene al pie un pescado y un conejo, como en símbolo de la caza y de la pesca, y en la mano la flecha tendida.

Pronto estará la monumental reliquia en el valiosísimo Museo mexicano, que publica ahora muy ricos *Anales,* donde en lengua galana cuentan los estudiadores de México ya los libros del Padre Sahagum, que a no haber sido benemérito de la Iglesia, lo fuera de la historia mexicana; ya las raras bellezas de aquellas ruinas misteriosas de Xochicalco, que unos tienen por templo, y por un fuerte otros; ya las venerandas profecías de aquel moisiaco apóstol que fué como el Confucio de los yucatecos, Chilam Balam anciano y virtuoso.

Muy rico en ruinas es este suelo de Yucatán, donde los descubridores afortunados hallan piedras cuyos geroglíficos extraños parecen decir que en los tiempos en que las vírgenes de Chitchem se arrojaban alegremente, al compás de las plegarias de los sacerdotes, al pozo sacro cuya boca mortal escondían humos aromáticos, los hombres acaso conocían ya el modo de usar de la electricidad para cruzar mensajes; dos figuras de iguales arreos y apariencia, háblanse en una piedra de Chıtchem, a poca distancia, mas no con inscripciones en figuras sino con rayos, que salen de los labios de ambos. Y los palacios de Chitchem, todos están llenos de figuras murales, de armoniosas líneas curvas, ricamente coloreadas.

Débese buena porción de esos hallazgos a un hombre enfermo que parece caballero empobrecıdo de las Edades Medias, y es hermano de un poeta eminente, que teje lindos dramas: José Peón Contreras;—y al Dr. Le Plongeon, anciano activo y revoltoso, que se está haciendo notorio por la buena fortuna con que persigue y descubre ruinas de monumentos y estatuas de los mayas, y por el indiscreto lenguaje y exagerada ambición que acompañan a sus descubrimientos. Como cuatro años hace, descubrió, y quiso apropiarse, una colosal estatua de un personaje indio, que él llamó Chac-Mool, el "Rey Tigre", una soberbia estatua recostada, sobre el dorso, con las piernas encogidas, con la cabeza alta, y vuelta hacia el Oriente, y con las manos sobre el pecho, sosteniendo un plato lleno de piedras preciosas, según se afirma,—que las piedras no han aparecido,—y de una sustancia extraña, como polvo, que Le Plongeon supone que fuera sangre del mismo personaje en cuyo honor se erigió esta estatua, que es la pieza más completa y grande que se conoce de la escultura mexicana. El descubridor quiso quedarse con el descubrimiento y lo ocultó en los bosques; pero el gobierno, en virtud de la ley que prohíbe la extracción del país mexicano de ningún tesoro histórico ni artístico de México, se apoderó de la valiosísima reliquia, que, luego de haber sido llevada en triunfo a la capital de Yucatán, fué transportada con gran pena de los yucatecos, que la querían para su museo particular, al museo nacional de México.

Poco hace volvió Le Plongeon, a quien acompaña en sus exploraciones su esposa, joven, instruída y discreta dama inglesa, de las islas de la costa mexicana donde andaba desenterrando templos y viviendo en cabañas de palma en el fondo de los bosques o a la orilla de los mares, a Uxmal, la ciudad magnífica de los mayas, cuyos contornos están llenos de maravillas de incalculables valía para la Historia americana. Allí, excavando, ha encontrado un busto del dios Cay, con una inscripción en lengua maya, en la que se lee, que el dios es Isaa. Cerca del busto estaba un altar con signos cabalísticos. Otros muchos restos históricos, ha hallado el intrépido norteamericano, que a su juicio se asemejan mucho a las reliquias encontradas en Heliópolis y Memphis. Le Plongeon cree haber hallado vestigios de palabras caldeas en las inscripciones de una piedra que hoy figura en una logia masónica.—Los indios, con los cuales está el doctor en riña permanente, y que creen una profanación digna de la muerte, que se atente a los restos, propiedades y viviendas de sus mayores, le amenazan y le han atacado alguna vez; pero el doctor ha puesto en torno de los lugares en

que excava, y de los en que guarda sus monumentos,
minas de dinamita. Harto crédulos, sin embargo,
son los indígenas. Le Plongeon mismo asegura que
pudo inducirles a que le revelaran el lugar donde
estaba enterrada la colosal estatua de Chac-Mool,
merced a la semejanza que con su larga barba y per-
fil correcto tenía a un guerrero barbado esculpido
en una de las piedras de un monumento indio, cuya
reaparición, como la de un Mesías de quien había
de venirles redención, aguardaban pacientemente los
indígenas de las cercanías de esas dos grandes ciudades desaparecidas, Uxmal y Chitchem.

La América. Nueva York, junio de 1883.

2

ARTE ABORIGENE

A ninguno de nuestros lectores ha de fatigar una
reseña breve de los objetos de manufactura de indios
que se exhibían en la fiesta de artes organizada en
beneficio de la obra del pedestal de la estatua de
Bartholdi.

El indio, que en la América del Norte desaparece,
anonadado bajo la formidable presión blanca o di-
luído en la raza invasora, en la América del Centro
y del Sur es un factor constante, en cuyo beneficio
se hace poco, con el cual no se ha querido calcular
aun, y sin el cual no podrá, en algunos países al menos, hacerse nada. O se hace andar al indio, o su
peso impedirá la marcha.

El indio es discreto, imaginativo, inteligente, dispuesto por naturaleza a la elegancia y a la cultura. De todos los hombres primitivos es el más bello y el menos repugnante. Ningún pueblo salvaje se da tanta prisa a embellecerse, ni lo hace con tanta gracia, corrección y lujo de colores.

De una mirada podía verse el arte indio moderno de las tribus norte-americanas. Los vestidos son de pieles, cubiertos de canutillos y de cuentas. Los adornos son de plumas. No hay pieza de vestir ni de armadura, que no esté plenamente ornamentada. Todo, todo está cubierto de canutillos de colores dispuestos en combinaciones caprichosas y variables, ya rombos, ya romboides, ya cuadrados, ya triángulos. La línea recta, en proporciones artísticas y geométricas, y en agrupaciones elegantes, predomina en todos los dibujos. Cuando la línea curva, lo cual es raro, aparece, es imperfecta. Los canutillos cubren los borceguíes, las polainas, el cinturón, una especie de ridículo o saco de mano largo y ancho, las mangas y las piernas abiertas de los vestidos.—Los trajes, extendidos, tienen aun, a pesar de todos sus aderezos, la forma de piel de fiera. Se nota esto en todos los pueblos primerizos: luego, cuando entran en su segunda época, ya los trajes tienen forma de ave, con las alas tendidas.—Aman los indios la piel blanca; y la curten tan hábilmente que parece suavísima badana. A las piernas de los vestidos de sus squaws, sus valerosas mujeres cuelgan los Tuscaroras unos como alamares sonantes o piramidillas huecas de latón, de menudo tamaño y en gran número, que parecen flecos de plata y cascabelean alegremente.

En todo resalta el vehemente y ordenado amor del
indio al color y al ornamento. Su escudo de batalla
lo envuelven en piel curtida, adornada con plumas.
—Con plumas de águila fabrican sus arreos marciales los guerreros.—Se ciñen a la frente, una banda, en cuyo torno se yerguen, abriéndose hacia arriba como el penacho de una palmera joven, plumas de
águila duras.—Y de este casco les cuelga por la espalda una piel larga y estrecha, por cuyo centro corre
a la larga hasta la tierra, sobre pana roja, una cresta
de plumas erguidas.—El tomahawk es como el indio: esbelto, aquilino, terrible, diestro. Siempre hubo
semejanza entre los hombres y las armas que usan.
El burdo bretón gastaba brutal maza. El indio, delgado y veloz, la flecha rápida y aguda, el tomahawk
de mango fino y elegante y de hierro largo y estrecho, encorvado en el filo como el pico del águila.

Y si a la cerámica se mira, aunque de esto había
poco en la Exposición, nótase la misma espontánea
tendencia a la forma bella, el mismo desamor a las
extensiones vastas y desnudas, la misma afortunada
pasión por el adorno. No hay jarra de los indios de
Puebla, por elemental y primitiva que sea, que no
ostente, ya en barro rojo, ya en blanco, ramazones,
raros caprichos, garras y alas, nubes y soles, traza-
dos con líneas negras.

En las muestras groseras de escultura, en lava de
volcán la una, en granito otra, las más en barro co-
cido, notábase la fidelidad excesiva en los detalles
que distingue el arte de los pueblos primitivos y los
primeros dibujos de los niños,—y un singular poder—parece pertenecer sólo al arte aborígene ame-

ricano entre todas las artes de pueblos rudimentarios,—de dar perfecta expresión y significación espiritual a las facciones irregulares, y a veces a la figura entera.—Una mujer sentada, una figura en reposo reclinada de espaldas y un cómico diosillo del dolor, hecho en barro que brillaba como si tuviese arenas de oro, eran las tres esculturas más notables.

En la figura de la mujer, todo lloraba; los ojos entrecerrados, las mejillas plegadas, las trenzas deshechas en la espalda seca, los senos candentes. En la del hombre, reclinado, figura que adornó acaso un sepulcro, se veía la afable sonrisa de un espíritu que se exhala satisfecho, y el reposo aun tibio de la muerte nueva. El dios del dolor, de arte modernísimo, hacía reir involuntariamente, no tanto por lo elemental del dibujo y labor, cuanto por la chispeante y afortunada burla del hombre blanco que revela. La estatuilla, sin ropas, se lleva las manos al vientre; la cabeza empinada en un lánguido cuello hace una mueca que recuerda al Luis XIV desnudo de Thackeray:—que cuando Thackeray se ponía a hacer caricaturas, las hacía tan buenas como sus novelas.— Y el escultor indio ha adornado la cara de su Dios de barro con un par de bigotes de estopa que, hirsutos y rubios, añaden comedia a la traviesa figura.

De arte antiguo, había poco, y todo lo que había, era hecho de los objetos más cercanos que ofrece al hombre primitivo la naturaleza, y en la hora misma en que el arte civilizado discurre medios e inventa adornos que parece que no han de ser ya superados por artífices humanos. En una misma época, y a un mismo tiempo unos hombres trabajan y convierten

los elementos más rebeldes y recónditos de la naturaleza, y otros emplean apenas los más superficiales
y burdos. La edad de piedra subsiste en medio de
la edad moderna. No hay leyes de la vida adscritas
a una época especial de la historia humana. Donde
quiera que nace un pueblo nuevo, allí renace con él,
nueva, grandiosa y feral,—la vida. En una sala se
veían los cuadros de Passini, que pinta la luz, y otro
de Fortuny, que pinta el aire ambiente en la de arte
aborígene, centenares de flechas de silex, labradas
casi a nuestros ojos, algunas tan diminutas y bien
trabajadas que parecían bellas.

Y por sobre todos estos objetos, que parecen los
útiles de una época de transición de la fiera al hombre, de la nerviosa y esbelta fiera americana al inquieto y brillante hombre de América moderno; sobre los armarios llenos de borceguíes, cintos, taha-
líes, vainas de cuchillos, delantales completamente
cubiertos cuando no exclusivamente fabricados de
cuentas de colores; por sobre la curiosa paraferna-
lia de la danza del Sol, hecha toda de muñecos de
cartón pintado de colores, con grandísimas e intrin-
cadas ramazones colocadas como un halo alrededor
de la cabeza,—flotaba, como símbolo de la época de
donde vienen y del tránsito a aquella en que se confunden, la bandera blanca, con sus ocho estrellas
rojas y sus tres puntas rojas y azules, de los viejos
y ya domados Tuscaroras, miedo un tiempo y azote
de las tierras hoy prósperas de la Nueva Carolina.

Y en medio de la bandera rectangular de lienzo
blanco, por encima de una hilera de animales,—oso,
caballo, perro, pato, totruga, recortados en paños de

colores, y supercocidos,—un águila, con las alas
abiertas, se remonta por el cielo, apretando entre sus
garras a una horrible serpiente.

La América. Nueva York, enero de 1884.

3

EL HOMBRE ANTIGUO DE AMÉRICA Y SUS ARTES

PRIMITIVAS

Cazando y pescando; desentendiéndose a golpes
de pedernal del tigrillo y el puma y de los colosales
paquidermos; soterrando de una embestida de colmillo el tronco montuoso en que se guarecía, vivió
errante por las selvas de América el hombre primitivo en las edades cuaternarias. En amar y en defenderse ocupaba acaso su vida vagabunda y aza-
rosa, hasta que los animales cuaternarios desapare-
cieron, y el hombre nómade se hizo sedentario. No
bien se sentó, con los pedernales mismos que le servían para matar al ciervo, tallaba sus cuernos duros;
hizo hachas, harpones y cuchillos, e instrumentos
de asta, hueso y piedra. El deseo de ornamento, y
el de perpetuación, ocurren al hombre apenas se da
cuenta de que piensa: el arte es la forma del uno:
la historia, la del otro. El deseo de crear le asalta
tan luego como se desembaraza de las fieras; y de
tal modo, que el hombre sólo ama verdaderamente,
o ama preferentemente, lo que crea. El arte, que en

épocas posteriores y más complicadas puede ya ser
producto de un ardoroso amor a la belleza, en los
tiempos primeros no es más que la expresión del
deseo humano de crear y de vencer. Siente celos
el hombre del hacedor de las criaturas; y gozo en
dar semejanza de vida, y forma de ser animado, a
la piedra. Una piedra trabajada por sus manos, le
parece un Dios vencido a sus pies. Contempla la
obra de su arte satisfecho, como si hubiera puesto un
pie en las nubes.—Dar prueba de su poder y dejar
memoria de sí, son ansias vivas en el hombre.

En colmillos de elefantes y en dientes de oso, en
omóplatos de renos y tibias de venado esculpían con
sílices agudos los trogloditas de las cuevas francesas
de Vezère las imágenes del mammoth tremendo, la
foca astuta, el cocodrilo venerado y el caballo amigo. Corren, muerden, amenazan, aquellos brutales
perfiles. Cuando querían sacar un relieve, ahonda-
ban y anchaban el corte. La pasión por la verdad
fué siempre ardiente en el hombre. La verdad en
las obras de arte es la dignidad del talento.

Por los tiempos en que el troglodita de Vezère
cubría de dibujos de pescados los espacios vacíos de
sus escenas de animales, y el hombre de Laugerie
Basse representaba en un cuerno de ciervo una pal-
pitante escena de caza, en que un joven gozoso de
cabello hirsuto, expresivo el rostro, el cuerpo desnudo, dispara, seguido de mujeres de senos llenos y
caderas altas, su flecha sobre un venado pavorido
y colérico, el hombre sedentario americano imprimía
ya sobre el barro blando de sus vasijas hojas de vid
o tallos de caña, o con la punta de una concha mar-

caba imperfectas líneas en sus obras de barro, embutidas a menudo con conchas de colores, y a la luz del sol secadas.

En lechos de guano cubiertos por profunda capa de tierra y arboleda tupida se han hallado, aunque nunca entre huesos de animales cuaternarios ni objetos de metal, aquellas primeras reliquias del hombre americano. Y como a esas pobres muestras de arte ingenuo cubren suelos tan profundos y maleza tan enmarañada como la que ahora mismo sólo a trechos deja ver los palacios de muros pintados y paredes labradas de los bravíos y suntuosos Mayapanes, no es dable deducir que fué escaso de instinto artístico el americano de aquel tiempo, sino que, como a nuestros ojos acontece, vivían en la misma época pueblos refinados, históricos y ricos, y pueblos elementales y salvajes. Pues hoy mismo, en que andan las locomotoras por el aire, y como las gotas de una copa de tequila lanzada a lo alto, se quiebra en átomos invisibles una roca que estorba a los hombres,—hoy mismo, ¿no se trabajan sílices, se cavan pedruscos, se adoran ídolos, se escriben pictógrafos, se hacen estatuas de los sacerdotes del sol entre las tribus bárbaras?—No por fajas o zonas implacables, no como mera emanación andante de un estado de la tierra, no como flor de geología, pese a cuanto pese, se ha ido desenvolviendo el espíritu humano. Los hombres que están naciendo ahora en las selvas en medio de esta avanzada condición geológica, luchan con los animales, viven de la caza y de la pesca, se cuelgan al cuello rosarios de guijas, trabajan la piedra, el asta y el hueso, an-

dan desnudos y con el cabello hirsuto, como el cazador de Laugerie Basse, como los elegantes guerreros de los monumentos iberos, como el salvaje in-
glorioso de los cabos africanos, como los hombres
todos en su época primitiva. En el espíritu del hombre están, en el espíritu de cada hombre, todas las
edades de la Naturaleza.

Las rocas fueron antes que los cordones de
nudos de los peruanos, y los collares de porcelana
del Arauco, y los pergaminos pintados de México, y
las piedras inscritas de la gente maya, las rocas altas
en los bosques solemnes fueron los primeros regis-
tros de los sucesos, espantos, glorias y creencias de
los pueblos indios. Para pintar o tallar sus signos
elegían siempre los lugares más imponentes y bellos,
los lugares sacerdotales de la naturaleza. Todo lo
reducían a acción y a símbolo. Expresivos de suyo,
no bien sufría la tierra un sacudimiento, los lagos un
desborde, la raza un viaje, una invasión el pueblo,
buscaban el limpio tajo de una roca, y esculpían, pintaban o escribían el suceso en el granito y en la siena.
Desdeñaban las piedras deleznables.—De entre las
artes de pueblos primitivos que presentan grado de
incorrección semejante al arte americano, ninguno
hay que se le compare en lo numeroso, elocuente,
resuelto, original y ornamentado. Estaban en el
albor de la escultura, pero de la arquitectura, en
pleno medio día. En los tiempos primeros, mientras
tienen que tallar la piedra, se limitan a la línea; pero
apenas puede correr libre la mano en el dibujo y los
colores, todo lo recaman, superponen, encajean, bor-
dan y adornan. Y cuando ya levantan casas, sienten

daño en los ojos si un punto solo del pavimento o
la techumbre no ostenta, recortada en la faz de la
piedra, o en la cabeza de la viga, un plumaje rizado,
un penacho de guerrero, un anciano barbudo, una
luna, un sol, una serpiente, un cocodrilo, un guaca-
mayo, un tigre, una flor de hojas sencillas y colosales, una antorcha. Y las monumentales paredes de
piedra son de labor más ensalzada y rica que el más
sutil tejido de esterería fina. Era raza noble e impaciente, como esa de hombres que comienzan a leer
los libros por el fin. Lo pequeño no conocían y ya
se iban a lo grande. Siempre fué el amor al adorno
dote de los hijos de América, y por ella lucen, y por
ella pecan el carácter movible, la política prematura
y la literatura hojosa de los países americanos.

No con la hermosura de Tetzcontzingo, Copan y
Quiriguá, no con la profusa riqueza de Uxmal y de
Mitla, están labrados los dólmenes informes de la
Galia; ni los ásperos dibujos en que cuentan sus
viajes los noruegos; ni aquellas líneas vagas, inde-
cisas, tímidas con que pintaban al hombre de las
edades elementales los mismos iluminados pueblos
del mediodía de Italia. ¿Qué es, sino cáliz abierto
al sol por especial privilegio de la naturaleza, la inteligencia de los americanos? Unos pueblos buscan,
como el germánico; otros construyen, como el sajón; otros entienden, como el francés; colorean otros,
como el italiano; sólo al hombre de América es dable en tanto grado vestir como de ropa natural la
idea segura de fácil, brillante y maravillosa pompa.
No más que pueblos en ciernes,—que ni todos los
pueblos se cuajan de un mismo modo, ni bastan

unos cuantos siglos para cuajar un pueblo,—no más
que pueblos en bulbo eran aquellos en que con maña sutil de viejos vividores se entró el conquistador
valiente, y descargó su ponderosa herrajería, lo cual
fué una desdicha histórica y un crimen natural. El
tallo esbelto debió dejarse erguido, para que pudiera
verse luego en toda su hermosura la obra entera y
florecida de la Naturaleza.—¡Robaron los conquistadores una página al Universo! Aquellos eran los
pueblos que llamaban a la Vía Láctea "el camino
de las almas"; para quienes el Universo estaba lleno del Grande Espíritu, en cuyo seno se encerraba
toda luz, del arco iris coronado como de un penacho,
rodeado, como de colosales faisanes, de los cometas
orgullosos, que paseaban por entre el sol dormido y
la montaña inmóvil el espíritu de las estrellas; los
pueblos eran que no imaginaron como los hebreos a
la mujer hecha de un hueso y al hombre hecho de
lodo; sino a ambos nacidos a un tiempo de la semilla de la palma!

La América. Nueva York, abril, 1884.

4

AUTORES AMERICANOS ABORIGENES

La pompa de los samanes, la elegancia de las palmeras, la varia y brillante fronda que viste a los
montes americanos, lucen en los restos de obras de
autores indios que se salvaron de manos de obispos

Landas y Zumárragas. No se quiebran los rayos
del sol persa en más ricos matices sobre la montura
de plata y piedras preciosas de aquellos caballeros
de sable duro y túnica de seda, que en abundantes
y fáciles colores se rompe, amplia como un manto,
la frase india. Lo negará sólo quien no haya leído
un cuento de batalla o un título de propiedad de
los indios guatemaltecos. El Mahbarata es más sen-
tencioso; el Schahnameh, más grave; las profecías
de Chilam Balam el yucateco, más reposadas y profundas; las odas de Netzahualcoyotl mexicano, más
sublimes; mas apasionados los dramas peruanos: el
Apu Ollantay, el Uska Pankar acaso; resplandecen
las tradiciones de Tingal, como túnica cuajada de
diamantes; pero como arroyo, como caballo nuevo de
paso alado y crines de colores, como cinta de mago
que en incontables vueltas se entrelaza y crece, como mar recién hecho que fulgura a una luz sana y
virgen, o como a sol no enrojecido por los vapores
de la sangre, brillaría en mañana de agosto un ejército parlero de indias coronadas de campanillas azules e indios cubiertos de penachos plumados; como
río de joyas, o como si sus pensamientos desatase
sobre el riachuelo limpio de la selva una doncella
pura, brillan las pintorescas relaciones de aquellos
quichés y zutugiles que sorprendió y domó en hora
de querellas el tremendo Jonatín, el bello Alvarado.
Cuando un pueblo se divide, se mata. El ambicioso
ríe en la sombra. Ni ¿cómo pudiera ser, dado que
literatura no es otra cosa más que expresión y forma, y reflejo en palabras de la Naturaleza que nutre y del espíritu que anima al pueblo que la crea;

cómo pudiera ser que, contra la ley universal, no
tuviese la literatura indígena las condiciones de es-
beltez, armonía y color de la naturaleza americana?
Y esto no lo vemos sólo los que amamos a los indios como a un lirio roto; precisamente escribimos
estas líneas para dar noticia del libro curioso en que
un autor norteamericano halla esas cualidades en
los retazos de obras que de los indígenas se conocen, y en todas aquellas en que después de la conquista mostró su abundancia y gallardía, ya en las
lenguas patrias, ya en la de los conquistadores, el
ingenio nativo. ¡Qué instituciones tenía Tlaxcala!
¡Qué bravos, Mayapán! Teotitlán, ¡qué escuelas!
Copan, ¡qué circo! México, ¡qué talleres, plazas y
acueductos! Zempoala ¡qué templos! Los Andes,
¡qué calzadas! ¿Qué importa que vengamos de padres de sangre mora y cutis blanco? El espíritu de
los hombres flota sobre la tierra en que vivieron, y
se le respira. Se viene de padres de Valencia y
madres de Canarias, y se siente correr por las venas la sangre enardecida de Tamanaco y Paraca-
moni, y se ve como propia la que vertieron por las
breñas del cerro del Calvario, pecho a pecho con
los gonzalos de férrea armadura, los desnudos y
heroicos caracas! Bueno es abrir canales, sembrar
escuelas, crear líneas de vapores, ponerse al nivel
del propio tiempo, estar del lado de la vanguardia
en la hermosa marcha humana; pero es bueno, para
no desmayar en ella por falta de espíritu o alarde
de espíritu falso, alimentarse, por el recuerdo y por
la admiración, por el estudio justiciero y la amorosa
lástima, de ese ferviente espíritu de la naturaleza

en que se nace, crecido y avivado por el de los hombres de toda raza que de ella surgen y en ella se sepultan. Sólo cuando son directas prosperan la política y la literatura. La inteligencia americana es un penacho indígena. ¿No se ve cómo del mismo golpe que paralizó al indio, se paralizó a América? Y hasta que no se haga andar al indio, no comenzará a andar bien la América.

Los Estados Unidos tienen muy buenos americanistas, y Daniel S. Brinton es de los mejores. Ahora acaba de publicar en libro una buena memoria en que contó el año pasado a los americanistas congregados en Copenhague todo lo que se sabe de obras indígenas. Demuestra cuán amplio, apropiado y flexible era el vocabulario de los aborígenes. Descubre en ellos, y señala con calor, una facultad literaria poderosa. Como la impresión en ellos era viva, la necesidad de la expresión era inmediata. Gustaban de narrar, y lo hacían con abundancia y gracia. El color les fué siempre necesario, y como accidente indispensable de sus cuentos. Campean en cuanto se conoce de los indios un alma ingenua y una imaginación vívida. Vese en sus ruinas, como en sus manuscritos, su gusto por la simetría y el ornamento. Sus Atreos y sus Niestes tuvieron los griegos, y voluble Europa; también los indios los tuvieron, y luchas entre las familias y casas rivales, que a juzgar por las escasísimas páginas interpretadas en sus letras y signos, con más lujo y pasión están contadas en sus pergaminos y sus piedras que las de Atridas y Pelópidas en el glorioso romance griego. ¡Qué augusta la Ilíada de Grecia!

¡Qué brillante la Ilíada indígena! Las lágrimas de Homero son de oro; copas de palma, pobladas de colibríes, son las estrofas indias.

En el libro de Brinton no hay sólo hechos y deducciones, sino lista de documentos: ha unido al libro un índice de todo lo que hoy se conoce y se tiene como escrito por autores indígenas. En el Norte, ocupado de ampararse de las fieras y del frío, apenas tuvo el indio tiempo para dejar memoria dibujada o escrita de sus combates; y en guerra siempre, como pueblo pobre, y en marcha sobre los pueblos cálidos, más escribió con la flecha que con el pincel. Pero en las tierras calientes, adonde vendrán al fin a abrigarse todos los hombres, la poesía que nace del reposo y la imaginación, suntuosa en los pueblos de naturaleza rica, con todos sus colores vistosos florecieron. ¡Manto admirable echó Naturaleza sobre los hombros de la América! Se verá un espectáculo sublime el día que se sienta con fuerzas, y despierte. ¡Qué franjas, nuestros ríos! ¡Nuestros montes, ¡qué rosas! ¡Qué bordados, nuestros pensamientos! ¡Nuestras almas, qué águilas! ¡Manto admirable echó Naturaleza sobre los hombros de la América!

La América. Nueva York, abril de 1884.

5

UNA COMEDIA INDIGENA

"EL GRAGÜENCE"

Librería de literatura aborigen por Daniel G. Brinton.—El Ollantay y el Rabinal Achi.—El teatro indígena.

Se sabe poco de la literatura de los indios de América; y como eran pueblos nuevos, es seguro que no la tuvieron muy perfecta, sobre todo en la dramática, que requiere complicados afectos y varia vida social, de cuyos conflictos se engendra y es copia; aunque los que con el buril fabrican escenas en la piedra, ¿cómo puede ser que no diesen en el arte más fácil de representarlas con el pincel o la palabra? Porque el teatro lo hacen los afectos, y el aparato y la pompa; y es claro que en existiendo éstos, ya buscan salida y quieren perpetuarse, y cuando en la piedra se ven, como en los palacios de las ciudades mayas y en sus pinturas murales, claro está que los había, que es lo esencial, y que de alguna manera se expresaron, por ser el salirse afuera y grabarse en algo la tendencia de todo lo que existe. Y la literatura no es más que la expresión y forma de la vida de un pueblo, en que tanto su carácter espiritual, como las condiciones especiales de la naturaleza que influye en él, y las de los ob-

jetos artificiales sobre que ejercita el espíritu sus
órganos, y hasta el vestido mismo que se usa, están como reflejados y embutidos. Pero con tan
bárbaro rastrillo nivelaron la tierra india, a voces
de Valverdes y Zumárragas, los conquistadores, y
tan bien se juntaron el afán de éstos de extinguir
a los vencidos y el encono fiero de los clérigos vulgares contra la gente hereje, que no es maravilla
que tan poco se sepa ahora de lo que expresaron y
escribieron en Yucatán los ymetes, y en el Perú
los amantas, y en Nicaragua los nahuates sabios.
Centro América guarda todavía, en ciertos títulos
de propiedades de la época prehispana aún no publicados, y en los escasos manuscritos que le dejó
el abate Brasseur de Bourbourg, más materia original para deducir el carácter intelectual y la obra
escrita de aquella esbelta e infortunada gente india,
que lo que hasta ahora va presentado en los Comentarios Reales y libros de Sahagunes y Clavi-
jeros. ¿Qué pueblo que, como el de México, tenía
elevadas, a mirar al cielo, tan subidas torres, que
no sacaría de ellas por las condiciones mismas que
a fabricarlas lo movieron, los cánticos y la sabiduría que inspiran la atmósfera profunda y el encendido cielo?

De comedias indígenas, que es de lo que vamos
hablando, poquísimo se sabe, a no ser lo que revelan el *Rabinal Achí*, diálogo avivado con bailes,
como tenían por uso escribirlos y representarlos los
indios nahuates, que el abate Brasseur descubrió
y sacó a luz, con aquellos ampulosos y ligeros comentarios suyos, y el Ollantay, escrito en quechúa,

en que andan en curiosa mezcla, y como si hubiese
sido hecho de más de una mano, de una parte dis-
creteos y sabrosos donaires de estilo que parecen
salidos del mismísimo corral de la Pacheca, con pri-
merías, matices y frondosidades de lenguaje que
jamás tuvo escritor español, aun cuando viviese mucho entre indios y escribiese de ellos; y de otra parte, unos caracteres y traza dramática que de lo indio no pueden arrancar, porque lo de español por
todas partes le asoma, no con ciertas niñeces y as-
perezas que a un castellano pueden en justicia atri-
buirse, por no ser natural que el hijo de un pueblo
y miembro de una civilización no esté tan penetra-
do de su espíritu que, al sacarse un drama del ca-
letre, pinte las cosas propias suyas, y de su raza,
que él mismo lleva en sí, como un sacristancillo mestizo pudiera dislocar y trabucar los ejercicios de
la misa, si fuera puesto a decirla en vez del cura
propietario.

En Nicaragua es seguro que existieron bailes ha-
blados, y en México, que hubo por lo menos complicadas pantominas; pero de esto mismo se deduce
que la pantomina debió subir a comedia; porque
de mudo no peca el pueblo americano, que de la
Naturaleza misma tiene la elocuencia; y no es dable suponer que pueblo hecho como el de México
a reunirse en las plazas y a discutir sus negocios
públicos, y nombrar sus senados, y a perorar en
éstos, la cual práctica era tan extensa, que hasta
las mujeres la gozaban en Tlaxcala en representación de sus maridos ausentes o muertos, no adicio-
nara con chistes imprevistos, que pararían en diá-

logos en seguida y en trama luego, las ocasiones pro-
picias que para lucir la mente les ofrecían las escenas que representaban. Que no se haya salvado
comedia alguna de México nada quiere decir, puesto que no era de fijo tan fuerte como la piedra el
pergamino en que estaban escritas; y de iglesias, y
palacios, y talleres, y mercados, y escuelas públicas,
y torres, estaba México lleno, de piedra muy fuerte, y no ha quedado ninguna, sino que la cruz dió
tan recio en ellas que las echó a tierra y las metió
debajo de ella, y se levantó sobre sus ruinas. Llorar hemos visto a un patriarca indio en las cercanías
de México sobre los cimientos arrasados de uno que
debió ser gran pueblo, en las cercanías de Tlacotál-
pam; y ahora enseña sus raíces de piedra, sustento
un día de espaciosas moradas, y tristes hoy y solas,
como una elegía.

Daniel G. Brinton publica en Philadelphia una
Librería de literatura americana aborigen, de la que
lleva ya sacados cuatro tomos; y el último nada menos es que una traducción cuidadosa del *Gregüence,* comedia maestra escrita después de la conquista
en un dialecto burdo, mezcla de castellano bajo y
náhuatl corrompido, en que con diálogo unas veces,
y con danzas otras, se cuentan a grandes risas y con
chistes gordos, cuando no picantes a más de ras-
treros, las ingeniosidades, invenciones y astucias con
que uno de los americanos de la tribu burló a un al-
guacil, ante quien fué traído para que sufiera la pena
de alguna supuesta o real bellaquería. Parece que
el *Gregüence* tiene notable música, lo que hace de
él una como zarzuela india. Brinton la pone como

la única comedia original de autores indios conocida, y con examen minucioso y citas oportunas demuestra que en espíritu, trazo, estilo y desarrollo, la farsa es india pura, y lo único que tiene de mestizo es el lenguaje. Y para que no queden a ciegas los lectores, explica el publicador, en una introducción ordenada y copiosa, todo lo que se sabe del *Gregüence* y sus tiempos, y quiénes eran los nahuas y los mangües de Nicaragua, con descripción de sus bailes de teatro, forma natural de éste en pueblo nuevo, que solían ser coreados como entre los griegos del Tragos y de Thespis; todo lo cual enriquece Brinton con muchos detalles sobre la música de los nahuates, que era animada y buena, y los instrumentos con que acompañaban sus danzas y canciones.

La América. Nueva York, junio de 1884.

6

REUNIÓN PRÓXIMA DE LA BRITISH ASSOCIATION

Asuntos de Antropología Americana

La Asociación científica que ha alcanzado fama con el nombre de "British Association", tiene una de sus secciones consagrada al estudio de Antropología: y como en nuestros países latinos, que abundan tanto en gente ilustre desconocida que en lugar y atmósfera apropiadas brillarían con luz poderosísima, hay conocedores de estas cosas que de seguro no van en zaga a los más letrados de la asociación británica, es oportuno decir que la próxima sección

del grupo de Antropología se celebrará en Montreal,
y no se tratarán en ella más que asuntos americanos, sobre los que habrá discusión larga. Por cierto que un caballero distinguido de nuestros países,
que acaba de presidir una república, está escribien-
do un libro de historia primitiva americana, que en
muchos puntos se roza con lo que va a discutirse
en la sesión de Montreal.

No diremos el nombre del expresidente, que sobre
la que lleva en su mente, ha comprado ya una rica
librería de obras sobre América; sino los asuntos
de debate en la sesión, que serán éstos:

Las razas nativas de América, sus caracteres físicos y su origen.

La civilización de América antes del tiempo de
Colón, con especial estudio de las relaciones primitivas de América con el Antiguo Continente.

Arqueología de Norte América: cuevas, habita-
ciones y aldeas: arquitectura de piedra de México
y Centro América.

Lenguas nativas de América.

Colonización europea y sus efectos en las tribus
aborígenes.

En julio próximo es la sesión, y en Canadá la celebran por ser tierra rica en reliquias y pruebas visibles de los asuntos cuyo estudio intentan.

Bien harían los gobiernos de Centro América en
ofrecer una de sus capitales cercanas, a tanta ruina
maravillosa, para la reunión del próximo Congreso
de algunas de las Sociedades que en investigar la
historia de América se ocupan.

La América. Nueva York, junio, 1884.

7

LA CRONOLOGIA PREHISTORICA
DE AMERICA

Daniel G. Brinton

A Brinton, de Philadelphia, debemos mucho los americanos. Por el respeto entra el amor: a quien se desdeña, no se puede querer: los pueblos de indios, como casi todos los de América, con ellos han de andar, o andarán poco contra ellos. Brinton, con lo mucho que sabe de Etnología y Arqueología, lleva publicados en su "Biblioteca de Literatura Aborígene" libros donde se ve que ésta que por el mal trato de los españoles y la desidia nuestra parece raza bárbara, tuvo desde el nacer lengua admirable, rica imaginación, fiestas floridas. De nuestra América ya lleva Brinton publicadas "Las Leyendas Mayas", una "Gramática de la lengua Cakchiquel", y "El Gregüence, baile —comedia en el nahuatl— español de los primeros tiempos de la conquista", donde resaltan la gracia y orden, naturales en aquella gente ingénua. Lo último de Brinton, que acaba de leerlo ante la Asociación de Adelanto de las Ciencias, es su "Noticia de los datos actuales para el Estudio de la Cronología Prehistórica de América". El es maestro en el asunto, como se conoce, entre otros libros, por sus "Autores Aborígenes de América, y sus Obras". Tan cierto es para él que la raza ame-

ricana es de remota antigüedad, como probable que
el hombre no apareciese en América: "el hombre no
pudo proceder de ninguno de los mamíferos fósiles
conocidos en el continente; acaso vino del Oeste de
Europa por el puente de tierra preglacial que la unía
a América, y de Asia luego". Pero en todo ve Brinton demostrada la antigüedad de la estirpe humana
en América: —en los depósitos de conchas y huesos
de especies distintas donde se han hallado restos de
cerámicas y útiles de piedra pulidos con relativa habilidad, y en los arenales de Trenton y lugares varios, ricos en residuos paleolíthicos que revelan la
existencia del hombre americano en la época glacial,
cuando no antes; —en lo esparcido del cultivo del
maíz y del tabaco, que en edad remotísima se cose-
chaban, desde el Canadá hasta la Patagonia;— en
las doscientas o más lenguas aborígenes diferentes de
raíz en Norte y Sud América, lo que acusa una edad
muy lejana, pues sólo por la duración de ella pudo
parar en esas opuestas ramas una raza cuyo común
origen se comprueba por la identidad de los cráneos
hallados en los depósitos cuaternarios más antiguos:
—y en el descubrimiento de útiles de labor en los
depósitos glaciales, lo que remonta la existencia del
hombre en América hasta la época del hielo, hace
unos treinta y cinco mil años.

El Economista Americano. Nueva York, Agosto
de 1887.

MEXICO (1)

MÉXICO

1

EL TRATADO COMERCIAL
ENTRE LOS ESTADOS UNIDOS Y MEXICO

No ha habido en estos últimos años—si se des-
cuenta de ellos el problema reciente que trae a debate la apertura del ıstmo de Panamá—acontecimiento de gravedad mayor para los pueblos de
nuestra América latına que el tratado comercial que
se proyecta entre los Estados Unidos y México.
No concierne sólo a México, cuyos adelantos, de
fuerza propia y empuje indígena, despiertan simpatía vehemente en cuantos, por ser de pueblos de
América, ven con orgullo fraternal la inteligencia
exuberante, investigadora e impaciente de sus hijos,
y la prisa con que—acallados ya los naturales hervores de pueblo primerizo, crıado a pechos duros de
madre preocupada,—se dan los naturales de la tierra a utilizar y multiplicar las excelencias pasmosas
de su suelo. El tratado concierne a todos los pueblos de la América latına que comercian con los
Estados Unidos. No es el tratado en sí lo que atrae
a tal grado la atención; es lo que viene tras él. Y
no hablemos aquí de riesgos de orden político; a
veces, el patriotismo es la locura; otras veces, como
en México ahora, es más aún que la prudencia: es

la cautela. Hablamos de lo único que nos cumple, movidos como estamos del deseo de ir poniendo en claro todo lo que a nuestros intereses: hablamos de riesgos económicos. Apuntarlos será bastante, puesto que el tratado comercial con México no está más que apuntado todavía. Acaba de ser revelado al público, cuya curiosidad atizaban principalmente, por medio de diarios poderosos, los productores de azúcares, que se creen directamente amenazados por el proyecto. El Senado ha decidido la publicación del documento, que está en camino de ser ley, luego que lo aprueben, después de escrupulosa discusión, ambas naciones.

Los artículos 1º, 2º, 6º, 7º y 8º, son los más notables del proyecto. En el primero se establecen todos los artículos de producción mexicana que habrán de admitirse libres de derechos en los Estados Unidos, en tanto que el tratado dure. En el segundo, todos los artículos de los Estados Unidos que México se obliga a admitir libres de derechos. En el sexto se estipula que ni una ni otra nación gravará con derechos, a su paso por ella, ninguno de los productos declarados de entrada libre en el país, cuando hayan de consumirse en la misma nación; aunque por el séptimo artículo se autorizan mutuamente ambos pueblos contratantes a gravar estos productos, a su paso por su territorio, siempre que pasen por él, no para quedarse en alguna comarca de él, sino para ser consumidos en otro país. Y el octavo fija en doce meses el tiempo en que, después de la aprobación del tratado por ambos países con arreglo a sus constituciones y cambio consiguiente

de ratificaciones, han de tomarse las medidas y dic-
tarse las leyes necesarias para que el tratado entre
en vigor.

Nada dará una idea tan efectiva de la magnitud
del suceso en proyecto como la enumeración de los
artículos que cada uno de ambos países se obliga
a aceptar en su territorio libres de derechos.

Los Estados Unidos libertan de toda contribución
de entrada por sus puertos o fronteras a cuanto México exporta, puesto que apenas hay producto del
suelo mexicano que no quede exento de derechos en
este proyecto. Y es de notar que ha puesto mano
en el tratado, de parte de México, hombre previsor,
puesto que en la exención se incluyen ramos que
no existen aún en México sino en porción insigni-
ficante, pero que, por la obra del tratado mismo,
han de cobrar pronto desarrollo e importancia. Quedan exentos de derechos los animales vivos, la cebada, si no es de la que llaman perla; carne de vaca,
café y huevos, esparto y otras gramíneas, que en
los Estados Unidos usan, entre otras cosas, como
materia prima del papel; toda clase de flores, toda
clase de frutas, las cuales son comercios llamados
al desenvolvimiento notable e inmediato, no bien haya ferrocarriles que enlacen, sobre todo del lado del
Atlántico, ambos pueblos; pieles de cabra sin curtir; todas las variedades del henequén y cuantos puedan sustituir al lino; cuerdas de cuero; cuero sin curtir; pieles de cabra de Angora, sin curtir y sin lana, y pieles de asno; goma de la India; el índigo tan
bueno en México; el ixtle, o fibra de Tampico, susceptible de aplicaciones tan varias; jalapa, maderas

de tinte y todo grano o insecto de teñir; mieles, aceite de palma y de coco; mercurio, zarzaparrilla cruda
y substancias similares; paja no trabajada, azúcar
que no exceda del número 16, holandés en color, tabaco en rama, no elaborado; cuantas legumbres produce el país y cuantas maderas de fábricas—aunque no han de estar trabajadas—pueblan sus bosques; exención, ésta última, de marcada valía, si
se tiene en cuenta cuánto abundan las costas de México en muy buenas maderas empleables en la construcción de los buques, y la posibilidad de que, ce-
diendo al fin al clamor nacional, se deroguen pronto en los Estados Unidos las leyes que hacen ahora
punto menos que imposible, por lo excesivamente
cara, la construcción de buques en astilleros de la
nación.

En cambio de estas ventajas, México abre sus
puertas a todos los productos de hierro que por la
mala obra y falaz beneficio del sistema proteccionista sobrecarga hoy a los mercados americanos,
enfermos de plétora; a cuanto se necesita para levantar pueblos, como por obra de magia; para des-
montar selvas, para quebrar montes y echar, por
donde andaban sierpes y fieras, ferrocarriles. Sin
más que pocos productos del suelo, para dar de comer a los nuevos habitantes, con lo que este artículo
permite libre de entrada en México, puede construirse, como por obra de soplo fantástico, toda una
nación. La lista es tan numerosa, que absorvería
todo nuestro espacio; ¿qué necesitamos decir, si a
lo que va dicho añadimos que el artículo permite la
entrada en México de cuanto un pueblo necesita pa-

ra arar toda su tierra, y sembrarla toda, y alimentar a los agricultores mientras produce, y remover y exprimir las aguas de los ríos, y penetrar y hacer saltar las ricas minas de todos sus montes?

Resulta, pues, de la primera ojeada, que el beneficio de México, inmediato en algunos casos, como el del henequén para Yucatán, es más un beneficio de porvenir que de presente, y nominal que real, puesto que, hoy y por tiempo no breve, México no puede aumentar sensiblemente la producción de los frutos naturales que hoy exporta y que coloca con ventaja y sin esfuerzo, ya en los Estados Unidos, ya en los mercados europeos. El azúcar que México produce, ni mejoraría de clase ni aumentaría en cantidad sin la ayuda de maquinarias poderosas, cuyo efecto vendría a coincidir probablemente con los últimos años de duración del tratado que se proyecta. El café mexicano, sobre que tiene asegurado su consumo, aun en años de depreciación del fruto, como éste, merced a su perfume y vigor, no recibe con el tratado ventaja alguna, puesto que todo café entra en los Estados Unidos libre de derechos. Y en general todos los productos mexicanos necesitan, para el súbito crecimiento a que están llamados, más vías por donde ser conducidos—las cuales están haciendo—y más brazos que los produzcan, los cuales no son tan fáciles de hacer.

En cambio, los Estados Unidos ponen inmediatamente en circulación, con un interés subido, por lo pingüe de los frutos de la tierra y la mayor baratura de la colocación de su caudal, el exceso de riqueza que hoy dedican a operaciones agitadas y antipáticas de bolsa, por las que comienza a haber visible desgano público; se crean un cuantiosísimo mercado para muchos produtos que les sobran y se ayudan a mantener, con este canal ancho del exceso de producción, el sistema prohibitivo, del que creen que necesitan aún sus industrias para llegar más tarde a competir con las más perfectas europeas. Descargan sus mercados; emplean a mayor interés su riqueza sobrada; se ayudan a esquivar, por unos cuantos años, con el nuevo mercado de los frutos sobrantes, el problema gravísimo que viene de la desocupación de los obreros por el exceso de producción de artículos no colocables—fatal consecuencia del sistema de la protección—e introducen sin derechos pueblos enteros, ciudades enteras, en un pueblo limítrofe.

Tal es la inmediata consecuencia y las ventajas que acarrea el tratado a ambos países. A México, los medios de producir mañana con exuberancia frutos de que los Estados Unidos son un considerable consumidor; a los Estados Unidos, la colocación, desde el primer instante, en condiciones ventajosas, de un exceso de riqueza que coloca hoy desventajosamente, el descargo en un mercado forzoso de sus industrias embarazadas por la sobra de productos no colocables y la posibilidad de alzar ciudades, sin más autorización ni traba que las que les otorga el tratado, en un pueblo vecino.

En cuanto a los demás países de la América, que, por su penosa condición los unos—¡los más interesados acaso!—y los otros por ese desvío fatal, falta de intercomunicación y baltasárica pereza en que

viven, no parecen haberse dado aún cuenta de este
importante proyecto, no hay uno acaso que no hubiera a la larga de sentir en sí sus resultados. Cuba
vive exclusivamente—dejando por un momento a
un lado su tabaco, el que no cuida como debe,—de
los azúcares que envía, por mar y con derechos graves de exportación e importación, a los Estados Unidos. Bien se sabe cómo crea maravillas, con su soplo de fuego, la vida moderna; tabaco, no parece
que pueda producirlo México tan bueno como Cuba; pero azúcar sí puede producirlo tan bueno. Con
ferrocarriles, ya en construcción, que vayan, sin
demora ni estorbo en la frontera, del centro de los
territorios azucareros al centro de los mercados americanos; con la creación subsiguiente e inevitable de
ingenios poderosos, estimulados por la baratura de
la maquinaria, la fertilidad de la tierra y la facilidad
de la colocación del fruto, producirá México dentro
de algunos años cantidad extraordinaria de azúcar,
a cuya entrada en los Estados Unidos se opondrán
en vano los cultivadores de Lousiana y Estados análogos, porque la mayor suma de varios intereses que
aprovecharán grandemente, por cierto tiempo, del
comercio libre con México, ahogarán los clamores
de la suma menor de interesados en el mantenimiento
de una sola producción. ¿Cómo podrán entonces, en
época que todos los datos ya hoy visibles, y pro-
ducibles de ellos, hacen parecer no lejana, competir
los azúcares de Cuba, que irán por mar y con derechos a su salida y llegada a los Estados Unidos,
con azúcar de igual clase de México, que irá por ferrocarril, sin derechos probables de salida y sin de-

rechos de entrada? .Ni ¿cómo competirían, aun con igualdad de derechos? Comete suicidio un pueblo el día en que fía su subsistencia a un solo fruto. México se salvará siempre, porque los cultiva todos. Y en las comarcas donde se dan de preferencia al cultivo de uno, de la caña o del café, se sufre siempre más, y más frecuentemente, que en comarcas donde con la variedad de frutos hay un provecho, menor en ocasiones, pero derivado de varias fuentes, equilibrado y constante.

Como México produce todo lo que los demás Estados de Centro América y de la América del Sud, y tiene aún territorio inmenso donde extender sus múltiples productos, y va a recibir ahora superabundancia de medios de producir de que continuarán careciendo los demás países americanos que le son análogos en producciones, aun sin contar con la rebaja especial de derechos que conceden los Estados Unidos a México, y por más que se tuviera en cuenta la posibilidad, que no llega a ser probabilidad, de que celebrasen los Estados Unidos con los demás países de la América tratados semejantes al de México, resultaría siempre que en la competencia de frutos iguales por llegar a un mercado común llevaría la ventaja, por precios de flete, frescura del fruto y oportunidad del arribo, al país más cercano.

Tales apuntes nos surgiere hoy la lectura del proyecto. Con la costumbre, no descaminada a veces, de buscar causas ruines a los propósitos de apariencia y objeto más loable—han dicho periódicos de los Estados Unidos de tanta valía como el "Sun".

de New York, y otros de no menor influencia en Washington, que como el tratado dejaría sin rentas al Gobierno de México, que deriva hoy casi todas las suyas de los derechos de aduanas,—se vería el Gobierno en la necesidad de suspender el pago a poco de las subvenciones con que auxilia la construcción de determinadas líneas férreas de empresarios norteamericanos; éstas, privadas de la subvención, quedarían forzadas a interrumpir y a abandonar, acaso, sus trabajos; y entonces, sobre sus ruinas, continuaría construyendo los ferrocarriles mexicanos la poderosa compañía no subvencionada, nutrida por los magnates ferrocarrileros de los Estados Unidos, con cuyos intereses está íntimamente ligado el general Grant, coautor, si no en la letra, en el espíritu del proyecto. Pero a este rumor, a pesar de su apariencia racional, no ha de adscribirse este proyecto de tratado, de tal alcance, de tan profunda trascendencia, de tanta monta para todos nuestros países. Cuando existen para un suceso causas históricas, constantes, crecientes y mayores, no hay que buscar en una pasajera causa ínfima la explicación del suceso.

Invitamos a reflexionar sobre el tratado.

La América. Nueva York. marzo de 1883.

2

MEXICO EN 1882

Las revoluciones de los pueblos americanos han tenido dos orígenes: lucha vehemente del espíritu nuevo, que, como un aire de vida, vuela ahora sobre todo el Universo, por aparecer definitivamente y afirmarse; y falta de vías por donde echar naturalmente la actividad ansiosa y el insaciable anhelo de grandeza del hombre hispanoamericano.

Cuando México se sacó de las entrañas, como quien se extirpa un cáncer, el Imperio, quedó asegurada y triunfante, dispuesta a toda pujanza y maravilla, la diosa permanente, que da de sí luz, que ilumina los altares nuevos: la persona humana; quedó en México el hombre, después de tanta lucha heroica y sangrienta, dueño de sí, que es magnífico espectáculo, tanto como es pobre de ver, y doloroso, el del hombre que bebe en la copa del olvido licores de rosas nacidas en fango.

Pero, aun acabada esta razón de guerra, natural siempre e inevitable en los pueblos donde, en forma más o menos vehemente y culta, el hombre se rebela contra los que sujetan el noble, fructífero y majestuoso empleo de su albedrío —por hacer de sus rodillas pavimento de templo, y de su cerebro alimento de los dioses antiguos desmayados,—quedaba aún en pie la segunda causa, avivada por el carácter belicoso que a la larga adquiere un pueblo

nacido y criado entre guerras, y por cierta hidalga
disposición del mexicano a fiar a la punta de la espada su derecho. Quedaba en pie la segunda causa: llegados los hombres a la edad en que el deseo
aguija y la ambición despierta al alma de los perezosos sueños juveniles, no hallaban instrumentos
para su actividad, ni perspectiva para sus deseos, ni
cauce para sus labores legítimas, en el cultivo ruti-
nario, trabajoso, poco remunerativo, de tierras ale-
jadas de los grandes mercados, ni en el servicio de
industrias raquíticas y contrahechas, ni en un comercio ajeno y sórdido, no bien visto en el país por
ir manchado de un descarado empeño en obtener
de la tierra más provecho que el natural y honrado.
Desdeñoso siempre de la vida, jugaban al azar de
las batallas, a la más leve ocasión, su prosperidad
o su muerte. De esta disposición, meramente económica; de esta desigualdad entre las demandas legítimas de la vida, acrecidas por un clima lujoso y
un sol caliente, y los medios de satisfacerlas; de este desasosiego del hombre fuerte y fiero de los campos, que no hallaba grato quehacer, ni qué hacer
acaso, en mugrientas y ruines aldeas, o en campos
abandonados, a cuya labor costosa, y a menudo estéril, no osaban atentar los mismos caballeros de la
riqueza; de aquel malestar del hombre joven, de-
seador, mal enfrenado, suntuoso, repleto de fuerza,
en una tierra dormida, de cuyo seno parecía que sólo pudiese surgir el sustento de los hombres al fragor de la batalla, aprovechaban arteramente, con
esa sonrisa lúgubre y fría de los que defienden cosas de su misma podredumbre muertas, los encen-

dedores de discordia, que querían hacer pasar por
sacudimientos políticos lo que no era más que des-
arreglos económicos. O ya era, como sucedió alguna vez, que los desocupados de todas estas guerras, o los desairados después de ellas, reunidos
por el despecho, el apetito o la necesidad de sacudir la holganza, se juntaban en guerra formidable,
alzaban bandera de una reforma accidental y confusa, y triunfaban.

Pero las fuerzas extraordinarias, en los hombres
como en las tierras, por coartadas y obscurecidas
que anden, surgen siempre. Nos parece, aunque,
acaso, por ver el suceso de cerca, o con anteojos de
pasión, no se vea por todos tan claro, que la nueva
era económica, acelerada por estas cuantas paleta-
das de oro que echan en los hornos de México los
norteamericanos, hoy sobranceros de caudales, comenzó con la extinción del Imperio, esto es, con la
victoria definitiva sobre los mantenedores de la oli-
garquía teocrática en México. Desmayados de aquel
golpe, apenas pudieron ya, de vez en cuando, en
lugar de aquellas guerras tremendas y desvasta-
doras que azuzaban antes y capitaneaban, arrimar
la tea apagada a aquellos puñados, en México pe-
rennes, de descontentos o desocupados de las guerras. A poco de esto, asaltó los montes, llamando
con grandes voces a la tierra adormecida, la locomotora de Veracruz, que puso en fuga a los bando-
leros de las cercanías, a aquellos ociosos de antaño,
con más presteza y éxito que el ejército más afortu-
nado. No parece que el avantrén de las locomotoras libre de obstáculos la vía, sino de malvados. En

descanso ya las armas de los que tantos años las
esgrimieron noblemente en México por asegurar al
hombre, contra convenciones religiosas y rezagos
autocráticos, el ejercicio de sí, y no tan ocupadas, en
virtud de la última derrota estrepitosa, las lanzas
de los peleadores de alquiler, comenzó el suelo a dar
flores durante el sueño, apenas interrumpido, de la
guerra; y ha dado tantas, que no parece que la guerra misma, maravillada de tanta hermosura, tenga
valor de atentar a ella, sobre que al aroma de las
flores de la tierra cultivada se desciñe, por mágica
virtud, y vienen al suelo, los arreajes y aprestos de
la guerra.

Nos mueve a esas reflexiones, que aquí de mal
grado interrumpimos, el amistoso informe que de
México en 1882 publica ahora el caballero Strother, Cónsul General de los Estados Unidos en México. Oírle es asistir a fiesta de encantamiento.
Parece que los hombres todos se levantaron a la
vez de un sueño, y éste seca un río, aquél perfora
un monte, el otro lo vacía, tal destila oro, cuál levanta un pueblo, cuál, enarbolando una bandera
blanca y puesto el pie sobre otra roja, se entra, a
la cabeza de una locomotora, por la selva que abate
a su paso las copas solemnes, y carga los vagones
de sus frutos próvidos. Dice el cónsul Strother que
al grueso dinero de plata sucede—¡ojalá que no sea,
para evitar males futuros, con ciega presteza!—el
papel moneda. Dice que no hay alba que no se
anuncie con un nuevo descubrimiento; que no hay
substancia, de aquellas diversas que a millares da
la tierra, que no esté ya sacada a luz y en vía de in-

dustria; que están llenas las mesas de los Gobiernos
de peticiones de compañías que quieren sembrar
plantas de tejer, y trocar luego sus fibras en cuerdas, papel, velas, vestidos; que los pozos de oro
abandonados se reabren, y vetas ignoradas salen a
luz, y nuevas máquinas hidráulicas ahuyentan a las
ruedas con que aun socavan en México las minas;
que todo es mina de hierro, carbón y petróleo; todo
esperanzas, donde el limpio maguey alza sus hojas;
y en los campos abiertos, que se visten de gala para
recibir amorosamente a los ferrocarriles — ¡gran
desposorio nuevo!— todo es trigo y cebada, maíz,
caña de azúcar. Plantan la vid, que ya se daba en
los Estados de la frontera del Norte; domicilian la
morera, que no estaba tampoco descuidada, porque
México ha sido siempre tierra ávida de arte y ciencia, y tiene para su cultivo como privilegios naturales; traen de tierras lejanas caballos de buena alzada, que se cruzan con aquellos febriles y majes-
tuosos de Aguascalientes; traen, y los sientan entre
los indios benévolos y atentos, blandos siempre al
amor, campesinos de Italia, viticultores de Francia,
suizos honrados y alemanes fuertes. Entran al país
nuevas semillas de árboles y hombres. Lucen en los
cortijos los arados de acero y trilladoras. Y el Gobierno, puesto al lado del pueblo, se ocupa en abrir
puertas a las industrias y a los cultivos; y no, como
otros, en cerrarlas. En suma, y aunque nos duela
sacar los ojos del informe del cónsul Strother, que
en este tenor dice muchas cosas buenas, con dos hechos de gente de pelear pondremos punto a este artículo.

No bien entró, de vuelta de su cruzada épica, a gobernar en paz a México, aquel indio egregio y soberano, que se sentará perpetuamente a los ojos de los hombres al lado de Bolívar, Don Benito Juárez, en quien el alma humana tomó el temple y el brillo del bronce, volvió armas contra él un capitán de guerrilla que años enteros había estado batallando en su favor. Ayer mismo, al grito de Juárez, sacudía la lanza sobre los amigos del Imperio; y hoy, al amanecer, vencidos los amigos del Emperador, sacudía la lanza contra Juárez.

Y es fama que le dijo una persona de pro, con palabras históricas, al cabecilla reacio:

—Pero, maldito: si has estado doce años peleando por que gane Don Benito, ¿por qué, ahora que ha ganado, peleas contra él?

—Porque yo peleo contra el que manda.

Esto era aún diez años hace; y ahora es esto:

Antes se vendían en México, por cada 10 pesos de instrumentos de agricultura, 100 pesos de armas; y ahora se venden 10 en armas por cada 100 pesos de instrumentos de agricultura; y un cabecilla famoso, que jamás había sacado del lomo de su caballo la silla de batalla, dejando su corcel de guerrear atado a un árbol viejo, bajó pocos días hace a la ciudad, según Strother cuenta, y compró dos arados.

La América. Nueva York, junio de 1883.

3

LA INDUSTRIA EN LOS PAISES NUEVOS

Florece hoy en México la industria; y como están entrando en el país capitales nuevos; como es sabido que a la voz de las locomotoras la tierra abre sus senos; como se están poniendo ya en circulación los capitales del país, antes tímidos y enmohecidos, o consagrados a la cómoda usura; como va a haber más gente a quien vender y más dinero con que comprar, las industrias de México se avivan y se ponen en pie para seguir a la par de la corriente que empuja, tiempo arriba, a la nación.

¡Qué bueno fuera que, con ojo seguro, los acaudalados del país se diesen a ayudar las verdaderas industrias de México, que no son las imitaciones pálidas, trabajosas y contrahechas de industrias extranjeras, sino aquellas nacidas del propio suelo, que ni para nacer ni para vivir necesitan pedir prestado el alimento a pueblos lejanos, sino que trabajan de cerca e inmediatamente los productos propios! Y ¡qué malo fuera que, en vez de echar por este campo industrial, fértil, ancho y legítimo, se diera México a emprender una lucha desesperada, penosa e infecunda, para colocar en su territorio a altos precios productos que, aunque se puedan *hacer mecánicamente* en el país, *no se pueden económicamente hacer;* esto es, no se pueden producir de una manera ventajosa para el país y vencedora de las industrias similares rivales!

Pues ¿dónde hay caudales mayores que en los Estados Unidos? ¿dónde han llegado a tal desenvolvimiento la asociación y el crédito, que son las dos claves con que ha de leerse en el interior, a primera vista maravilloso, y en verdad sencillo, de este pueblo? ¿dónde se cerraron jamás con más dureza las puertas de la nación a los productos de las industrias que cultivaban los fabricantes nacionales? Pues en no siendo en aquellas labores que legítimamente arrancan de su propio suelo, y se dan naturalmente en él, en las que llegan a pasmoso desarrollo las industrias americanas, no han podido aún acercarse a sus rivales perfectas de Europa, a pesar de que no hubo nunca país industrial favorecido a la vez por capitales tan grandes, por tal monto de condiciones generales benéficas y por suma tan recia y severa de leyes prohibitivas.

Pueblos nuevos que han de vivir con sustos y trabajos, aun en medio de alzas aparentes y de irrupciones vertiginosas, hasta tanto que se serene la polvareda de la marcha y se vea qué queda después de ella; pueblos nuevos a quienes el ansia ajena y la propia pueden llevar, como globo con exceso de gas, a alturas donde la atmósfera ya no es respirable; pueblos nuevos, sin los beneficios, crisoles y tamices de la experiencia, que depura y decanta, y deja lo útil, sino con los hervores, prisas y ceguedades de la mocedad, pagada de lo premioso, fantástico y brillante; pueblos nuevos sin facilidades mecánicas generales, ni habilidad hereditaria, ni grandes organismos industriales que favorezcan la producción, ni comodidad geográfica, ni posibilidad

racional para enviar a distancias considerables, por
vías caras, productos imperfectos, a luchar en los
mercados donde éstos se dan naturalmente perfectos, sin transportes que los graven ni viaje que los
deteriore, y más baratos; pueblos nuevos sin abolengo, ni vecindades, ni constitución industriales, no
pueden producir ventajosamente industrias que vienen siendo el patrimonio, necesidad espoleadora y
ocupación secular de países poco fértiles, donde la
pobreza de la tierra aviva el ingenio; de países cons-
tituidos industrialmente, de manera que el arte mismo es torcido a los propósitos de la industria, y
las escuelas, los talleres, las leyes mismas, talladas
de manera que coadyuven a las grandezas y facilidades industriales. Los Estados Unidos, con re-
lojeros en todas partes del mundo, con caudales pasmosos y con la legislación más amparadora de los
productos nativos que puede apetecer pueblo alguno, producen a $2.75 relojes inferiores, en segu-
ridad, material y apariencia, a los que pueden por
cinco francos obtenerse en Suiza.

Es imposible, por otra parte, que un gran territorio agrícola y minero no sea también un gran territorio industrial. Es imposible que tan gran reino
vegetal no traiga en su diadema todas de joyas
nuevas, industrias propias y originales. Es imposible que del maguey no surjan nuevos telares, nuevas ruedas de dientes poderosos, nuevos cobertores,
nuevo cordelaje, nuevos paños, espíritus nuevos. Es
imposible que tales riquezas industriales queden en
abandono o en desmayo; porque lo que tiene razón
de vivir trae consigo tal pujanza, que no hay preo-

cupación de escuela, ley hostil o capricho pasajero que lo ahoguen. Y bien puede ser que haya en México industrias viables, que en el primer momento no lo sean, por ser también industria de otros países; mas a esto viene el genio industrial, que prevé que, a la larga, por dolorosos que sean los comienzos e idénticas a las propias las ventajas del pueblo rival, no podrá suceder al fin que en el propio suelo venzan, ni asomen a lidiar con los productos directos, otros iguales que, aunque sean también directos en el país que los produce, tienen que echarse a la mar y salvar tierras para entrar, con armas ya vencidas, en el combate. Es, pues, de alentar toda industria que tenga raíces constantes en el territorio que la inicia; es de rechazar como una rémora, como una catástrofe vecina, como un vicio de la mente, como un mal público, toda industria que, sin más mercado que el reducido del país propio, se empeñe en vencer, por sobre constantes e incontrastables elementos adversos, a industrias perfectas, antiguas, probadas y baratas, cuyos productos pueden venir, sin pérdida inútil de fuerza, fe, tiempo y caudales nacionales, de otros países.

La América. Nueva York, junio de 1883.

4

MEXICO EN "EXCELSIOR"

Los lectores de "La América" conocen, porque en nuestro número del mes de junio se lo descri-

bimos, el baile suntuoso que, como un himno can-
tado por los colores y los miembros armoniosos del
cuerpo humano a las conquistas del hombre sobre
la Naturaleza, han dispuesto, con notable alcance
en el pensamiento y lujo en la forma, sus afortunados autores.

New York exhibe ahora el baile "Excelsior", sin
aquella plenitud de buen gusto con que, como flor
inmensa que se abre en cesto de oro, lo exhibía el
teatro Edén a los parisienses; pero con no menor
riqueza. Cuando a nuestros ojos latinos asoman
casi las lágrimas ante la dolorosa agonía, presentada en apropiada mímica, de los ingenieros franceses
que creen haber errado sus cálculos y desesperan
de haber venido abriendo el túnel del lado de Francia en la misma dirección en que lo venían abriendo
del lado de Italia; cuando se dilata el alma jubilosa,
y se sonríe dichosamente, como cuando se acaba de
conmover a los hombres con una palabra, o arrancar un hecho nuevo a la Naturaleza; al ver entrar,
al fin, lleno de abrazos, por el agujero abierto de
ambas partes en el mismo lugar del túnel, al primer obrero italiano que dobla en tierra la rodilla,
saludando con los llorosos franceses a un Dios nuevo, el público de Niblos Garden apenas aplaude.
Generalmente no aplaude. ¡Hay entonces poca luz,
poco color, pocas damiselas en la escena!

Pero luego es de ver, en Ismalia, el baile de todas las naciones. Todas están allí, en sus trajes peculiares y pintorescos; algunas faltan, que se están
elaborando en la sombra y purgando pecados antes
de subir a la morada de la Libertad; otras sobran.

ya degeneradas y caídas, más hechas para ser be-
bidas de un sorbo por una sedienta bailarina, como
el reino de Nápoles, que para llevar sus armas de
abrir istmos en el cortejo de la locomotora prepu-
jante, clarín de casco plumado de los ejércitos modernos.

En esa escena de "Excelsior", en que los pueblos
todos de la Tierra se juntan, en clarísimo espacio,
por todas partes matizado—como por lenguas de
gozo—de banderas, a celebrar la unión de los mares, aplauden los espectadores noche tras noche un
curioso baile a cuatro, que viene después de magnífico quinteto bailado en que la Civilización, en
saya corta, y la Luz, con casco y largo manto re-
lumbrantes, disputan a un cruel señor de esclavos,
azuzado por el genio negro de la Oscuridad, un pobre siervo desnudo y maltrecho, con quien la Civilización, al cabo victoriosa, baila en conyugal abandono el paso de la igualdad y de la paz; todo lo
cual, con ser mímica y tener grano de chiste, conmueve, y enseña, y habla al juicio, y humedece los
ojos.

Y en el baile de a cuatro, en que un inglés, todo
vestido de dril blanco, figura a Europa, y a Asia
un chino de ancha toga de seda, casco mondado y
bigotes cadentes, cuyos extremos danzan como brazos de pulpo a los caprichos del aire, que el chino
sacude con inquieto y cínico abanico, México ha
sido elegido para representar a América; mas no
de ridícula manera, como el inglés, que baila en la
escena cancán descoyuntado, y el chino, que acompaña la animada orquesta con brincos y escarceos

de ardilla loca; sino de garboso y cuasi heroico modo, y como caballero de la Civilización, que con igual brío la arrebatara de los brazos del chino que de los del inglés, cuando en los accidentes del baile se escapa a ellos.

A mayor atrevimiento, mayor honra. México se dió, en su lucha contra Europa, tamaños de pueblo; y hoy, cuando quiere un europeo simbolizar la América, la simboliza en México.

No por indio, tocado de vistosas plumas y vestido de blancos algodones, y sobre ellos colgantes del pecho gruesos trozos de oradada obsidiana, y en los dedos muestras ricas de aquellas labores de oro que tan sutilmente hacían los artífices aztecas; no por indio de tiempos de antaño está representado México en el baile, sino por charro gallardísimo, de vestido apropiado y lujoso, a quien sólo sobran unas como monedillas de oro que le cuelgan del borde del sombrero. Su parte en el cuarteto no es la de Sganarelle, sino la de D. Juan. No le engañan, ni se da ocasión a que se burlen de él. Es el amante preferido de la dama, a quien su valor rescata siempre de los brazos rivales. Y en la música misma, el zapateo que el mexicano y la Civilización bailan, que no llega a ser el melodioso jarabe tapatío, interrumpe, como dúo de amor entre carcajadas de payasos, las notas saltarinas y compases descuadernados que acompañan las piruetas carnavalescas del chino y del inglés.

De todo lo cual, aunque parece cosa pequeña, se deduce que, a la larga, todo pueblo saca ventaja, por la fama que asegura y respeto que inspira, de

haber sido heroico;... así como queda para befa y
mote cuando tarda en serlo.

La América. Nueva York, octubre de 1883.

5

MEXICO, LOS ESTADOS UNIDOS Y EL
SISTEMA PROHIBITIVO

Más que palabras propias, que, por venir de labios latinos, podrían parecer alardes de teoría, importan las que al pie traducimos, en que el "Herald", diario de hechos, que tiene para ellos un ojo
limpio, frío, y a menudo brutal, censura a su modo,
con claridad igual a su crudeza, el sistema proteccionista, que apenas compensa al país con el beneficio de adquirir algunas industrias imperfectas, de
los obstáculos que al amor de ellas se levantan, de
la áspera contienda entre los industriales favorecidos y tercos y la nación gravada y ahogada, y del
daño y riesgo en que pone a un país la acumulación
de una población industrial que se ha de hallar al
fin, por lo excesivo y caro de su producción, sobrada para el país y muy cara para los ajenos, en
revuelta ira y hambre. Es lo peor del sistema proteccionista, usado siempre con la previsión de que
sólo se le tendrá en vigor mientras favorece la creación de las industrias nacionales, que éstas no le
permiten luego detenerse donde debe; sino que, en-
golosinadas con los fáciles rendimientos que al prin-

cipio, con un país entusiasta y no surtido, logra, no
quieren abandonar los privilegios adquiridos, aunque de ellos sufra el país en cuyo beneficio se ins-
tituyeran; porque el sistema proteccionista, que se
crea para que la nación se haga manufacturera, y,
por tanto, rica y poderosa, no se mantiene luego
sino por un grupo de industriales, ricos y poderosos,
a costa del malestar y estrechez crecientes en la nación.

Como siete años hará, cuando el "Herald" no
preveía por cierto lo que ahora lamenta, que la misma mano que estas cosas escribe en *La América* sobre México, las escribía en México sobre aquel país
de corazón caliente y tierra valiosa y sobre esta
otra tierra, cuyos apuros de ahora ya de entonces
los veedores de ojos claros alcanzaban; lo cual recordamos porque es manía, entre gente de poco meollo, de esa que toma a ciegas puesto en bandos y
generalizaciones, que, por el hecho de escribir desde los Estados Unidos, todo lo que se escriba, aunque sea tinto en la propia sangre y sacado del metal más puro que vetee por las minas del cerebro,
ha de ser norteamericano; el soldado de fila no ve
nunca los ensueños de gloria o deleites de sacrificio que iluminan o enternecen, en la hora del combate, los ojos del capitán.

Como siete años hace, decíamos, con nuestra previsión latina, lo que ahora, después de su experiencia
sajona, reconocen los que a su costa lo tienen aprendido.

Los Estados Unidos, vivo ejemplo hasta ahora
de las ventajas aparentes del sistema proteccionista,

se revuelven contra él, como Neso haría contra su
túnica, y por boca del "Herald", que en esto hace
coro a todos sus diarios, dicen, a propósito de su
falta de arraigo actual, y acaso de arraigo futuro en
el comercio con México, lo que les inspira su posición económica presente, consecuencia grave, si no
formidable, del empleo desatentado y pleno de los
métodos prohibitivos.

Dice el "Herald," y como el "Herald" tipifica,
en muchas cosas guía y en todas refleja bien a su
país, no es de perder nada de lo que en estas cosas
dice:

"Aun ahora, los ferrocarriles que desde este país
están siendo introducidos en México están casi exclusivamente bajo el poder de ciudadanos de los
Estados Unidos, y el capital americano se ha inver-
tido en considerables cantidades en empresas de
México. Cualesquiera que hayan sido nuestras desventajas cuando sólo existía entre los dos países el
comercio marítimo, los norteamericanos poseeremos
(y este futuro lo expresa el "Herald" con su *will*
absoluto, y no el *shall* que deja abierto campo a la
posibilidad o a la duda, el *shall* cortés), todas las
ventajas comerciales que deben surgir de la terminación de los ferrocarriles.

Sí, todas las ventajas; pero si decidimos aprove-
charnos de ellas. El mercado de México pertenece
naturalmente a los Estados Unidos; pero por desdicha no se tuvieron en cuenta, sino que se altera-
ron, estas condiciones naturales, y se estableció en
su lugar un estado de cosas puramente artificial, e
innatural, por lo tanto, que ha venido a poner en

manos de otras naciones un mercado que hubiera
podido estar en las nuestras, y que, al paso que van
siendo más favorables las condiciones en que se
mueve, está en camino de ir creciendo casi indefi-
nidamente. En los años 1882 y 1883 las exportaciones de México a Inglaterra aumentaron en cerca de
siete millones, mientras que las exportaciones a los
Estados Unidos aumentaron sólo en tres millones;
resultado que es todavía más lamentable en lo que
se refiere a la exportación de metales preciosos, de
los que Inglaterra importó de México en 1883 cerca de $500,000 más que en 1882, y los Estados Uni-
dos más de 600,000 menos.

"De nuevo preguntamos: ¿tendrán los Estados
Unidos el mercado de México? No lo tendrán, decimos, a menos que no haya un cambio en nuestro
sistema de comercio. México posee en abundancia
las materias primas de la industria, y las industrias
de los Estados Unidos necesitan precisamente de
esas materias primas para poder reducir el costo
de producción de sus artículos, y exportarlos a México y venderlos en competencia con las naciones
europeas, que están ahora surtiéndose de aquellos
materiales baratos. ¿Qué condiciones pudieran ser
más favorables para un tráfico mutuo, que para ambas naciones sería ventajoso? Y ¿cómo caracteriza-
remos el estúpido y suicida sistema de comercio,
mantenido por nuestra tarifa y nuestras leyes de
navegación, que hace imposible ese beneficioso cambio? El carácter egoísta del sistema de protección
es harto bien conocido para que se requieran ejem-
plos que lo pongan en claro; pero si algún ejemplo

se necesitare, el rechazamiento del tratado de reciprocidad con México lo proporcionaría. México ha puesto mucho de su parte para abrir comercio con los Estados Unidos; los artículos que exhibe son los que en los Estados Unidos deseamos; y la generosa ayuda dada por México a los ferrocarriles demuestra su afán por establecer relaciones mercantiles con nosotros. Pero nosotros tranquilamente desdeñamos los ofrecimientos de nuestros vecinos, y preferimos mantener una política de aislamiento que está arruinando todas nuestras industrias y deprimiendo todos los ramos del comercio y la manufactura. Nosotros invitamos fríamente a otras naciones a que recojan las grandes ventajas que el comercio con México ofrece, y debemos pagar caro esta conducta si persistimos en ella".

Dice eso el "Herald".

Por lo que hace al tratado, cierto que debe haberlo entre México y los Estados Unidos; y los que del lado latino, por prever males, no lo quisieran, no saben que, con cerrarle totalmente la puerta, acumulan males mayores que los que pretenden evitar; así como los acumulan por otra vía, aunque con igual término, los que apresuradamente urden y azuzan tratados de naturaleza tan grave. Tratado debe haber; pero no aquel que se proponía, y yace en buena hora.

Y por lo que al sistema proteccionista hace, y lo que con él ha pasado en los Estados Unidos, ¿no será que el sistema proteccionista sea como esos cercados de madera de que se rodea en sus primeros años a los árboles tiernos, pero que luego, cuando ya se alza fuerte y gallardo el arbolillo, es necesario remover para que no oprima el tronco, que de todos modos ha de echar al fin el cercado a tierra?

La América. Nueva York, febrero de 1884.

6

ADELANTOS EN MEXICO

*Mejora y cruzamiento de caballos.—Varias razas.—
Crónica de zootecnia.*

Recuerda México a un buen caballero de un libro encantador del inglés Bulwer Litton, admirable libro, llamado del nombre de su héroe "Kenelm Chillingly;" el cual caballero inglés, Sir Leopold Travers, luego que gastó, con bríos de mozo, en querellas de amor y lujos sociales, sus primeros años y dinero, vió una buena mañana que por aquel camino iba a ambas ruinas, y sin dejar de una vez el trato ameno y espacioso de las gentes cultas, que es para el espíritu como la sazón para los manjares, se dió muy buenamente a mejorar sus campos, apuntalar y reforzar sus agrietados caseríos, abonar y sembrar sus empolvadas tierras y cruzar y embellecer sus animales. Y cuidaba con grandísimo amor su buena vaca Durham.

México, de vuelta ya de sus querellas de amor y nobles arrebatos del mocerío, ha puesto los ojos

en su hacienda pingüe abandonada, que sin duda
triplicará en valor, con el cuidado, como triplicó a
vuelta de pocos años la de Sir Leopold Travers.

Ayer decíamos que México sembraba su valle;
ahora diremos que México se ocupa activamente en
la mejora y cruzamiento de sus ganados, en el modo de subir de alzada el nervioso y lindo caballo de
Aguascalientes y llevar nuevas yeguas a Guanamé,
La Gavia y Cruces, buenos criaderos donde ya es-
casean, y poner buena semilla en las receptoras afamadas de Tantoyuca.

Así como Guatemala, ganosa de mejorar la pobre especie de sus quinas y de sembrar en profu-
sión un árbol cuyo consumo aseguran las numerosas
industrias que lo usan, llama a que reconozca la tierra y presida la siembra a un hacendado de Ceylán,
de habilidad probada en estas labores, así México
pide informes sobre las razas caballares y tipos que
fuera conveniente cruzar, y sistema que ha de se-
guirse en el cruzamiento, a una notable persona,
rica en conocimientos de zootecnia.

La ciencia toda del cruzamiento cabe, al decir de
este informador, en una sola frase: "que productores y receptores sean entre sí lo más alejado posible
en sangre y genealogía". Y así los hijos heredarán
los dobles caracteres salientes de ambos padres, que,
por no asemejarse entre sí, no se funden en un hijo
de cualidades pálidas y neutras.

Yeguas, no las hay mejores que las de Kentucky;
y si tienen alguna sangre de aquella fogosa y pura
de la Pampa, más apreciadas son todavía. Kentucky ha dado a los Estados Unidos esos caballos de

veloces remos y de pechos anchos que hacen frun-
cir el ceño a los arrogantes criadores de Inglaterra,
más de una vez vencidos por los nerviosos potros
kentuckianos.

Y estas yeguas de Kentucky podrían dar excelentes hijos si se les llevasen padres árabes, no el
Kadischi, de obscuro abolengo, y tal vez mal mezclado, ni el Attechi vulgar, ni el pesado Nedged-
de, ni el Montific mismo, con ser noble y de casta
probada; sino el Kochlani, soberano y esbelto; el
leal y fogoso Kochlani, ala y amigo del corredor be-
duino, hijo de aquellas caballerizas afamadas del
rey Salomón. ¡Gran rey aquél, que, sin monumentos y sin prensa, saca tantos codos por sobre los
hombres y los pueblos de su tiempo, que se le ve
entero y como vivo todavía! ¡Oh, fama, sueño y
entretenimiento de los niños!

Para las receptoras normandas, el informador mexicano quiere semilla de pampas, en cuya sangre
ágil y briosa ponen ópima vida los suculentos jugos
de aquellas yerbas vírgenes en que saca afuera su
pujanza exuberante la tierra de la República Argentina. Hijos diestros y recios a la par nacerán de
la normanda de anchos cuartos y nervudos remos,
poderosa tiradora, y el pampa centelleante y flexible, en cuyos ojos vivos se hallan a veces relámpagos de ojo humano; no en Kentucky sólo; en Loui-
siana, Philadelphia, Ohio y California tienen por
yeguas excelentes las que algo conserven del caballo pampa. Gozan gran fama de ligeras trotadoras.

A la receptora bolonesa, madre de esos valientes
y pundonorosos caballos de campo que, como a her-

mano suyo, cuida el labrador francés, vendría bien el semental inglés de sangre pura, el "blood horse" aristocrático, de elástico músculo y remos alados.

A la andaluza de paseo, de fría y acabada hermosura, el turcomano de fatiga, tan largo y desencajado como perspicaz y resistente.

Las peludas, ponderosas y colosales yeguas del Perche, madres de los percherones de gran pecho, velludo espolón, pezuña abierta y cuartilla corta, debieran ser cubiertas, como las normandas que en sus usos campesinos y fuerza se les parecen, por los Kochlanis elegantes.

Las artilleras de Jerez, hijas de árabe y normando, mansas y duras, darían gallardos hijos, bellos y trabajadores, si las cubriesen los *racers* ingleses, de miembros férreos y delgados, competidores hábiles del viento.

Para la yegua francoárabe, que da a los campos de guerra sus mejores corceles, se aconseja el refinado Kentucky, en quien se concentran las razas opuestas.

A yeguas mexicanas, de variada índole, añadirían propiedades nuevas, mezcladas cuidadosamente en relaciones opuestas, los percherones poderosos; los berberiscos, hijos de árabe y númida, que han dado buena semilla a los criaderos de Inglaterra; y los enjutos e infatigables mecklemburgueses.

Las yeguas de Philadelphia, altas, recias y hermosas, casarían bien con los sufridos y nobles argelinos.

Es la hacienda para un pueblo como los aposentos de la digestión para un individuo; y toda turba-

ción o pobreza en aquélla trastorna al pueblo, como
la falta de alimento o alimentación irregular trastorna y hace ineficaces o dañinos todos los demás
órganos del hombre. Hasta en el exceso se parecen pueblo e individuo en ambas cualidades; que
cuando hay plétora de hacienda obscurécense la
virtud y sano sentido en las naciones, como en el
hombre el juicio cuando ha puesto en sí cantidad
excesiva de alimento.

México, que hace tan bien en imitar al caballero Travers y en arreglar cuidadosamente su sistema de creación y circulación de la riqueza, da prueba nueva de previsión y limpio entendimiento imi-
tando a aquellos bravos caudillos feudales, menos
románticos, acaso, de lo que pintan aisladas leyendas, que de sus guerras con mahometanos hallaban
descanso en traer, como Ricardo Corazón de León,
galanos caballos del Oriente, para mejorar las crías
normandas, o en crear, como "Juan sin tierra", con
cien sementales muy buenos de Holanda, el caballo
de tiro valioso de que hoy se envanece Inglaterra.

Los pueblos, hombres magnificados, como los
hombres tienen su edad de predominio de imaginación, y de predominio de razón. Caldea aquélla la
máquina, que luego lleva a espaldas tren lujoso. Ya
México prepara el tren de lujo.

Y hace bien, por cuanto es bueno pensar en la
esencia de la vida al pensar en sus formas, y ver
de mantener aquélla para que prosperen éstas; hace
bien en buscar modo de celebrar tratados eficaces y
de inmediatos y equilibradores resultados con todas
las naciones de la Tierra, en la razón en que deben

estar las receptoras con los sementales: veinte a uno.
Lo cual no es fórmula cabalística, sino vital e in-
teresantísimo consejo.

La América. Nueva York, [1884].

7

MEXICO EN LOS ESTADOS UNIDOS

SUCESOS REFERENTES A MEXICO

*Junta de la Liga de la Anexión en New York.—Se
ha de estudiar este país por todos sus aspectos.—
Cutting preside la "Compañía de Ocupación y Desarrollo del Norte de México".—La anexión del Canadá.—El "Sun" responde una pregunta sobre la
anexión de México.—Cutting con la Liga.—Dos artículos sobre México en las revistas de Junio.—
"La Villa de Guadalupe" en el "American" Magazine.—Artículo de Charles Dudley Warner en el
"Harper's Magazine" sobre Morelia y Toluca.—
Warner como escritor.—Importancia de su juicio en
los Estados Unidos.—En Toluca le asombra la agricultura.—Morelia, como belleza natural, le entusias-
ma.—Su juicio hostil.—"¡Piernas pobres!"*

New York, junio 23 de 1887.

Señor director de *El Partido Liberal:*

Estos días han sido mexicanos. Que México tendrá pronto en Washington un palacio digno de él;

que el comercio entre México y los Estados Unidos
recibirá un súbito empuje con el nuevo tratado de
correos, según el cual pueden enviarse cartas y pa-
quetes a la otra margen del Bravo, por lo mismo porque circulan en los Estados Unidos; que la hija de
Juárez, el indio que crece, fué agasajada en la Casa
Blanca; que unas fieles amigas peregrinaron a la
tumba de Helen Hunt Jackson, la que con tal arte
y ternura contó en su novela *Ramona* las desdichas
de los indios de México, cuando la conquista de
California; que en un salón, con poca luz, se reunieron para oir a Cutting los delegados de la "Liga
de Anexión Americana", y hablaron cosas torvas;
que es una maravilla la loza tornasolada de los indios de Santa Fe, y pudiera convertírsela en una
pingüe industria; que el *American Magazine*, buena
revista, trae un artículo limpio de iras, sobre la Villa de Guadalupe, y sus piedades y leyendas; que
Charles Dudley Warner, el escritor pintoresco y
afamado, describe sin bondad en el *Harper's Magazine* su viaje por Toluca, Patzcuaro y Morelia.
Veamos todo esto. Desembaracémonos primero de
lo desagradable. Asistamos al salón de poca luz.
Para conocer a un pueblo se le ha de estudiar en
todos sus aspectos y expresiones: en sus elementos,
en sus tendencias, en sus apóstoles, en sus poetas y
en sus bandidos!

●

Era de noche, como conviene a estas cosas, cuando en los salones de un buen hotel de New York,

se reunieron en junta solemne los directores de la "Liga de Anexión Americana" y los delegados de todas las ramas de ella, para hacer un recuento de sus fuerzas y mostrar su poder a los misteriosos representantes que los estados anexionistas del Canadá envían a la Liga, a la vez que para tributar honores al Presidente de la "Compañía de Ocupación y Desarrollo del Norte de México", al coronel Cutting. Presidía el coronel W. Gibbons, conocido abogado; canadenses había muchos, a más de los delegados de la Liga, cuyo objeto inmediato es "aprovecharse de cualquier lucha civil en México, Honduras o Cuba, para obrar con celeridad y congregar su ejército"; pero no había ningún hondureño, ningún cubano, ningún mexicano. "La ocasión puede llegar pronto, decía el Presidente; lo cierto es que puede llegar de un momento a otro". "¿Honduras también?" preguntó un neófito. "¡Oh, sí; vea el mapa de Byrne. Honduras tiene muchas minas". "¡Qué no nos tomen en poco", decía un orador, "que lo que va detrás de nosotros, nosotros lo sabemos; con menos empezó Walker hace treinta años!; sólo que tendremos cuidado con no acabar como él".

Nueve años hace quedó establecida la Liga de Anexión, y hoy cuenta, repartidos en los varios Estados de la República, y "prontos a acogerse al banderín de marcha" más de diez mil afiliados, "gente buena", dice uno de los informes, "a la que cuesta esfuerzo reprimir, pero los tiempos no están aún maduros para una agresión aislada e independiente". Cada delegado de las ramas numerosas de

la Liga leyó su informe, y de ellos y de sus conver-
saciones, resulta que tienen fe en la espalduda ca-
nalla que, impaciente de guerra y saqueo, se cría
siempre, como las setas venenosas de las mejores
maderas, en los pueblos fuertes de muchos habitantes. Su deber es acudir a la primera voz de mando. Les sobran afiliados, dicen, lejos de faltarles.
Su organización es la de un ejército de reserva.

De todo el Sur y el Este del Canadá habían venido para esta junta magna delegados especiales,
y no de poca monta, pues dos de ellos son diputados
en el Parlamento del Dominio. ¿Ni cómo pueden
tomarse enteramente a la ligera, por lo menos en
cuanto hace al Canadá, los trabajos de la Liga, cuando a la vez que celebra una convención especial
para afirmar sus relaciones en el país vecino y tratar con sus representantes, piden los diarios demócratas, el *Sun* y el *World*, sin escándalo de los demás, que el partido haga dogma de su programa la
anexión del Canadá a los Estados Unidos? En New
Brunswick no hay un sólo ciudadano que quiera ser
inglés, dijo uno de los diputados, y todo Manito-
ba es anexionista.

—¿Y a México, por qué no?—preguntó al *Sun*
otro diario, puesto que está tan cerca de nosotros y
nos es tan necesario como el Dominio?

—No debemos querer a México, respondió el
Sun, porque su anexión sería violenta, inmaterial y
odiosa, sobre que nos fuera incómoda, porque allí,
ni las instituciones, ni la lengua, ni la raza son las
nuestras, y no habría modo de llegar a una asimilación fecunda; mientras que en el Canadá vienen

de ingleses como nosotros, como nosotros hablan
inglés, y como nosotros desea el país confundirse
con nuestra República. Y eso mismo dijeron en la
junta los canadenses, que no son conocidos por su
nombre, sino por números, para que no les caiga
encima por traidores su gobierno nativo.

Pero este asunto, con ser tan importante, lo pareció menos a la junta que la presencia del coronel
Cutting.—"Viene, se decían en susurros, a unir las
fuerzas de la Liga de Anexión con las de la Compañía de Ocupación y Desarrollo del Norte de México".—"Sí, a eso viene, se trabaja mucho. Las dos
asociaciones van a celebrar una Asamblea".—
"¿Dónde?—En Niágara Falls".—"¡Ah! ¿en la frontera del Canadá?"—"¿De qué se trata, pues, primero, del Canadá o de México?"

Y en medio de esos comentarios, todos al caso y
ciertos, iba explicando Cutting a la junta, que lo
oyó con favor, la organización de "las fuerzas de
la Compañía", después de haber pretendido encender el odio con la aleve pintura de su prisión en
México, que acaso procuró para servir de buen pretexto a la Compañía invasora. Allí dijo lo que debe
repetirse y los periódicos todos publican:—que los
soldados de la Compañía pertenecen a Estados diversos, pero son más los del Sur, por irles más de
cerca; que ya son quince mil, prontos a una llama-
da; que el objeto de la Compañía es desposeer a
México de los Estados del Norte, y en especial de
Sonora, California, Chihuahua y Coahuila; que "su
gente" es probada, toda de aventura, y hecha ya la
mano a empresas tales, gente recia y sin miedo.

Dijo, en fin, lo que no puede ser, que Nuevo León
y Tamaulipas, semejantes a un hijo que acaba de
asesinar aquí a su madre porque ella se empeñaba
en hacerlo ir por bien, están dispuestos a acogerse
a los Estados Unidos; y dijo la vulgar locura de
que, con tal de echar a su gobierno abajo, muchos
mexicanos ayudarían a la invasión, a pesar de su
odio al Norte.—Va a reunirse una asamblea prepa-
ratoria de la general en New Orleans.

Ya tienen escogido el hotel donde la general va
a celebrarse en Niágara Falls. A Cutting, para su
persona, nada le falta. Ahora urgiría que todo lo
favorable a México se propalara y cundiese, para
que cuando por una u otra parte alzasen cabeza
estos bandidos, no estuviera la opinión de acá indiferente o inclinada en su pro, sino sintiera que le
venía de la conciencia el freno; lo que no puede lo-
grarse sino aprovechando, y con prisa, toda ocasión
de inspirar respeto a quienes pueden ser, con su
obra, o su bolsa, o su indiferencia, hostiles. ¿No
cuentan ahora mismo los historiadores de Lincoln
cómo atizaban año sobre año los espíritus turbu-
lentos de la frontera; cómo provocaron; cómo inten-
taron, una y otra vez; cómo al fin trajeron la guerra, entre el Sur y el Norte, de que eran ellos láti-
go y vanguardia? Las saetas venenosas no son más
que saetas, pero matan. Y es bueno conocerlas y
prevenirse contra su uso.

El que describe a Guadalupe en el *American Magazine*, no pone por cierto su leño en esa hoguera. El, Arthur Howard Noll, no es de los que busca en las estatuas los lunares; él no estudia a los vecinos por lo absoluto, como no se les ha de estudiar, sino en relación con sus antecedentes, que es como queda el observador prendado de ellos. Guadalupe le parece "la población más interesante de los alrededores de la capital". La Sacristía le recuerda la Vicaría de Fortuny. Cuenta sin burla las aventuras de Juan Diego; el crecer de las rosas en la piedra viva; el milagro de que, al llegar a la casa del Obispo, las flores hubiesen pintado el retrato de la virgencita en la frazada; cuenta las hazañas de la de Guadalupe, en su formidable pelea con la de los Remedios; en el día de los muertos, ve, entre las sepulturas cubiertas de flores, la tumba de Santa Anna con una sola corona, la de su esposa; azota "el gran vicio nacional, el juego", aunque observa que el mexicano no juega tanto por la ganancia como por los lances y la novela de la diversión, y porque se vea que sabe perder como sabe morir.

Pero ¡en cuán distinto espíritu está inspirado lo que Charles Dudley Warner, que aquí campea entre las autoridades literarias, escribe sobre su viaje, superficial y pretencioso, por Toluca, Pátzcuaro y Morelia! Nadie, en verdad, pudiera atestiguar mejor sobre aquella hermosura natural, y evocar con palabras, vivas como colores, los soberbios cambiantes de aquellas puestas; porque él es escritor elegante y personal, que comparte con John Burroughs el mérito de describir con ternura la natu-

raleza, y la ama como Thoreau, el solitario de Concord, mas no con la pasión desmedida de aquel ere-
mita desconsolado, sino con gracia de artista francés, y en virtud de una fina y vehemente necesidad
de color y hermosura.

Hay en sus estilos la misma diferencia que entre
sus personas:—Thoreau, enjuto, cenceño, de ojos
dolorosos y fijos, de cabello despeinado e hirsuto,
raso el labio de arriba, como un lacedemonio, la boca comprimida, para que no se le saliese por ella la
tristeza, y la barbilla en barboquejo:—Warner, pulcro en el traje, amigo de gustar, nariz montada, ce-
ja rasgada, ojo adoselado, frente griega, cabello rico, partido a la mitad; barba apostólica. Conoce su
jardín hoja por hoja. Se ha sentado a horcajadas
junto al árabe. Ha ido, buscando la gracia, al Levante y al Nilo. Después de eso, ve a Morelia, y
exclama: "¡Es lo más bello que he visto!" Pero no
merece escribir para los hombres; porque no sabe
amarlos.

Ve bien en los detalles; pero ¿de qué le sirve, si
no ve con cariño? Pinta bien lo que ama, los lagos
resplandecientes, los sembrados lucidos, los coros
de montañas, arrebujadas como las vírgenes en velos vaporosos; mas el mérito no está en eso, pues
para eso no hay nada que vencer sino en domar la
antipatía, si se la tiene, y pintar con lealtad, y como si se le quisiera, aquello que por naturaleza no
se ama. No es que todo sea bueno, ni que haya
de disimularse lo malo que se ve, porque con cosméticos no se crían las naciones, ni con recrearse
contemplando en la frente inmóvil su hermosura;

pero todo se ha de tratar con equidad, y junto al
mal ver la excusa, y estudiar las cosas en su raíz y
significación, no en su mera apariencia. ¡Pues si
acá fuera a juzgarse el país por la corteza, y no se
mirara a sus brutalidades con la piedad y razón
que son menester para excusarlas! Los pueblos,
Warner, son como los obreros a la vuelta del trabajo, por fuera cal y lodo, pero en el corazón las
virtudes respetables!

Entiende la naturaleza, pero es escritor estrecho,
que no sabe salirse de su raza, como aquél del cuento
indio, que porque tenía asido al elefante por una pata, sostenía que todo era pata. Por sobre las razas,
que no influyen más que en el carácter, está el espíritu esencial humano, que los confunde y unifica:
sus emperadores tienen el pensamiento, que son los
que ven de alto y en junto, como Emerson, y sus
alféreces, que son los que de andar en los asuntos
de su compañía todo lo quieren modelar por ella.

Como Warner. Entiende la naturaleza, mas en
cuanto les ve cambiar de color, ya no entiende a
los hombres. ¡Lástima de estilo, porque de veras
escribe con cierto calor, precisión y viveza en todas
partes desusados!

Toluca le parece limpísima ciudad, y preferible
en ésto a todas las de los Estados Unidos; le recuerdan el Oriente las columnas egipcias del mercado, y la capilla con su dombo de azulejos. Admira estático la perfección de los cultivos, no sin
enseñar su vulgar preocupación. "No creíamos, dice, hallar en México tan celosa agricultura". La
puesta de sol, vista desde un cerro que domina la

población, "es uno de los más bellos espectáculos del Universo". El viaje a Morelia le impacienta por lo lento; y el viaje a Toluca le entretuvo reflexionando en lo mucho que robaban antes por allí "estos mexicanos, que al parecer con el favor de la opinión pública variaban la monotonía de sus ocupaciones ordinarias con la del robo en despoblado;" como si en los Estados Unidos no se ha hubiese robado de la misma manera, cuando vivían sus comarcas en el mismo aislamiento y condición primitiva en que estaban, cuando eso pudo decirse, las de México; como si los enormes fraudes que comete en los Estados Unidos, en lo cabal de su civilización, la gente culta, y de los que México está casi libre, no revelasen una corrupción nacional más vasta e inexcusable que el bandidaje romanesco, fatal secuela de las guerras, en soledades sin vigilancia y sin medios de trabajo; como si en México, donde quiera que ha aparecido el trabajo, no hubiese desaparecido el robo!

Al fin llegó a Morelia, después de ver el lago Cuitzeo, que cree más bello que el de Winnipiscoyee, o el afamado lago George; después de apuntar que los indios de México viven como cuando Cortés, ¡como si hubiese cosa más triste, fuera de las escuelas de Hampton y Carlyle, que los indios norteamericanos; como si no los tuviera extenuados la desolación o el vicio; como si Helen Hunt Jackson no apellidase este siglo, por el maltrato de los indios, "un siglo de infamia"; como si de los indios norteamericanos hubiese surgido un Juárez!

Llega a Morelia, y allí escribe sus páginas con

rosas; se siente en su estilo la noche serena y el aire aromado; las flores invisibles danzan en torno del búfalo, y lo doman; ellas le dejan ver que la ciudad es un árbol de jazmines, que el orden reina en Morelia adorable y sencilla, que el colegio es excelente, aunque sobran en su librería pergaminos inútiles y faltan los libros de la vida nueva. Las flores lo guían; Morelia sale de sus manos como una maga que invita al mundo a reparar las fuerzas en su seno; hay suave tristeza en el éxtasis con que admira cada nuevo espectáculo. Las flores lo llevan, no le enseñan castellano, porque dice que "calzada" quiere decir "sombrío", pero describe la calzada como bóveda sacra y opulenta, y entra en paz el espíritu, sólo de divisar en la pintura las guías de carmelina, asomadas a los muros blancos para ver pasar al búfago vencido. Y llega a la Alameda por el noble acueducto que trae a su memoria, con lo que alcanza a ver entre los arcos, los paisajes menos bellos de la campiña romana, donde nada hay que se compare en su poético abandono a aquel paseo, a la vez jardín y bosque, con una que otra choza de labrador en los canteros, cercada de claveles, con su follaje espeso y elocuente, con su rumor que acalla los pesares, con la divina quietud del poeta persa. ¡Repara, el mal agradecido, en que los bancos no están bien cuidados!

Luego, más vale no leerlo. ¡Pretende juzgar la ciudad, quien no sabe que allí vivió Ocampo! ¡Quiere dar voto sobre la gente del país, y no pregunta dónde peleó Rayon! ¡Que son mestizos; que los extranjeros tienen que sobornar a los jueces para ob-

tener justicia; que los amantes se entienden a se-
ñas por las ventanas, como si no fuera esto mejor,
sin ser loable, que estrujarse en el Parque Central
por los rincones; que los novios, como cosa nunca
vista y pecado especial de México, se ganan a las
criadas para hablar con las novias en sus habita-
ciones; que a un americano le permitieron una vez
depositar en una elección el voto de sus trabajadores ausentes; que en las fiestas de la plaza, adornada de carnavales, vió a los "petimetres de la ciudad, de piernas pobres, jovenzuelos sin seso, escoria de una civilización degenerada, sin virilidad y
sin propósito".

¡Este Warner merecería que se le pusiera, como
en tiempo del Cid, la mano en la barba! ¡Conque
las piernas fuertes hacen los corazones animosos!

¡La civilización en México no decae, sino que empieza!

¡La han levantado de sobre un cesto de hidras,
con brazos que esplenderán en lo futuro como columnas de luz, un puñado de hombres gloriosos! ¡Ha
sido la heroica pelea de unos cuantos ungidos contra los millones inertes, y contra privilegios capaces
de ampararse de la traición! ¿Qué civilización heredó México, cuando ya tenía el brío propio necesario para declararse libre? ¡Esa Nación ha nacido
de esas piernas pobres y de unos cuantos libros
franceses! ¡Más ha hecho México en subir a donde
está, que los Estados Unidos en mantenerse, decayendo, de donde vinieron! Quede Warner en paz,
que fuera hablar más de él, darle la gran lanzada
al moro. ¡Piernas pobres! Davides han hecho más

que Goliates; Bolívar pesaba tanto como su espada;
Don Miguel Hidalgo llegaría a unas ciento treinta
libras; las piernas pobres no arremetieron mal el
Cinco de Mayo. ¡Piernas pobres!; precisamente era
así el guía que cierto caminante llevaba una vez de
Acapulco a México, el cual camino acabó con una
buena suma a la cintura, sin que nadie le robara;
era así el guía, poco de carnes y años, sin seso y
zancudo; pero como un francés corpulento, que se
agregó a la caravana, diera en punzarlo y hacer
burla de él, llegando, porque lo creyó flojo, a mover mucho el sable y desafiarle el valor, saltó el
mozo de su arria con tal vuelo que pareció a todos
gigante, y más que a nadie al francés, que escondió
el sable en cuanto le vió al mozo los ojos, tan encendidos que no había modo de hacerle seguir camino hasta que el francés no se bajara de su caballo
y aceptase el combate. Al francés no le pareció el
mozo ¡piernas pobres!—Pero, ¡ah, de esos juicios de
viajeros, que no se responden al punto y en su
propia casa, se hace aquí lentamente el juicio nacional, que México no ha de querer que le sea en
las malas horas enemigos!

AMERICA CENTRAL

1

CARTAS DE MARTI (1)

En vísperas de un cambio en la Historia de los Estados Unidos.—Proyecto de ocupación mercantil de los países españoles de la América del Norte.— Grant, Blaine y Arthur.—Proyecto de un Canal Americano en Nicaragua.—Curiosidades diplomáticas.—Tratado de los Estados Unidos con España sobre Cuba y Puerto Rico.—Tratado de los Estados Unidos con Santo Domingo.—El Tratado con México.—Trascendencia Americana de estos Tratados.—Argumentos en contra y ligera discusión de los Tratados.

Es invierno decíamos, y lo es de veras; pero no lo está sintiendo nadie, de puro preocupado y asustadizo. Y es que al separarse Arthur del gobierno, ha propuesto a la Nación, con asombro de los demócratas consternados que no hubiesen deseado tal herencia, no una ley importante, sino un conjunto de medidas que implican el cambio más grave que desde la guerra han experimentado acaso los Estados Unidos. De nada menos se trata que de ir prepa-

_____

(1) Este trabajo está al final de la correspondencia de Martí a *La Nación* de Buenos Aires de 15 de enero de 1885.

rando, por un sistema de tratados comerciales o
convenios de otro género, la ocupación pacífica y
decisiva de la América del Norte e islas adyacentes
por los Estados Unidos. ¿A qué explicarlo en más
detalles, que a tal distancia pudieran parecer complicados y enojosos? Y esto no es más que una nueva manera de hacer, con blandura y sin desatención
aparente de sus deberes de nación republicana, lo
que allá en sueños y sin saber cómo, quiso Grant,
y por malas artes y resortes ocultos, que por desdicha no fueron suyos solos, estuvo a punto de adelantar mucho Blaine: y ¿cómo no, si en cambio de
apoyo inmoral, había nacioncilla de Hispano América que le ofrecía, según se corre, una banda de territorio, por donde pudiera oprimir del lado del Sur
a un pueblo a quien ya tiene amenazado por el del
Norte? ¿Cómo no, si en pago de haberle sacado de
un conflicto con Francia, otro desvergonzado man-
dón, que sólo los mandones hacen estas cosas, se
ligó de pies y manos a los proyectos de Blaine, y
le ofreció su ayuda incondicional en el atentado de
someter, so pretexto de conferencia, a un protecto-
rado del Norte los países de Hispano América?

De las revoluciones y pobrezas que, por culpas de
aquella de quien dice Quintana que no fué la culpa,
han agitado nuestros países de América, ha venido
a los hombres activos de ellos un inmoderado deseo, saludable y urgente cuando se encierra en naturales límites, de desarrollar, a costa aún de la libertad futura de la Nación, sus riquezas materiales:
así Nicaragua, que en progreso natural y ordenado
no tiene que avergonzarse de pueblo alguno, ha

contratado con el gobierno de los Estados Unidos
la cesión, punto menos que completa, de una faja de
territorio que de un Océano a otro cruza la República, para que en ella construya el gobierno norteamericano y mantenga, a su propio costo, un canal,
con fortalezas y ciudades de los Estados Unidos
en ambos extremos, sin más obligación que una reserva de derechos judiciales en tiempo de paz a las
autoridades nicaragüenses, y el pago de una porción de los productos líquidos del canal, y de las
propiedades que fincan en el territorio cedido al gobierno americano.

España, de otra parte, incapacitada de aliviar con
sus propios recursos la angustia reinante en Cuba,
obligada a pagar, fuera de sus gastos de vida, al
gobierno español en enorme presupuesto local y
una considerable parte del nacional, con los productos de azúcar que por lo subido del costo de la
producción en la Isla y los derechos altos en los
Estados Unidos no se vende, ha celebrado con el
Gobierno norteamericano un tratado comercial, que
de tan absoluta manera liga la existencia de la isla
a los Estados Unidos, que es poco menos que el
vertimiento de cada uno de estos países en el otro,
lo que acaso vendrá a parar, con gran dolor de
muchas almas latinas, en perder para la América
Española la isla que hubiera debido ser su baluarte.

A estos tratados se juntan el de México, ya ra-
tificado, y a punto de salir reglamentado del Congreso; y el que acaban de firmar los Estados Unidos con Santo Domingo, en virtud del cual, como
en el tratado con Cuba y Puerto Rico, cuanto acá

sobra, y no tiene por lo caro donde venderse, allá
entrará sin derechos, como acá los azúcares. Y
vendrán los Estados Unidos a ser, como que les
tendrán toda su hacienda, los señores pacíficos y
proveedores forzosos de todas las Antillas. Y como sin querella con Francia e Inglaterra no hubieran podido poner estorbo al canal del Istmo de Panamá, por donde querían, como quien aprieta a su
seno con un brazo, abarcar esta parte de arriba de
nuestra América, intentan ahora, con asentimiento
imprevisor acaso de nuestra propia gente, pasar
el brazo por el corazón de la América Central. Pero esas medidas, más que alegrar, aturden la opinión americana; no porque parezca mal atraerse tan
estrechamente a países de tierra rica, y que mueven
el apetito a poderosas naciones europeas, que serían para los Estados Unidos vecinos molestos, sino porque, poco habituados a concepciones nacionales y a previsiones históricas, miran estos convenios, no por el poder que para mañana aseguren, ni
por los conflictos que eviten, sino por la suma de
beneficio o daño pecuniario que su realización pueda importar. ¿A qué buscar, se dicen, en Cuba y
Puerto Rico, un mercado que nos compra al año
quince millones de pesos, si para esto vamos a perder los veinticinco millones que importan los derechos de entrada de los azúcares de las Antillas?:
y los que así razonan no ven que si mantienen los
Estados Unidos sus derechos altos, Cuba cesará de
producir azúcar, porque no podrá competir en precio
con las de otras procedencias en el mercado americano; ni ven que es tal el sistema de ocultaciones

que con provecho y complicidad de los más altos
empleados, se practica en las Aduanas de Cuba, que
si quince millones de importaciones acusa la estadística, una tercera parte, a lo menos, va de aquí,
de cierto; ni ven tampoco que, alentado el crédito
en la Isla y aguzada por la penuria la natural perspicacia de sus habitantes, se establecerán, con capitales americanos acaso, múltiples empresas, que
ocasionarían demanda extraordinaria de artículos
del único mercado donde tendría la Isla crédito y
dinero. ¿Y qué haremos, dícense, los azucareros nacionales? Más a esto se responde: ¿cómo ha de importar más el sustentamiento artificial de una industria que, a pesar de toda clase de favor, no ha sabido salir de sus pañales, que el beneficio de toda la
Nación, a quien la importación libre, o casi libre, de
los azúcares extranjeros permitiría comprar a precio bajo, mantenido por la competencia de los diversos países productores, el azúcar por una libra
de la cual pagan hoy tanto, cuando no más, que
por una libra de pan?

Gremios menores, y entre otros, los gremios políticos, se oponen al tratado español; los amigos de
Blaine, porque con hacer a la faz del mundo y con
provecho seguro lo que quería hacer él con arterias
y violencias, pierde su política una de sus novedade-
des más alucinadoras; los proteccionistas, porque un
tajo en su sistema abre la puerta a otros tajos; los
libre-cambistas porque con esa súbita reducción, y
el aumento de gastos que la construcción del canal,
caso de que se apruebe, u otras causas, pueden traer
al tesoro. no habrá manera de hacer nuevas reduc-

ciones en los derechos de introducción, que harían
menores las entradas del erario que sus expensas,
y los demócratas, porque al entrar, tras veinte años
de ausencia en el Gobierno, jamás pensaron verse
reducidos al desairado empeño de realizar un plan
político cuyas ventajas habrían de ceder en favor de
sus adversarios, y en cuya elaboración no tuvieron
la menor parte. Ni parecen tampoco más resueltos
a aceptar los tratados, los fabricantes cuyos productos excesivos hallarían venta en los países de
esos convenios, oposición que en verdad solo se explica por el miedo en que pone a los manufactureros
americanos todo desvío del sistema proteccionista,
que durante veinte años les permitió ganancias tales,
que no obstante las angustias presentes que les acarrea, aún dudan de que él sea el que las cause.

Y sobre el convenio para el canal de Nicaragua,
inquieren, sin parar mientes, en su alcance político,
si por acaso no costará más de los ciento cuarenta
millones en que ahora lo estiman, y si esta suma y
la de su mantenimiento y defensa en caso de guerra
pagaría probablemente un interés estimable.

Nótase, en conjunto, la sorpresa ingrata que, aunque de provecho posible en lo futuro, causa a la
gente tímida una obligación inmediata inesperada.
Temor de obligaciones, y no consideración alguna
de otro género, es lo que inspira la resistencia a estos convenios.

Reunidos están el Senado, y la Casa, y no se
sabe si ratificarán, como ya hizo aquel con el de
Santo Domingo, los convenios concluidos con Nicaragua y España, o si, para esquivar compromisos

de ahora o dar a la opinión públua más tiempo de esclarecerse, se prorrogará para la sesión próxima del Congreso, caso de que el nuevo Presidente no convoque una extraordinaria, el examen de los tratados, y la política que implican. Se está, pues, en este país en el momento de un grave cambio histórico, de trascendencia suma para los pueblos de la América.

José Martí.

La Nación. Buenos Aires, 22 de febrero de 1885.

2

CARTAS DE MARTI (1)

El conflicto de Centro-América, la muerte de Barrios; y la actitud de los Estados Unidos.—Actitud de los Estados Unidos después del incendio de Colón en la guerra de Colombia.

Va ya tan adelantada esta carta que apenas queda en ella espacio para dar cuenta de la intervención discreta, aunque no hubiera llegado a ser, ni tenía derecho a ser, eficaz, de los Estados Unidos en la tentativa de unir por la fuerza bajo un solo imperio las cinco Repúblicas de Centro-América, tentativa que sólo la muerte violenta del que la venía desde hace tantos años acariciando, impide comen-

(1) Este trabajo está al final de la correspondencia de Martí a *La Nación* de Buenos Aires de 15 de abril de 1885

tar con la sagrada dureza y ardiente inmisericordia
que inspiran las ambiciones de los tiranos.

¿Cómo no ha de haber anticipado el cable que
Barrios, el Dictador de Guatemala, es muerto; que
en una fiesta de ópera bufa hizo leer la proclama en
que se anunciaba Dictador Militar Supremo de las
cinco Repúblicas centro-americanas; que mal seguro
a última hora del apoyo del Presidente del Salvador, escurridizo y misterioso, echó sobre él su ejército preparado, y ya en camino para unirse al de Honduras, mientras que Zaldívar, el Presidente del Salvador, aclamado jefe del ejército de resistencia por
Nicaragua y Costa Rica, y apoyado por México
eficazmente con un contingente de armas que mar-
chaba sobre Guatemala, reunía en la frontera gua-
temalteca, para cerrar a Barrios el camino de Honduras, el ejército desesperado que en una batalla
ya legendaria libró a Guatemala de un dueño cruel,
a Centro-América del más grave de sus peligros,
y a nuestra historia americana de un período de espanto y de vergüenza?

El cable ha de haber dicho que el Senador Ed-
munds hizo aceptar en el Senado una resolución tan
enérgica que hubiera sido punto menos que una declaración de guerra contra el Dictador, a no haberla
templado con su mera repulsa moral el Secretario
de Estado Bayard. No: los Estados Unidos no in-
tervendrían en las querellas intestinas de los cen-
tro-americanos; pero defenderían a sus súbditos en
aquellas tierras; y las propiedades de ellos; y pro-
tegerían la comunicación por cable interrumpida, a
lo que enviaban ya el buque y las instrucciones ne-

cesarias;—y el cable habrá dicho, como el generoso
México, que por justo aborrecimiento a la conducta
y atentado de Barrios se ligó por telégrafo en suerte de armas con el Salvador, y le ayudó grandemente con distraer parte de las fuerzas de Barrios en ir
a esperar a los mexicanos que se le venían encima,
—desiste, apenas Barrios muere, de todo prepara-
tivo de guerra, y de las intenciones de aprovecharse
de su posición de persona mayor en Centro-América,
que los Estados Unidos ya le suponían, más celosos
que conocedores de su noble vecino mexicano.

Y ya el cable habrá dicho también como los Estados Unidos armaron en unos cuantos días, con determinación y sin alarde, unos seiscientos hombres
de marina, y en sus humildes buques de guerra, en
vapores mercantes, los enviaron a protejer en el istmo de Panamá las personas e intereses de los ciudadanos americanos ya en Colón, reducida a cenizas
en la guerra civil que ahora enciende a Colombia,
ya en Panamá, que a la fecha queda en manos de
los revolucionarios: mas la expedición llevó y ha
cumplido la orden de protejer a los súbditos, y reponer el tráfico interrumpido por el ferrocarril del
istmo, a lo que están obligados los Estados Unidos
por tratado, sin intervenir para esto en modo alguno en la contienda doméstica que divide ahora a Colombia, ni juzgar en ella, ni ayudarla en una parte
u otra.   Corre el ferrocarril, Colón repara sus muelles.   En Colombia pelean, contra el Presidente liberal que, extraviados en querellas internas, no vieron que, so capa de buena lengua y literatura latina, siempre gratas a pueblos cultos, se reunía en-

cıma de sus escuelas laıcas, de sus ınstıtucıones to-
lerantes y del gobıerno que las mantıene, un grupo
polítıco que nada ve en Amérıca tan estimable como en España, nı reconoce en aquella destinos propios que en algo la apartan de su fundadora, ni con
la España nueva está, de Núñez de Arce, y Ateneos,
sıno con aquella otra canónica y desusada, que rey
y clero quıere, y es como era cuando recıbía tributo
de los indıos arrodıllados en los zaguanes empedra-
dos de huesos en Guatemala.

Jose Marti.

La Nación. Buenos Aires, 5 de junio de 1885.

3

CARTAS DE MARTI (1)

*Nuestras tierras latinas.—Inquietudes en la América
Central.—Lo que piensa hacer el gobierno de los
Estados Unidos en la América Central.—Problemas de la América Central, en relación con los Estados Unidos.—Cómo gobernaba Barrios.—Méjico
y las repúblicas de Centro-América.—Los Estados
Unidos en Panamá.—Los Estados Unidos en Méjico.—Intereses de los Estados Unidos.—Méjico arre-
gla su deuda y suspende los subsıdios acordados a
las compañías de ferro-carriles americanas.—Discusión de este asunto.—Habilidad y lealtad de Méjico.*

---

(1)   Este trabajo está al fınal de la carta de Martí a *La
Nación* de Buenos Aires de 6 de julıo de 1885.

Nuestras tierras son ahora, precisamente, motivo de preocupación para los Estados Unidos. Méjico y la América Central los preocupan.

¿La América Central? ¡Quién sabe lo que será de la América Central! ¿Méjico? ¡Quién sabe lo que será del bravo Méjico! El *Sunday Herald* de Washington lo decía, por boca de un miembro del gobierno que tendrá más o menos que hacer con las miras del Presidente sobre la América Central:— "Vale más que se sepa desde ahora"—ha dicho el miembro del gobierno, sin que los periódicos le hostiguen, ni lo duden,—"que aunque no se proyecta plan alguno de anexión, ni ha tomado aún el gobierno en consideración el establecimiento de guarniciones militares permanentes en la América Central, sea lo que quiera lo que las circunstancias demanden, eso será hecho. La política exterior de los Estados Unidos será a la vez guiada por los principios más humanitarios, y en acuerdo con las necesidades de la civilización anglo-sajona".

De esta manera ha hablado el miembro del gobierno, aludiendo a inquietudes próximas en la América del Centro, que en nada por, cierto, afectarían, ni de cerca ni de lejos, a los Estados Unidos, a quienes, con ser lo que son, no agrada la idea acá concebida, y simplemente absurda, de que Méjico generoso, Méjico sobrecargado de territorio frondosísimo, Méjico con más problemas que modos de afrontarlos, Méjico a quien toda habilidad y energía bastarán apenas para salvarse de los riesgos a que le expone la vecindad de un pueblo acometedor, que lo necesita y no lo ama, llegará a apoderarse, por artes de vecino fuerte, de las repúblicas de la América Central.

¿Dónde se vió león con dos cabezas, mirando con la una, todo azorado, al norte, y la otra en la cola, abierto para tragarse al sur?

¿Ni cómo asiría Méjico, ahora ni en el cercano porvenir, un territorio tan vasto y escurridizo como el de la América Central, sobrado segura, por otra parte, contra semejante tentativa por el doble interés de los Estados Unidos, ya de que Méjico no adquiera un territorio que pudiera llegar a ser base de una civilización hostil y formidable; ya que las tierras vecinas del Istmo, caso de salir de sus dueños naturales, vengan a ellos?

Pues en Panamá, aunque con mesura y apariencias de servicio público, y orden de no hacer más que lo que fuere necesario—¿no ha ido la marina americana más allá de la mera protección de su bandera, puesto que ha impedido con la imposición y la amenaza de la fuerza los actos de uno de los partidos beligerantes en el país, y ayuda con esta actitud y con sus propios buques las operaciones de guerra de otro de estos partidos?

Pues ahora, ¿a qué vendrá la intervención americana en Centro América, fuera de aquella honrosa que quiere evitar sangre y se ha de limitar para no ser sospechada a buenos oficios, caso de que en Guatemala aspirase al poder, lo cual anda aún lejos un partido liberal, moderado, que quisiese rescatar el país de manos de los reaccionarios confusos que a la sombra de Barrios, aún después de muerto lo gobiernan, por haber estado en el poder, so nombre

de liberal, cuando Barrios murió, en manos del partido embozadamente religioso, en aquel ensayo gro-
sero de monarquía que el rudo instinto aconseja-
ba al dictador, quien, aparentado que desdeñaba la
opinión, tenía el oído atento a ella, y no bien se le
encrespaban los religiosos, daba de espaldas a los
reformadores, y no bien había desacreditado a aquellos lo bastante para no haber de temerles por algún tiempo, se volvía hacia los reformadores, que
creían, o por su salvación o interés afectaban creer,
que los impulsos liberalescos a que su odio a las clases altas movía a Barrios eran aquel tesón en el
moldeo de caracteres, aquel fortalecer la dignidad
con respetarla, aquel mirar sesudamente por la cordial unión de todos los elementos limpios, más o menos arrebatados en política, que son los medios únicos de asegurar en un país la práctica de la libertad?

¿A qué vendría la intervención americana, siquiera fuese igual a la de Panamá, como ya la anticipa
el miembro del gobierno, caso de que Honduras,
mal contenta con su jefe actual, deslucido por su
incondicional sumisión a los proyectos de Barrios,
volviese los ojos, aunque fuesen, como en todo pueblo imperfecto van, acompañados de las manos, a
otro jefe de mayor peso y alcance, señalado hace
dos años por su resistencia a coadyuvar a la tentativa armada del guatemalteco, de quien fué teniente
este jefe, que redimió el haberlo sido con fatigarse
a tiempo de serlo?

¿A qué vendría la intervención americana, caso
de que el Salvador, que ve con malos ojos todo gobierno que le venga de Guatemala, volcase el que

ahora tiene, que le ha venido de ella, incapaz de
absorber al Salvador por la fuerza, pero capaz aún
de gobernarla por medio de un salvadoreño que le
prometa no serle hostil en cambio de su alianza?

Solo estos problemas se abocan en Centro América: ¿en qué puede ninguno de ellos afectar a los
Estados Unidos, sino en uno que otro ciudadano suyo, que andan allí en número mucho menor que los
de cualquiera otra nacionalidad? Pero los pueblos no
se forman para ahora, sino para mañana.

Los Estados Unidos se han palpado los hombros
y se los han hallado anchos. Por violencia confesa-
da, nada tomarán. Por violencia oculta, acaso. Por
lo menos, se acercarán hacia todo aquello que desean. Al istmo lo desean. A Méjico, no lo quieren
bien. Se disimulan a sí propios su mala voluntad,
y quisieran convencerse de que no se la tienen;
pero no lo quieren bien.

No parece que reconocen el derecho de Méjico a
hacer, sino que le permiten que haga. Apenas Méjico afirma con un acto desembarazado, y siempre
hábil y correcto, su personalidad de nación, acá se
toma a ofensa y se ve el caso, no por el derecho de
Méjico a ponerlo a su interés, sino por el deber de
Méjico de no hacer cosa que no sea primeramente
en el interés de los Estados Unidos.

Libremente, sin intervención alguna del gobierno
de los Estados Unidos, y estipulando que en caso
alguno que resultara de su convenio acudirían a él,
contrataron con el gobierno de Méjico, ciertas compañías ferrocarrileras norte americanas la construc-

ción de vías férreas en Méjico, y de Méjico a los Estados Unidos.

Libremente, sin intervención alguna del gobierno de los Estados Unidos, y estipulando que en caso alguno que resultara de su convenio acudirían a él, contrataron con el gobierno de Méjico, ciertas compañías ferro-carrileras norte americanas la construcción de vías férreas en Méjico, y de Méjico a los Estados Unidos, favorecidas con crecidos subsidios del gobierno de Méjico.

El gobierno del presidente González, calculando mal los ingresos futuros del erario, ofreció de gobierno a contratante particular, estos subsidios. Bien pudieron ver, como veía todo calculador juicioso, que Méjico no había de poder, a los pocos años, pagar las subvenciones ofrecidas. El cuidado mismo que ponía en exigir que no se acudiese al gobierno de los Estados Unidos en caso de falta de pago lo indicaba. Escritores ilustres y periódicos famosos de los Estados Unidos lo advirtieron. Grant recomendó la empresa, estimulado por su amigo fidelísimo, el Ministro de Méjico en Washington, Matías Romero que ha hecho el objeto de su vida acercar esta tierra a la suya.

Deliberadamente, y como empresa privada, entraron las compañías en la empresa de construcción de los ferrocarriles. Los construyeron. Sucedió lo previsto. Hubiera sucedido aún sin los abusos que hicieron pública granjería del erario mejicano en el último tiempo de la presidencia de González.

Con estos abusos, sucedió más pronto. Advino Díaz al gobierno; y halló a la nación en quiebra.

Tenía un déficit en el presupuesto anual. Tenía contra si veinticinco millones de obligaciones legales. Ni cubrir su presupuesto podía, cuanto más pagar esa deuda enorme.

Tales eran las subvenciones ofrecidas que, de pagarlas, consumirían todas las entradas naturales. ¿De qué viviría el país? Acaso este no debió ofrecerlas: pero, ¿por qué, libres los contratantes para observar y prever, las aceptaron? Ni el ejército ni el servicio civil estaban pagados, ni podía seguírseles pagando en el número y suma que se les pagaba. Díaz, provisto de poderes amplios por el Congreso, afronta enérgicamente la situación desesperada: reduce los gastos del gobierno; suspende las subvenciones acordadas y aceptadas imprevisoramente durante el gobierno de González; unifica en una emisión de bonos por veinticinco millones a veinticinco años, al seis por ciento anual, los subsidios pendientes hasta la fecha de la unificación y otras obligaciones semejantes; refunde las deudas varias del país en una sola deuda con interés más bajo y uniforme, que será gradualmente de uno, dos y tres por ciento, en el primero, segundo y tercer año, hasta quedar en tres, por \$144,000,000, suma total aproximada de la deuda; y aunque importa tanto a Méjico el apoyo de Inglaterra fundado en un derecho real, para sus conflictos futuros con los Estados Unidos, repudia valerosamente la deuda de la intervención y las que dieron pretexto a ella, aunque dos terceras partes de esta deuda están en manos de ingleses, acto de lealtad que debiera inspirar en los Estados Unidos respeto profundo por la buena fe de Méjico, que ni desconoce sus peligros, ni con admirable habilidad deja de precaverse contra ellos, ni cualesquiera que sean los motivos de la aparente cordialidad norte-americana, cesa de pagarlos con la más candorosa nobleza.

¿Pués qué camino le queda, tampoco, sino cerrar con exquisito cuidado todo camino de reclamación por el que ante el mundo que observa pudiera decorosamente entrarse una república por otra que la trata con tanta limpieza y gallardía?

Obra fina, y por todo punto magistral, están haciendo los mejicanos en sus relaciones con los Estados Unidos. Sobre hierros encendidos están andando; de todas partes oyen voces que debieran acalorarlos y cegarlos: no tropiezan. Acaso se salven.

Ahora, naturalmente, los tenedores de acciones de los ferrocarriles mejicanos claman. Las acciones han bajado de precio. Por años, la empresa es ruinosa. Mas la reforma mejicana ha empezado en casa; está conforme a la ley y necesidad; pudo y debió ser prevista por los que se expusieron libremente a ellas: y si estos entraron a correr este riego, a pesar de él, o tal vez por tener ocasión en él de cosas mayores, o porque este riesgo que se preveía pudiera dar a algún político ambicioso ocasión de conquista, merecido tienen por su deslealtad o su codicia el apuro que pudieron prever o acaso desearon.

Como cien millones de pesos emplearon los norteamericanos en ferrocarriles en Méjico. A ciegas no pudo ser ni sin prever y estudiar sus consecuencias. Así queda, briosamente sentado en Méjico, y en hora todavía oportuna, el problema de mayor interés que presenta acaso la política continental americana. Quien dude de nuestras tierras, para redimirse, para trabajar sus minas, para mejorar sus ciencias, para crear su arte, para crecer de sus mismos infortunios, para mantener la más difícil diplomacia, mire a Méjico.

JOSE MARTI.

La Nación, Buenos Aires, 21 de agosto de 1885.

4

EN LOS ESTADOS UNIDOS

La muerte del guatemalteco Barrundia.—Los Estados Unidos en Centro América.—Actitud del Ministro Mizner.—¿Jurisdicción local o asilo?

Nueva York, 5 de Octubre de 1890.

Señor Director de *La Nación*:

Doce años hace, antes de que cayesen apaleados bajo Barrios los primeros sospechosos, no había en Guatemala hombre más bello, cortés y blandilocuo que el Ministro de la Guerra, que Martín Barrundia. Lo notable en él era aquella gracia femenil en tamaño cuerpo de hombre; no había ojos más claros, nariz más correcta, ni labios más finos: era seda su mano, y su mirada y su discurso: encogido parecía, más que soberbio, y tímido, más que desembara-

zado; un jazmín del Cabo había a la entrada de su
jardín, pero no era más blanco que su frente. Cuatro años ha, después de la caída fatídica de Barrios
en los umbrales de un pueblo decoroso, del pueblo
bravo y maduro del Salvador, después del período
lúgubre de sospechas y de muertes, volvía de Europa, a bordo de un vapor francés, un hombre ama-
rillento y encorvado, rala la barba, gruesos los labios, el discurso fosco, los ojos inquietos, viscosos
y escapadizos: no lo parecía, pero era Martín Barrundia! Su cadáver, al caer ahora de súbito, en la
cámara del vapor norteamericano Acapulco, a manos de un ministro complaciente y de un esbirro brutal, del ministro yankee, y el esbirro guatemalteco,
descubre, para enseñanza de los pueblos crédulos,
las intrigas con que suele la ambición cautelosa azuzar las rencillas mal aconsejadas de los países nacidos para hermanos. Por tierra más o menos, o por
cuento más o menos, no han de ir hasta abrirle paso
al ambicioso los que no pueden salvarse de él sino
juntos! De la tarifa, sólo de la tarifa de Mac-Kinley, que un diario dice ser "la paga ofrecida, nada
más que la paga del partido triunfante a los manufactureros que lo repusieron en el poder"; de la tarifa de Mac-Kinley "que capacita a los manufactureros para vender a mansalva más caro las manufacturas a un pueblo de obreros, que por esta ley que
lo encarece todo fuera de la posibilidad de vender,
van a quedarse sin obra"; de la tarifa de Mac-Kinley, creada, según el *Herald* que la tacha de "reliquia del barbarismo" para "favorecer a costa de los
pobres a los magnates de la lana y el algodón, de la

sal y el hierro, del vino y el aceite"; sólo de la tarifa se ha hablado tanto en estos días como de la
muerte de Barrundia. Y la opinión, indignada, dice
que no está bien en Guatemala de ministro de los
Estados Unidos ante la familia de Centro América,
el que entregó en nombre de los Estados Unidos,
al guatemalteco Barrundia, a quien pudo salvar; el
que no estaba bien allí, ni debió estar un solo día,
desde que en nombre de los Estados Unidos predicó
la guerra contra México, contra un país que vive con
el suyo en amistad. Las cosas han de decirse des-
carnadas, para que resulten como son". "¿Por qué se
dejó allá"?—preguntan; "para que nos echase la sangre de Barrundia encima, a este hombre que nos
compromete y nos deshonra". "¿O está allá,—dice
otro,—porque es necesario, en los enjuagues políticos, contentar con este Mizner californiano a California,—que da votos,—o porque no hace más que
lo que le dicen?"

Todos, republicanos y demócratas, dicen, como el
mismo *Tribune* de Nueva York, que suele fruncirle
el ceño, a pesar de sus lazos íntimos, a la Secretaría
de Estado,—dicen que ese ministro ha echado al
viento su reputación y su prestigio. Todo se ha publicado, con variantes miles: los primeros telegra-
mas con que la prensa fanfarrona convidaba "a la
venganza del insulto",—las primeras noticias de la
muerte de Barrundia en el vapor, bajo las balas de
los soldados guatemaltecos, donde se veía que "el insulto" fué por permiso y orden del ministro de la
nación insultada,—el informe del capitán del Acapulco a la compañía de los vapores del Pacífico,—lo

que el *Herald* pudo descubrir del informe de Mizner
a la Secretaría, la carta en que el secretario de Mizner, "relevado misteriosamente", pinta al ministro,
trémulo y sudoroso huyendo de la pistola de la hija
de Barrundia,—las artimañas del periodista yankee
que venía "con dinero guatemalteco" a "trabajar la
prensa americana",—el relato de los testigos presen-
ciales que vieron llegar al esbirro con la orden de
entrega escrita por el ministro al capitán; al capitán
afligido, ir con la noticia al camarote de Barrundia;
a Barrundia responder, valiente y desesperado, con
la boca de sus dos revólveres; al esbirro brutal vaciar las balas sobre la cabeza de Barrundia muerto.
"Los Wheatons no están claros, ni los Hallecks, ni
los Bluntschli; pero en un caso de duda como éste",
escribe un diario,—"lo que hacen los ministros que
no están vendidos al gobierno ante quien fungen, es
lo que hizo el capitán Gifford, el capitán del balle-
nero donde se refugió de los ingleses el poeta de Irlanda. John Boyle O'Reilly. "No entrego a este re-
fugiado político, no lo entrego, mientras ondee esa
bandera".

Otro periódico escribe así del caso: "No en bal-
de dicen del ministro lo que dicen, que cobró del gobierno de Guatemala, tanto o cuanto por la entrega
de Barrundia, y que Anguiano, el Secretario de Relaciones, lo recibió con el sombrero puesto!"

⚫

La oficiosidad lúgubre es lo que se le censura a
Mizner, y el dar consejo en asunto en que pudo, o
esquivarlo, o darlo de modo que el gobierno guate-

malteco quedase en duda sobre los resultados de su
acción; lo que habría sido tal vez bastante para evi-
tarla; mientras que con el beneplácito del ministro
podía irse a la sangre de seguro, como se fué, puesto
que el único que podía ponerle pleito lo resolvía de
antemano en su favor. Todas las autoridades han
salido a lucir, y los antecedentes todos.

Se alega contra Mizner el caso de Martín Koszta,
el húngaro a medio naturalizar que los austriacos
prendieron en su vuelta de Smyrna, de donde lo sacó
libre, con la amenaza de cañonear el barco de Austria, el comandante Ingram, del navío San Luis. Se
alega el caso famoso de los dos embajadores confe-
derados, de Mason y Slidell, que los marinos yankees sacaron en la Habana del buque inglés Trent,
y luego quedaron libres, porque Inglaterra le negó
al secretario Seward, la autoridad de los Estados
Unidos sobre una embarcación que enarbolase los
colores ingleses. Se alegan los casos de la guerra
de Cuba, cuando los rebeldes tocaban en la Habana
de paso para México, y el gobierno español no los
sacaba del vapor, sino les hacía saber que le darían
prisión o muerte, caso de que pisasen tierra; con lo
que se reconocía sin autoridad sobre ellos, mientras
no la pisasen. Se alega lo del asesino de lord Cavendish, que en los Estados Unidos ha estado viviendo como héroe entre sus paisanos, los irlandeses, sin que osara demanda su extradición Inglaterra que echó del poder a Palmerston porque se mostró inclinado a entregar a Francia a Orsini. Se alega lo de Webster, cuando mantuvo contra lord
Ashburton, en la disputa del Creole, que la juris-

dicción de un país va con sus buques, aun en los puertos y bahías donde recalen, y que en los mismos puertos y bahías, para cuanto haga a los derechos y deberes de los que van en él, el buque es territorio de la nación de su bandera. Se alega lo de Dana, en el comentario a Wheaton, donde dice que el buque está exento de la jurisdicción local del puerto en que ancla; en lo que sea sobre hecho de la mar, antes de que el buque entrara al puerto, o derechos u obligaciones de los que van a bordo. Se alega la opinión de Halleck, que mantiene que en el barco queda mucho de la ley del país de su pabellón; y cree que el uso exime a los barcos mercantes de más sujeciones a la ley local que las ordinarias que se le otorgan en estricto derecho.

Pero los abogados de Mizner, y la misma Secretaría, niegan en redondo que éste sea caso de extradición o asilo. Lo del húngaro, fué miedo del barco austriaco, no derecho del yankee. Lo de Mason y Slidell, del norte, fué equivocación que fuera de aguas del norte no podían visitar un barco inglés. Lo de la guerra de Cuba, era prudencia de España. Lo del asesino de Cavendish, es falta de deseo de Inglaterra de ponerle más avispas a la cuestión de Irlanda. Lo de Webster, lo de Dana, lo de Halleck, son opiniones desechadas por el tribunal supremo de los Estados Unidos cuando estableció, letra por letra, que "los buques mercantes de un país, cuando visitan para comercio los puertos de otro, quedan sujetos a la ley del puerto mientras estén en él, lo mismo en paz que en guerra, a menos que no se estipule de otro modo en los tratados". Y el mismo Halleck

dice que las autoridades locales tienen derecho a
entrar en el mercante extranjero, y a sacar al acu-
sado de él, en los casos que estén dentro de su jurisdicción. "Dentro de la jurisdicción de Guatemala
estaba, fuera de duda, el Acapulco",—dijo Blaine al
Herald; "no entiende la Secretaría de Estado que
los buques mercantes de los Estados Unidos se
pueden usar, ni la bandera de los Estados Unidos,
para proteger la vida de un rebelde contra una república con quien la nación está en paz, sobre todo
cuando el mercante entra en el puerto de un poder
amigo, y lleva a bordo un rebelde de tanta monta".
A Wheaton no se ha de citar, según el presidente
de la comisión de negocios extranjeros de la casa,
porque Wheaton dice que un buque mercante de
pueblo neutral que lleva a bordo un militar enemigo,
queda sujeto a confiscación, aunque lo hubiesen hecho tomar a bordo el enemigo a la fuerza. No se ha
de censurar, según otros, a un subordinado de la
cancillería del norte por aplicar en el caso de Barrundia la ley que dejó establecida la cancillería,
cuando era Secretario Bayard, en el caso igual de
Gómez: entonces Bayard censuró a Hall, porque le
dió al capitán del vapor norteamericano el consejo
de no entregar, en el puerto nicaraguense de la Libertad, al rebelde nicaraguense Gómez. "No es el
caso de la muerte, dicen unos, lo que se ha de discutir; porque lo de la muerte fué resultado imprevisto
e inevitable de la resistencia de Barrundia al arres-
to, sino esto otro: ¿Tiene Guatemala derecho a prender a un ciudadano guatemalteco en territorio guatemalteco?" porque lo que no se ha de olvidar es que

la legua de mar de la costa de Guatemala, hasta
donde alcance el tiro de cañón, es territorio de Guatemala, tan propio de ella como su tierra firme: "y
el pecado", dice Blaine, en el *Herald*, "no está en el
ministro que acata un principio inamovible de juris-
prudencia internacional, y dictamina en un caso con
arreglo estricto a otro caso precedente, sino en el
capitán que se obligó, por ignorancia o codicia, a más
de lo que podría cumplir, y entró con su barco dentro de la legua, donde ni él ni su bandera tenían jurisdicción".

Y a eso contestan con enojo los censores de Mizner,—que en lo usual y civil, o en los casos de mera
policía, no hay quien niegue lo del territorio de la
legua,—ni quien encuentre en las autoridades refe-
rencia especial en lo del territorio a la política;—que
el vapor yankee Granada se negó, con los cañones
apuntados, a entregar a los salvadoreños la comitiva
del ministro de Guatemala que entró de pasaje en
un puerto del Salvador, que como por el Pacífico de
Centro América no es optativo viajar en los vapores, sino forzoso, por no haber más vía que la yankee, es justo que la vía yankee continúe gozando
del derecho de asilo que le ha dado en estas condiciones excepcionales la costumbre; que en los casos
de duda, como éste, es mejor errar del lado de la
magnanimidad y del sentimiento unánime, que del
lado de la execración unánime y de la cobardía.

Que el ministro no hizo más que aplicar la ley,
pues aplicar la ley así, también lo hace el verdugo!

Y en vano de California a Nueva York, se cla-
maba contra Mizner; en vano acordó la casa de representantes en el debate del demócrata Mc-Cready
contra el republicano Hitt, la resolución de censura que Mc-Cready propuso, a fin de que el ejecutivo enviara al congreso los documentos del caso; en
vano se publicó el telegrama suplicatorio de la hija
de Barrundia, a que contestó el presidente Harrison
con cautelosa simpatía; en vano ha ido acorralando
la opinión a los que querían, desde ciertas oficinas
de gobierno y ciertos diarios, echar sobre el demócrata Bayard todo el pecado de Mizner, por el precedente de la de Gómez,—y sobre México, por suponer que fué México quien envió a Barrundia a
morir, forzándolo a embarcar en el vapor que había
de caer en el territorio de Guatemala:—Miente—se
dijo a tiempo—miente el que diga eso de México!
En vano se suponen de público a estas complacen-
cias de la Secretaría con Mizner razones interesadas
o tenebrosas;—cómo que unos dicen que en los asuntos de alto estado es el silencio el principal deber, y
no enseñar el juego antes de la ocasión, con una palabra loca arrancada al miedo de descontentar al
vulgo incauto o ignorante, que ha de oír sin desplegar los labios el verdadero estadista;—y otros dicen
que esta vez no es esa la razón, porque "bien habla
el Secretario cuando le conviene y puede hablar, como en lo de la reciprocidad y en lo de Behring, lo
que indica que si no habla en esto, es porque no
puede,—porque lo que Mizner hizo, es lo que le
mandó que hiciese,—porque en algo sustancioso y de
hecho se le ha de mostrar buena voluntad a Guate-

mala, para ir demorando con su apoyo, so pretexto
de ponerla en su cabeza, la unión de Centro América,—y avivando los odios aldeanos de las cinco
repúblicas,—y soplando para que la influencia fraternal de México no crezca en Centro América, lo
que aún quede de desconfianza injusta en Guatemala de los mexicanos, que de Guatemala sólo ven
mal el auxilio que, con política loca, ofrece contra
México, por soñadas ofensas, por celos de vecino
menor, al extranjero interesado que prospera con
ellos y los azuza,—¡sin ver que el español se entró
en América por los celos del indio! En vano el país
entero, avergonzado y temeroso, pide el retiro de
Mizner, de que se empieza a hablar en serio, como
si la opinión lo hubiese forzado por fin. Pero el país
no conocerá, no, los documentos del caso, porque el
presidente, después de leerlos, ha declarado que la
publicación de los documentos "no es compatible con
los intereses públicos".

JOSE MARTI.

La Nación. 29 de noviembre de 1890.

MISCELANEA

MISCELLANEA

1

LA REPUBLICA ARGENTINA EN LOS ESTADOS UNIDOS

Un artículo del "Harper's Monthly"

New York, octubre 22 de 1887.

Señor Director de *La Nación:*

De dos años acá se nota en los periódicos de los Estados Unidos deseo marcado de conocer los países y recursos de nuestra América, que les parece campo necesario, cuando no obligado, para los productos excesivos de las industrias norteamericanas; sin que a estas averiguaciones de riquezas y costumbres haya presidido aquella cordial afición que a nuestros países corteses y caballerescos enamora, y nos induce a sacrificar en pago de ella el propio interés; antes bien, nos estudian e historian a meras ojeadas, y con mal humor visible, como noble apurado que se ve en el aprieto de pedir un favor a quien no mira como igual suyo. Así es que, siendo en verdad admirables la mayor parte de los pueblos de nuestra América por haber subido entre obstáculos mortales a su condición presente, de los más obscuros y opuestos orígenes, no pasa día sin que estos diarios ignoran-

tes y desdeñosos nos traten de pueblecillos sin trascendencia, de naciones de sainete, de republicuelas
sin ciencia ni alcance, de "pueblos de piernas pobres"—como decía ayer Charles Dudley Warner
hablando de México,—"escoria de una civilización
degenerada, sin virilidad y sin propósito!"

¡Este Warner merecería que se le pusiera, como
en tiempo del Cid, la mano en la barba! ¡Lástima
de estilo el suyo, porque de veras escribe con cierto
calor, precisión y viveza, en todas partes raras! La
civilización en México, como en toda nuestra América, no decae, sino empieza. Tendrá el carácter
de nuestra naturaleza, de pampa y de ombú. De sobre un cesto de hidras ha levantado la civilización
en nuestra América, con brazos que esplenderán en
lo futuro como columnas de luz, un puñado de hombres gloriosos, de apóstoles marciales, de mentes en-
ciclopédicas, de universitarios redimidos.

¿Qué ha sido en México la civilización contempo-
ránea sino la heroica pelea de unos cuantos ungidos
contra los millones inertes, contra privilegios capaces de ampararse de la traición, y de vender al extranjero su república? ¿Qué civilización heredó México, heredó toda nuestra América, cuando ya tenía
brío propio para declararse libre? Más han hecho
nuestras tierras en subir a donde están, que los Estados Unidos en mantenerse, decayendo tal vez en lo
esencial, de la maravilla de donde vinieron.

Dudley Warner ve bien los detalles; pero ¿de qué
le sirve, si no ve con cariño? Pinta bien lo que ama,
los lagos celestes, los sembrados lucidos, los coros
de montañas, arrebujadas como las vírgenes en velos

vaporosos; mas el mérito no está en eso, pues para
eso no hay nada que vencer, sino en domar la antipatía, si se la tiene, y pintar con lealtad, y como si
se le quisiera, aquello que por naturaleza no se ama.
No es que todo sea bueno, ni que haya de disimularse lo malo que se ve, porque con cosméticos no
se crían las naciones, ni con recrearse contemplando
en la fuente inmóvil su hermosura; pero todo se ha
de tratar con equidad, y junto al mal, ver la excusa,
y estudiar las cosas en su raíz y significación, no
en su mera apariencia. ¡Pues si acá fuera a juzgarse el país por la corteza, y no se mirara a sus yerros
con la piedad y razón que son menester para excu-
sarlos! Entiende Warner la naturaleza; pero es, a
pesar de su forma, escritor estrecho, que no sabe
salirse de su raza, como aquél del cuento indio, que
porque tenía asido por una pata al elefante, sostenía que todo era pata. Por sobre las razas, que no
influyen más que en el carácter, está el espíritu esencial humano que las domina y unifica. Sus emperadores tiene el pensamiento, que son los que ven de
alto y en junto, como Emerson; y sus alféreces, que
son los que, de mirar en los asuntos menudos de su
escuadra, todo lo quieren modelar por ella.

   ¡Piernas pobres! Davides han hecho más que Goliates. De San Martín no se cuenta que pesase montes: Bolívar pesaba tanto como su espada: el cura
Hidalgo llegaría a unas ciento treinta libras. ¡Piernas pobres! Precisamente era así el guía que cierto
caminante llevaba una vez de Acapulco a México, al
cual viaje dió fin sin que le robase nadie la suma
fuerte que cargaba al cinto; así era el guía, poco de

años y carnes, muy cenceño y zancudo; pero como
un francés corpulento que se agregó a la caravana
diera en punzarlo y hacer burla de él, llegando, porque le creyó flojo, a mover mucho el sable y desafiarle el valor, saltó el mozo de su arria con tal vuelo
que pareció a todos gigantes, y más que a nadie
al francés, que escondió el sable en cuanto le vió al
mozo los ojos, tan encendidos que no había modo
de hacerle seguir camino hasta que el francés no se
bajara de su caballo y aceptase el combate. ¡Al francés no le pareció el mozo "piernas pobres!"

Precedidos casi siempre por la fama de la riqueza
natural del país, se han publicado principalmente
en las revistas mensuales artículos miopes sobre
Guatemala; que con política culpable ofrece ahora
su alianza a los Estados Unidos a cambio de que
éstos abusen de su temible influjo en México para
que el Gobierno mejicano permita al guatemalteco
oficiar de potencia mayor y absoluta entre los países
de Centro América que Guatemala mira como botín
natural suyo; sobre Costa Rica, industriosísima col-
mena, que inspira cariño por la cordialidad de sus
habitantes, de los "hermaníticos", como en Centro
América los llaman, y respeto por su laboriosidad
e industria;—sobre Honduras, que levanta su nueva
generación, medulosa y prudente, entre minas de oro
y plata que estallan por todas partes a flor de tierra
como en la ceniza caliente se abren en florones ní-
veos los granos de maíz;—sobre Colombia montada

en oro, sujeto el seno henchido por un corselete de
esmeraldas, oreada la frente, repleta en mal hora de
latines, por las alas anchas de las mariposas azules
de Muzo;—sobre Chile, "el país del yankee sud-
americano", donde vió Eleroy Curtis, secretario de
aquella volante comisión norteamericana que reco-
rría hace dos años nuestros países, "el paseo de
Santa Lucía, el lugar más bello que he visto jamás",
donde le pareció el chileno "el más activo, emprendedor e ingenioso entre los hispanoamericanos, agre-
sivo, audaz, arrogante, perspicaz, rencoroso, fiero de
naturaleza, hombre de sangre fría", mezclando en
eso y en lo que aquí se calla, de tal modo las virtudes
a los reparos, que más llegan a ser éstos que aquéllas.

Y hoy mismo acaba de publicarse en el *Harper's
Magazine*, que reclama con justicia entre las revistas ilustradas el puesto de representante terco del
espíritu aguileño de Norte América, un respetuoso
estudio sobre "el otro extremo del hemisferio", sobre la Argentina y el Uruguay, donde el asombro
mal contenido no deja al autor, que es el mismo
Eleroy Curtis, espacio para la censura.

Adivínase el estupor con que los comisionados
vieron surgir, cuando desembarcaban en Buenos
Aires, "sobre los hombros de un tempestuoso italiano", aquella inesperada y ya temible grandeza; y el
escritor lijero que de todos los demás países de
América trasmitió impresión tal que resultan, aun
los más prósperos de entre ellos, semi bárbaros y
deformes, sólo ve en Buenos Aires al gaucho que
expira sobre su poncho de colores a los pies de una
nación mágica y pujante.

No tiene el estudio mucha literatura; pero su misma desnudez realza su efecto y es su elección mejor, puesto que desde el exabrupto con que comienza, revela el miedo e impone el respeto que a su juicio merece la Argentina de un país que "vergonzosamente la desconoce", aunque, a seguir como van los precios de producción y transporte en los Estados Unidos "acabarán los argentinos por echarnos de los mercados de provisiones y harinas".

Y hay algo del floreo de brazos de los boxeadores en aquella avalancha de contrastes estadísticos. Ya no preocupan al escritor, como en los demás pueblos que visita, "si la costaricense anda descalza", lo cual sólo es verdad de alguna campesina infeliz; ni si en Santiago de Chile se deja morir de frío la gente en las casas, arrebujada en sus pieles alrededor de un ético brasero. ¡Lo que os debe preocupar, imbéciles, es que "a nosotros nos cuesta cincuenta pesos poner una res curada de Chicago, en Londres, y a ellos les cuesta veinticinco; que hace cinco años empezaron a exportar cereales, y de aquí a poco nos van a quitar el mercado de harinas del Brasil, como Chile nos ha quitado el del Pacífico; que con su tierra, cultivable casi toda, sus ríos hondos, sus impacientes ferrocarriles, los pueblos del Plata tienen ventajas que superan a las de cualquier otro país del globo!"

Y con aquel espanto con que Catón cababa su discurso, con un elogio continuo y casi colérico que

va levantando a latigazos la atención de sus com-
patriotas soberbios y dormidos;—en vez de entretenerse en describir estatuas y edificios;—en vez de
intentar desdichados y rudimentarios esbozos de
mera historia política de nuestra lucha sublime por
poner de acuerdo, con generosidad e ímpetu difíciles
de entender para otras razas, nuestra población su-
persticiosa y primitiva con nuestros ideales acriso-
lados y magníficos;—en vez de burlarse a boca ancha de costumbres risibles que acaso conservamos
sólo por aquel tierno respeto del nieto leal a las
chocheces de sus viejos buenos,—esto es lo que dice
Curtis a los norteamericanos: "No os fiéis de aquella
Patagonia inhabitable, porque lo es tanto como
nuestro gran desierto; nuestra población aumenta en
un setenta y nueve por ciento, y la de ellos en ciento
cincuenta y cuatro; creéis que nuestra Minneapolis
es la ciudad que más de prisa crece en el mundo, y
Buenos Aires crece mucho más de prisa que Minneapolis. Wheelright, de Pennsylvania, les fundó su
primer ferrocarril; Halsey, de New Jersey, su primer rancho; Hale, de Boston, la primera casa de
comisiones que abrió la vida al comercio extranjero;
pero tales son ellos que no sólo imitan nuestros métodos, sino los mejoran, y nosotros somos tales que
mientras Inglaterra envía allí trescientos nueve vapores en un año, los Estados Unidos, invitados por
una subvención anual de cien mil pesos, que no nos
decidimos a igualar, no enviamos uno sólo. La Compañía de carnes frigorizadas de Londres y el Plata
está ya siendo enorme pulpo comercial, que acapa-
rará el tráfico de carnes como nuestra Standard Oil

Co. acapara el tráfico de petróleo. Y cuando aquel pueblo que va un siglo adelante de cualquiera otro país hispano-americano; que tiene en sus ciudades más teléfonos y luces eléctricas que nosotros, sus propios inventores; que con avidez inteligente se apodera de toda idea o procedimiento útiles; que tiene más escuelas, más riqueza animal, más riqueza relativa que nosotros; que echa por todo el continente, con éxito que pudiéramos aquí mismo envidiar, suntuosos ferrocarriles por tentáculos; cuando la Patagonia—de donde ha volado el indio como el avestruz—esté poblada por los rebaños que ya la inundan, y por el ferrocarril del Norte baje el comercio, el tránsito, las minas del Pacífico, Buenos Aires será a la vez Londres y New York, y la constancia de aquel pueblo latino habrá levantado contra la misma naturaleza un populoso emporio, una nueva maravilla hermana, en la ribera que con más prisa que juicio escogió para sitio de la ciudad, pensando antes en guerra que en trabajo, el fundador Mendoza. Ya no es aquella la "Confederación Argentina", como nuestros textos de geografía la siguen llamando torpemente, sino Nación, Nación con N mayúscula como la nuestra, y "una e inseparable", y "unidos nos salvamos y divididos perecemos", y todo lo más que nos plasca decir de nosotros, todo eso es la República Argentina; llamarla de otro modo es injuriar a los patriotas que con su sangre la han hecho lo que es, y poner en berlina nuestra propia inteligencia.

Y así como la relación desnuda del viaje de Darwin en la fragata "Beadle" resulta a veces, por el
influjo de la beldad americana en el autor sincero,
épica como nuestro natural resplandeciente, fúlgida
como un brillante negro, fresca y casi olorosa, así,
por su efecto en este narrador desordenado y frío,
por el orden y poesía que le infunden, por la belleza
desusada que adquiere al describirlo su lenguaje, se
enseñan mejor que con pujos retóricos o mercena-
rios éxtasis los elementos originales, y pintorescos
como todo lo grandioso, con que se elabora aquella
nación nueva, ya el pastoral, que pinta en el gaucho
a la vez infatigable y muelle "devorando el espacio, semi-salvaje y semi-caballero", acogiendo como
esposa a la viuda del que la pagó con la vida el
delito de vencerlo en la payada, ya el ímpetu contemporáneo, que sin más ayuda histórica que el
arranque nativo, enfrena los ríos, levanta ciudades
en lo que crece la yerba, da cita y envidia a las
naciones y con tal virtud que obscurece sus vicios,
ante el extranjero hostil, cubre los llanos maravillosos de un pueblo digno de ellos.

●

Esmaltan el artículo—donde se ve regatear las
locomotoras, ir y venir los vapores repletos, encerrar con homérica sencillez la última indiada—las
peculiaridades graciosas que llamaron más su atención de viajero; y aun en esto se nota cómo domina
al observador el asombro de hallar hasta en lo bajo
y popular del argentino la única condición que inspira respeto al norteamericano: la opulencia. "¿De

qué familia eres?" dicen que preguntaban antes en
Filadelfia al que quería hospedarse en la ciudad.
"¿Qué sabes?" preguntaban en Boston. "¿Cuánto
tienes?" preguntan en New York. Ahora New York
ha embebido la nación entera, y en toda ella sólo
se pregunta: "¿Cuánto tienes?" A Eleroy Curtis le
llaman la atención, no las obras de arte que embe-
llecen las plazas, sino las espuelas y estribos de plata maciza, la chinela de plata donde anida el pie
breve la amazona argentina, las túnicas de plumón
de avestruz "que ya desaparece como nuestro búfalo", el poncho de vicuña "tan caro como un chal
de pelo de camello". "¡Cosa magnífica—dice—el
poncho argentino; y ojalá que algún petimetre de
New York lo pusiera de moda, que no hay mejor
ni más airoso abrigo!" "El estanciero va a su hacienda en un carro de Pullman, en vez del caballo
de antes, colmado de argentería, y habla con su
mayordomo por teléfono, y mata sus reses a la luz
eléctrica". "Cuesta seis pesos un asiento en el teatro". "Hay bancos en Buenos Aires que mueven
más caudal que casi cualquiera otro del mundo, y
ocupan palacios de hierro, cristales y mármol". "Su
crédito es bueno y sus bonos están sobre la par".
Todo, aunque a paso de viaje, lo celebra, acata y
admira, y concretando con recogimiento visible sus
inesperadas impresiones, depone la soberbia con que
el hombre de Norte América se juzga único y prominente entre los pueblos, augura que la nueva generación, educada como en los Estados Unidos para
dar a la patria hombres y mujeres útiles, borrará
los últimos restos de la dominación española, y des-

pués de exhibir en sumario leal las leyes generosas
y sensatas de la república, declara que aunque el
Brasil, edificado sobre diamantes, le lleva la delan-
tera en población femínea e inculta; aunque Chile
"se envanezca con la devastación del Perú", la Argentina es de todas esas naciones "la más próspera,
la que mejor establecidas tiene las libertades religiosas y civiles, y la que con más éxito y cuidado
levanta los cimientos de la grandeza nacional".

La Nación. Buenos Aires, 4 de diciembre de 1887.

2

NUESTRA AMERICA (1)

Es mucho ya lo que se trabaja en toda la América que habla español. Todo lo demuestra: la consideración que inspira a sus visitantes; el éxito serio
de nuestros pabellones en la Exposición de París,
tanto por las riquezas de nuestras tierras como por
nuestra manera de aprovecharlas; el espíritu y novedad de la prensa de los países hermanos; una
mera ojeada a un periódico. Allá, al Sur, se vive
mucho, por el río de la Plata. Bolivia misma se sacude, con su presidente de empuje a la cabeza. Y
del Uruguay y la Argentina, de Chile y el Perú, del
Paraguay que nace, de toda aquella familia del mediodía que se siente mal con el poco de odio que
han puesto en ella los intereses y los celos, basta,
para saber lo que hacen, hojear los números últimos

---

(1) Martí publicó un artículo con el mismo título en *El
Partido Liberal* de México de 30 de enero de 1891.

del periódico ilustrado de Buenos Aires: "El Sud-
Americano".

Lo primero que se nota, es que les estorba el odio,
que se tienen cariño a pesar de las rozaduras de la
vecindad, que el chileno Alberto del Solar no quiere que Buenos Aires pida los restos de su héroe Las
Heras; que tiene en Chile un monumento "a la inmortal Buenos Aires": Chile ha encontrado petróleo en las lomas fúnebres y lodosas de la tierra del
Fuego: Buenos Aires no le va a quitar el petróleo
que encontró, si no se pone en sus lomas a buscarlo.
Son sueños de sangre estas guerras entre pueblos
hermanos. ¿Qué celo de hermano pequeño, qué desagrado entre vecinos, qué envidia de aldea se resiste
a la cordialidad y a la razón?

Pero lo que desde la cubierta se nota en *El Sud
Americano* es el espíritu nuevo, y el predominio presente de lo industrial en las tierras del Plata.

Ya no es aquel grabado de título en que está una
diosa de carcaj, coronada con una torre, entre trozos de ruedas y paletas de pintura, con fondo de
academias y de catedrales. En la primera página,
se ven las catedrales al fondo, pero vuela un cóndor
por sobre todas ellas, como para ver de alto lo que
hace el mundo, y traerle el recado a su nación: de
horizonte, los Andes. Y en la cubierta, el medallón
del título es el sello de la "Compañía Sud Americana de Billetes de Banco." Las letras son entre gó-
ticas e inglesas, como yendo a lo moderno sin ab-
jurar de lo que le sirvió de raíz. Y el adorno, es la
copia de un frontón de hierro.

Un Shoolbred, nombre inglés, es su director general: un Bosco, nombre italiano, es su director "técnico."

Se abre el número de Julio, y se ve bien que estamos en América, que es lo que no se ve en muchas cosas americanas, como si lleváramos debajo del chaleco francés, la faja española. Es una alegoría propia y hermosa la portada. Julio es mes de héroes aniversarios para la República, en Europa y en América. El 14 de Julio de 1776 se declararon libres, cuando ya lo eran por su buena educación política, los trece Estados Unidos del Norte: el 9 de Julio de 1816 en la casa de tejas de Tucuman, intimaron su independencia de España las Provincias Unidas del Río de la Plata: el 14 de Julio de 1789 el hombre francés echó abajo la puerta de la Bastilla, el día 18 de Julio de 1830 promulgó su Constitución de pueblo nuevo, el Estado Oriental del Uruguay, el de los treinta y tres héroes; el 20 de Julio de 1810 se proclamó dueño de sí el Virreinato de Bogotá; el 28 de Julio de 1821 celebró su primer Congreso Nacional, la tierra dolorosa de los Incas, con los hijos de los Pizarros y los hijos de los Huaynas sentados en las mismas bancas. Todo es gloria en Julio, y en la alegoría están en grupo los escudos de las seis naciones: un ángel, sin alas ni corona, destacándose dichoso en lo alto de un fondo de laurel, escribe en piedra las fechas ilustres: a los lejos, con letras de luz, dice *"Libertas."* ¿Por qué no "libertad" en español? "Libertad" es palabra tan bella y entera que Walt Whitman, el poeta patriarcal del Norte, nunca la dice en inglés, sino como la aprendió a decir de los mexicanos.

No vive principalmente "El Sud Americano" de
Buenos Aires, de reproducciones estériles, sino da-
ñinas, de los diarios europeos, ni de imitaciones di-
simuladas y paráfrasis, sino de estudios de arte, de
historia, de descubrimientos, de industria, de literaturas patrias, sin faltarle respeto vehemente por
todo lo contemporáneo y vivo, y lo bello de veras,
del resto del mundo. Y en sus grabados es lo mismo.
Las fiestas que pinta en su plana de honor, son las
del país: y del país los monumentos que graba, porque no hay pueblo rico ni seguro sin raíces en el
corazón y en la fantasía. Todavía anda horrible en
una página, y un Tipo Romano en otra; pero lo más
es de la tierra. De la tierra es todo; de la Banda
Oriental del Uruguay y de la del otro lado del Plata,
en la Argentina.

Allí están los trabajos de las aguas corrientes
de Montevideo, que son recios y como para siglos; la
Oficina Meteorológica de Córdoba; un paisaje de los
Andes, con los vapores del Damujo en la hondona-
da que no cede en majestad a los soberbios Cáuca-
sos de nieve del pintor Vereschagin; y rodeada de
palmas, la casa en que murió Sarmiento en la Asun-
ción. Está allí su cuna solemne, ya ceñida de cace-
ríos, el río salvaje de Mocoretá, y luego, como la
silla de montar que le echa el ginete al potro cerril,
el puente de hierro en que se pasa el río, y de ginete, la locomotora.

Un grabado representa el "Bon Marché Argentino," más suntuoso que el de París, y más vasto
que los Macy y los Altman de New York: otro el
Club Uruguayo, con su arquitectura de arco de

triunfo, donde ya impera, por dicha, sobre lo romántico, de arcadas recias y murallones, el renacimiento
de columnas leves y esquinas airosas: otro el palacio que le ha mandado levantar a las escuelas, para
que les haga de Biblioteca y Museo, una rica que lo
es de veras, puesto que tiene la bolsa del lado del
corazón, Petronila Rodríguez: otro es la estancia de
la Merced, con su techo de mansión señorial francesa y sus paredes de piedra rústica que da a las
casas de campo tanta gracia y alegría, y todo con
cortinas y cristales para vivir en ella, como los hombres, y no de ella solamente como los parásitos: otro
grabado es el Hotel de Inmigrantes de la Plata, el
Hotel Provisorio, porque el definitivo va a ser casa
de príncipes, como debe ser en verdad, porque son
de casa real los que vienen a un pueblo a vivir honradamente, con el arado al hombro, y porque es
bueno que desde su llegada tengan en el país adonde vienen algo que admirar y agradecer.

Si hay retratos, son de los gobernadores de las
provincias, que es casi toda gente joven, y con ojos
de impaciencia y poder; o de los abuelos santos, los
de la guerra de la primera libertad, cuando los generales iban de botas y tricornio, y llevaba morrión
la caballería de Maypú; o de Francisco Bilbao, el
pobre muerto chileno, con sus ojos de Becquer y su
frente de Mazzini, y su cabellera ostentosa de estudiante, siempre inquieta con el fuego de adentro,
que mandaba propagar por el mundo la verdad ra-
cionalista, o de Mármol, el de la épica "Amalia;"
con su rostro de señor y sus ojos abrasadores, como
los que nuestros padres le vieron a Heredia. Y los

otros grabados son: la visita que hizo el presidente
argentino al de Uruguay, para gloriarse juntos de
los trabajos de unión del Congreso Internacional de
Sud-América que hubo en Montevideo; y los bailes
y amistades con que en las fiestas mayas de la Independencia recibió Buenos Aires al Presidente uruguayo, y un rancho de indios miserable, con el "puesto" de casas que levantan junto a él, y un explora-
dor que sube por cuerdas del despeñadero, con una
momia en los brazos y dos cráneos al cinto, y el desierto, por donde va a pasar el ferrocarril.

Pero no hay en todos estos números de *El Sud-
Americano* lámina más bella que la que pinta el paseo glorioso de los veteranos el 9 de Julio. Algo en
América manda que despierte, y no duerma el alma
del país. Hay que andar con el mundo y que temer
al mundo. Negársele, es provocarlo.

Está la salvación en el derecho al respeto, que da
e impone el adelanto real; en el arte del silencio, y
en el equilibrio de las amistades. Este año fué fiesta
de hijos la del 9 de Julio en Buenos Aires. Todos los
soberbios y los humildes, los poetas y los corredores
de tierras, los militares y los negociantes, salieron a
ver pasar en su carroza de honor al general de la Independencia, al nonagenario Eustaquio Frías. Por
la mañana el Club de Esgrima le había llevado una
corona. Los estudiantes, de brazo todos, habían recorrido la ciudad vitoreándolo. De los alrededores
vino a la gran ciudad el gentío a ver "el coche de
los viejos," el coche de las barbas blancas. "¡En
nuestros héroes vivimos!" dijo en su discurso de
atleta Lucio Mansilla, nieto de héroe. La juventud y

la ancianidad aclamaban juntos. Aquel hombre de cara amarillenta, con la cabeza hundida entre los hombros metía el brazo tan adentro en las batallas de la guerra de la Independencia, que nunca lo sacó sin una mordida de sable, o de bala, o de lanza: él estuvo en Pasco y lo dice su escudo "yo soy de los vencedores de Pasco,"—en Río Bamba, y lo dice otro escudo azul: "el Perú al heroico valor en Río Bamba, en Junin," y está bordado en su pecho, "gloria a los vencedores de Junin;"—en Chunchanga, y las letras de plata lo dicen: "la patria a los vencedores de Chunchanga" en la campaña toda del Perú, y lo dice la medalla de la cinta roja: "Yo fuí del ejército libertador". A su lado, en la carroza, iba Clemente Zárraga, el general de Venezuela, que a los catorce años sentó plaza con la libertad, y ayudó a Páez a tomar por el agua a Puerto Cabello, a caballo.

El Partido Liberal. México, [27 de septiembre de 1889].

3

LA DEMOCRACIA PRACTICA (1)

(*Libro nuevo del publicista americano Luis Varela*).

Nada es tan autocrático como la raza latina, ni nada es tan justo como la democracia puesta en ac-

---

(1) Se incluye este trabajo aquí, en vez de ponerlo entre los de *Letras,* por considerarlo de carácter social-político.

ción: por eso no es tan fácil a los americanos con-
vencernos de la bondad del sistema democrático
electivo, y tan difícil realizarlo sin disturbios en la
práctica.

Depende esto, entre otras cosas, de las vagabun-
das y ambiciosas facultades imaginativas de los hijos de América, y de la falta de teoría para el ejercicio de la libertad.

Somos libres, porque no podemos ser esclavos:
nuestro continente es salvaje, y nuestra condición
es el dominio propio: pero no sabemos ser libres todavía.

Como en toda sociedad hay el visionario y el in-
crédulo, el poeta y el vulgo, el Mesías y los hebreos,
el que anuncia lo venidero y el que no cree sino en
lo visible, ha sucedido que en América se han dedicado a la predicación de la democracia pacífica
entendimientos ilustres, ahogados y confundidos entre los brazos robustos y soberbios de una raza rebelde y especial. Pero ningún mártir muere en vano, ni ninguna idea se pierde en el ondular y revol-
verse de los vientos. La alejan o la acercan; pero
siempre queda la memoria de haberla visto pasar.

Estos entendimientos levantados se han dedicado
a una sólida tarea: la explicación, la cientificación
—palabra nueva pero precisa— de la libertad. La
libertad es como el genio, una fuerza que brota de
lo incógnito; pero el genio como la libertad se pierden sin la dirección del buen juicio, sin las lecciones de la experiencia, sin el pacífico ejercicio del
criterio. Estas teorizaciones de las doctrinas democráticas tienen ya cátedras en la América del Sur y

auditorio numeroso que oye esta filosofía de la paz
con un respeto y un amor extraños. Hasta ahora
los pueblos americanos no habían conocido más que
la fiebre de la derrota, o el placer sublime del mar-
tirio: ahora comienzan a entender los beneficios del
sistema que los rige. Y esa es la ley: en la formación de los pueblos se empieza por la guerra, se
continúa con la tiranía, se siembra con la revolución,
se afianza con la paz. Esta nunca es perfecta, pero se va perfeccionando.

La enseñanza de la ciencia política está fortaleciendo los espíritus en la América del Sur: Pradier-
Foderé va a Lima, y explica un curso. Lastarria,
el diplomático chileno, reduce la política a los preceptos de Comte, y escribe un libro luminoso "La
política positiva". Luis Varela, doctor en Derecho,
Diputado argentino, aprende la teoría de los libros
franceses, piensa en Prevost Paradol, deduce y com-
para hechos de las revoluciones de América, estudia
la constitución de los elementos políticos en las repúblicas americanas, y publica "La Democracia Práctica", el ideal perseguido, la visión impalpable, la libertad afirmada por el derecho de todos, y garan-
tizada en sus beneficios por el respeto mutuo.

El libro de Varela es la historia del sufragio: lo
admite como base innegable en principio: lo estudia
en Inglaterra, en otras naciones europeas, en los
Estados Unidos: examina y censura el voto limi-
tado inglés, habla concienzudamente del sistema de
simple pluralidad de Girardin; diserta con tino sobre
el *self-government;* señala los inconvenientes del
voto acumulativo en Buenos Aires; lo explora todo,

asienta hechos, deduce resultados, no prejuzga en
un sentido, y conduce la inteligencia a grandes pensamientos y a hondo estudio, por una exposición
clarísima de los obstáculos que ha venido encontran-
do la realización de las doctrinas democráticas.

El sueño comienza a cumplirse. América, gigante
fiero, cubierto con harapos de todas las banderas
que con los gérmenes de sus colores han intoxicado
su sangre, va arrancándose sus vestiduras, va des-
ligándose de estos resíduos inamalgables, va sacudiendo la opresión moral que distintas dominaciones
han dejado en ella, va redimiéndose de su confusión
y del servilismo de las doctrinas importadas, y vive
propia vida, y ora vacilante, firme luego, siempre
combatida, estorbada y envidiada, camina hacia sí
misma, se crea instituciones originales, reforma y
acomoda las extrañas, pone su cerebro sobre su
corazón, y contando sus heridas, calcula sobre ellas
la manera de ejercitar la libertad.

Varela, espíritu serio, raciocina sobre todos los
ensayos y apunta todas las deducciones convenien-
tes. Su libro es una piedra sólida: la política positiva de Lastarria ha cincelado en la sombra: Varela
ha tallado en la piedra verdadera, pesada, real.
Aquello será lo venidero; pero esto es lo práctico
por donde se ha llegado a él. En otros libros, leer
es distraerse: en *La Democracia Práctica*, leer es
saber.

No en vano recomiendan el libro los Sres. Bou-
ret. El Demócrata Americano, con ser uno en espíritu, ha de ser distinta en la forma del demócrata
europeo. Una es la belleza y múltiples las maneras

de realizarla. Una es la libertad y distintas las maneras de conseguir su afianzamiento. En Europa la libertad es una rebelión del espíritu: en América, la libertad es una vigorosa brotación. Con ser hombres, traemos a la vida el principio de la libertad; y con ser inteligentes, tenemos el deber de realizarlas. Se es liberal por ser hombre; pero se ha de estudiar, de adivinar, de prevenir, de crear mucho en el arte de la aplicación, para ser liberal americano.

Esto enseña el libro de Varela: Castelar lo elogia, y Castelar en teoría lo dice todo bien. Hay quien ha pensado muchas veces en los inconvenientes de la formación de un sistema americano, en su necesidad absoluta, en el carácter especial de nuestras tierras que nos exige especiales formas. La piedra bruta llega a brillante después de rudos golpes: así el pueblo llega a la vida próspera después de embates de la revolución. Y el que haya pensado en la originalidad de nuestra vida, en la lucha constante con la heterogeneidad de su formación, en la obra propia que nos demanda este propio y vigoroso continente, leerá mucho y leerá muchas veces el libro del doctor de Buenos Aires, porque con él y otros parecidos, ha de llegarse a la formación de una Constitución americana.

JOSE MARTI.

Revista Universal. México, 7 de marzo de 1876.